UDO REITER

Gestatten, dass ich sitzen bleibe

 aufbau

UDO REITER

Gestatten, dass ich sitzen bleibe

MEIN LEBEN

 aufbau

Mit 26 Fotos

ISBN 978-3-351-02762-9

Aufbau ist eine Marke der Aufbau Verlag GmbH & Co. KG

2. Auflage 2014
© Aufbau Verlag GmbH & Co. KG, Berlin
Erstmals 2013 erschienen
Einbandgestaltung hißmann, heilmann, Hamburg
Satz und Reproduktion LVD GmbH, Berlin
Druck und Binden CPI – Clausen & Bosse, Leck
Printed in Germany

www.aufbau-verlag.de

Am Nikolausabend 1966 habe ich mir das Kreuz gebrochen. Ich war in meinem alten VW-Käfer unterwegs von Pfaffenhofen an der Ilm, wo ich den Onkel Hans besucht hatte, zurück nach München, wo ich damals studierte. Die Straße geht durch einen Ort namens Reichertshausen. Es gibt dort eine Milchfabrik, und in jener Nacht gab es noch etwas: Blitzeis.

Wie es genau passiert ist, weiß ich nicht. Ich erwachte am nächsten Tag im Kreiskrankenhaus in Pfaffenhofen und wunderte mich, dass so viele Leute um das Bett standen: der Onkel Hans, die Tante Berta, mein Cousin Alfons, gut, die waren aus Pfaffenhofen, aber da standen auch mein Vater und meine Mutter und meine Freundin und mein Bruder, und alle sahen mich so komisch an. Ich habe gemurmelt: »Oh, die ganze Bagage!« und war dann wieder weg. Das nächste Mal wachte ich in München auf, im Klinikum rechts der Isar. Man versuchte gerade, mich auf einem Röntgentisch aufzusetzen, was mir fürchterlich weh tat. Der Grund für die Schmerzen wurde mir später klar: Es war das gebrochene Rückgrat.

Nach und nach gingen mir die Folgen dieses Nikolaustags auf: Ich war vom fünften Brustwirbel abwärts querschnittgelähmt. Ich würde nie mehr laufen können, ein Krüppel im Rollstuhl, und das mit dreiundzwanzig Jahren. Kein Studienabschluss, kein Beruf, keine Perspektive. Nicht gerade die Pole-Position.

»Arschlings Riggebach«

Dabei hatte es gar nicht so schlecht angefangen. Am 28. März 1944 kam ich in Lindau, einer idyllischen kleinen Insel im Bodensee, auf die Welt. Mein Vater war Flugzeugmechanikermeister und arbeitete bei Dornier in Friedrichshafen. Weil die Produktion von Flugzeugen als kriegswichtig galt, musste er nicht an die Front und überlebte den Krieg unbeschadet. In Lindau hat man vom Krieg wenig mitbekommen. Die Häuser haben gezittert, wenn Bomben auf das sechsundzwanzig Kilometer entfernte Friedrichshafen fielen. Dann gingen die Sirenen, meine Mutter packte mich in den Kinderwagen und rannte mit mir in den Wald, der gleich hinter unserer Wohnung begann. Das war alles.

Als der Krieg vorbei war, war ich ein Jahr alt. Es begann eine Kindheit in »Riggebach«. Dieses Rickenbach war ein Dorf auf dem Festland im Osten von Lindau nahe der Grenze zu Österreich. Keine feine Gegend. Ein paar Bauernhöfe, ein Fabrikgelände, ein Lebensmittelhändler, der Schuhmacher Taubenberger, der Bäcker Hechelmann und später Werkswohnungen der neu gegründeten Lindauer Dornierwerke. Dort, im Mühlweg 10, wohnten wir. Wenn es beim Skatspielen schlecht lief, sagten die Lindauer: »Es geht arschlings Riggebach.«

Gleich nach dem Krieg – den Flugzeugbau in Friedrichshafen gab es nicht mehr – hat mein Vater bei den Albau-Werken in Lindau-Reutin in der Kemptener Straße angefangen. Das war eine Klitsche, die aus dem Rest-Aluminium der nationalsozialistischen Flugzeugproduktion Paddelboote und Kochtöpfe herstellte. Das Geschäft muss schlecht gegangen sein, mein Vater kam am Ende des Monats oft ohne Geld nach Hause. Dafür bekam er ein paar Aluminiumtöpfe. Mit denen fuhren wir samstags zum »Hamstern«. Er setzte mich in den Kindersitz auf seiner Fahrradstange und radelte mit mir das Bodenseeufer hinunter: Wasserburg, Langenargen, Nonnenhorn. Wir klapperten die Bauernhöfe ab, und wenn wir Glück hatten, tauschten die Bauern die Töpfe gegen ein paar Äpfel oder einen Sack Kartoffeln. Damals habe ich die ersten Kirschen meines Lebens bekommen. Auf dem Heimweg habe ich sie vorn auf dem Fahrrad aus einem Körbchen heraus gegessen und die Kerne auf die Straße gespuckt. Zu Hause hatte ich Bauchweh.

Im Mühlweg liefen damals schnurrbärtige dunkelhäutige Männer herum: Marokkaner. Lindau war französische Besatzungszone. Das DKW-Motorrad, das mein Vater in den fünfziger Jahren gebraucht kaufte, hatte das Nummernschild »FBy 1099«. FBy hieß französische Besatzungszone Bayern. Die Hausfrauen im Mühlweg hatten Angst vor den Marokkanern. Nur die Frau Nagengast nicht. Die ließ sich mit einem ein und taufte ihre Tochter dann Yvonne. Sie wurde daraufhin von den anständigen Rickenbacherinnen gemieden.

Es gab wenig zu essen in den Nachkriegsjahren. Meine Eltern haben mir erzählt, dass sie manchmal in der Nacht aufgestanden sind, um die Kartoffelschalen vom Vortag nochmals aufzukochen und als Suppe zu essen. Wenn ich das heute erzähle, lacht mich meine Tochter immer aus und sagt, ich würde Sozialkitsch verbreiten. Ich bin aber ziemlich sicher, dass es so war. Meine Eltern haben sich das bestimmt nicht ausgedacht. Ende des Monats schickte meine Mutter meist mich zum Einkaufen. Einem Kind kann man kein Geld mitgeben, hieß es dann. Beim Zacher, dem Gemischtwarenhändler, konnte man anschreiben lassen: Brot, Zucker, Nudeln und gelegentlich Camelia. Das waren blaue Schachteln, auf denen ein merkwürdiger Spruch stand: »Camelia gibt allen Frauen Sicherheit und Selbstvertrauen«. Wenn ich fragte, was denn da drin sei, hieß es nur: »Das ist nichts für Kinder«. Aufklärung war damals noch nicht en vogue.

Die Albau-Werke waren inzwischen eingegangen. Mein Vater hatte eine neue Arbeit gefunden, bei der Lindauer Dornier GmbH, die sich nach dem Krieg in Rickenbach angesiedelt hatte. Die Firma gehörte Peter Dornier, dem zweitältesten der sieben Söhne des legendären Flugzeugbauers. Er versuchte sich mit Textilmaschinen und kooperierte dazu mit dem Chemnitzer Unternehmer Haubold, einem Nachfahren von Carl Gottlieb Haubold, dem »Vater des Chemnitzer Maschinenbaus«. Unser Haubold hatte mit seinen drei Töchtern nach 1945 die Sowjetische Besatzungszone verlassen und war nach Lindau umgesiedelt. Die schon etwas ältlichen Haubold-Damen wohnten in der sogenannten Villa, dem feinsten Haus in Rickenbach. Durch markante Kleidung, für Rickenbacher Verhältnisse ungewöhnliches Make-Up und einen dicken Opel-Kapitän, in dem sie durch die Gegend kutschierten, trugen sie zur optischen Aufwertung des Dorfes bei. Mit dem Haubold'schen Know-how wurde das neu gegründete Unternehmen im Lauf der Jahre zu einem weltweit erfolgreichen Produzenten von Webstühlen und Webmaschinen. Mein Vater fing 1950 dort als Werkmeister an. Er bekam zweihundert Mark pro Monat, und das regelmäßig. Es ging langsam aufwärts. Auf die Einkaufsliste kamen jetzt Butter, Leberwurst und gelegentlich »Südtiroler Sonnenschein«. Das war ein dünner Rotwein, die Literflasche um

1,75 DM. Dieser Exzess sprach sich herum, und mein Vater kam bei den Mühlweg-Leuten in den Ruf eines Gourmets.

Neben unserem Haus befand sich die Dornier-Kantine. Dort musste ich abends oft eine Flasche Bier holen. In der Kantine war auch das einzige Telefon im ganzen Mühlweg. Wenn beispielsweise jemand krank war und man den Dr. Klose rufen musste, ging man dorthin. Das war aber selten der Fall. Herr Weber, der Kantinenpächter, hatte riesengroße buschige Augenbrauen, wie ich sie später nur noch bei Theo Waigel gesehen habe. Er hat immer eine Sau gehalten und die dann selbst in der Waschküche geschlachtet. Wir Mühlweg-Kinder, der Herbst Helmut, der Spieß Oskar, der Dossenberger Walter und ich, durften dabei zuschauen. Es war gruselig. Der Weber hat der Sau mit der umgekehrten Axt mehrmals auf den Schädel gehauen. Sie hat gequiekt, bei jedem Schlag weniger, bis sie schließlich platt auf dem Boden lag. Dann hat er ihr mit dem Messer den Hals aufgeschnitten und das Blut in einen Kübel laufen lassen. Unter pädagogischen Gesichtspunkten war das sicher nicht einwandfrei. Aber damals war man noch nicht so weit.

Die Milch brachte tagtäglich der Häckelsmüller, ein mürrischer, wortkarger Mann mit eckigem Gesicht. Auf seinem Leiterwagen zog er drei große Milchkannen aus Weißblech hinter sich her. Die Frauen kamen dann mit ihren Milchkrügen aus den Häusern, unserer war weiß mit blauen Punkten, und ließen sich die Milch mit einer Schöpfkelle in den Krug füllen.

Kartoffeln und Briketts wurden später von Dornier organisiert. Sie kamen in Waggons auf das Werksgelände, wurden dort in Säcke gefüllt, nach Hause gekarrt und im Keller eingelagert. Einmal waren die Kartoffeln miserabel. Viele grün, andere mit faulen Stellen. Als sich mein Vater, der im Betriebsrat war, beim Lieferanten beschwerte, meinte der nur: »Sie werns scho fressn.« Die Position der Verbraucher war damals noch schwach. Wenn der Winter besonders kalt war, erfroren die Kartoffeln und schmeckten dann unangenehm süß. Aber es half nichts, sie kamen auf den Tisch, und was auf den Tisch kam, wurde gegessen. Weggeworfen wurde nichts, vor allem kein Brot. Das geht mir heute noch nach. Wenn ich frisches Brot kaufe, habe ich ein Problem damit, das alte zu entsorgen. Ich esse es lieber auf und lasse das neue alt werden. Anderen Kriegskindern soll es ähnlich gehen.

Einmal in der Woche, am Sonntag, gab es jetzt Rindfleisch vom Metzger Lettmeier in Lindau-Reutin. Es brutzelte den ganzen Samstag in einem gusseisernen Topf vor sich hin. Sonntags nach der Kirche kam es zum obligatorischen Kartoffelsalat auf den Tisch. Der Kartoffelsalat meiner Mutter hat sich von allen anderen Sorten, die ich im Lauf meines Lebens noch essen sollte, unterschieden. Ganz dünn geschnittene Kartoffeln (»Heiß geschnitten ganz allein, kann der Salat geschmeidig sein«, sagte die Oma), Pfeffer, Salz, Zwiebeln, Essig, Öl und heißes Wasser. Sonst nichts. Keine Äpfel, kein Speck, keine Gürkchen, keine Mayonnaise. Mutters Kartoffelsalat ist bis heute das Einzige, was ich selber kochen kann. Er schmeckt prima, und ich habe schon viel Lob dafür geerntet. Es gab Leute, die mich nur deswegen besucht haben. Kati Witt zum Beispiel. Ich hatte ihr auf irgendeiner Medienparty von meiner einschlägigen Kochkunst erzählt. Sie besuchte mich dann mit ihrer Managerin und brachte als Gegenentwurf einen sächsischen Kartoffelsalat ihrer Mutter mit. Wir haben einen Geschmacksvergleich gemacht. Ihrer war auch nicht schlecht.

Am Sonntagmittag im Mühlweg bekam ich auch ein kleines Stück vom Rindfleisch. Montags gab es für den Vater den Rest vom Braten. Überhaupt war es damals selbstverständlich, dass der Vater etwas anderes zum Essen bekam als Frau und Kinder. Abends kriegte er meist ein Stück Käse und ein paar Scheiben Wurst, dazu die Flasche Bier aus der Kantine. Meine Mutter und ich, später auch mein Bruder, haben Griesbrei oder gekochte Kartoffeln gegessen.

Die Kinder im Mühlweg waren trotzdem – vielleicht nicht glücklich, aber zufrieden. Ich hatte Eltern, ein eigenes Zimmer, eine Oma und sogar Spielzeug. Der Schreiner Schmid, der mit seiner Frau und vier Töchtern unter uns wohnte, hat mir einmal ein Lastauto aus Holz gezimmert. Und dann gab es noch einen unförmigen schwarzen Teddybär, den ich immer mit ins Bett nahm. Im Sommer haben wir im Wald »Räuber und Gendarm« gespielt, Fuchslöcher untersucht, Feuerchen gemacht, Baumbuden gebaut und im Rickenbach mit der Hand Forellen und Krebse gefangen. Doktorspiele gab es natürlich auch. Die Kinder auf dem Dorf mögen in der Sexualtheorie den Stadtkindern ja nachhinken. Was die praktische Aufklärung betrifft, sind sie meist weiter. Da sieht man einiges bei den Kühen und bei den Hühnern. Und da gab es die Schmid Irmtraud, die Wannagat Gisela, die Dossenberger Martha und die Nagengast Wonni. Die Angst, bei unseren Treffen unter der Treppe oder auf dem Dachboden von Erwachsenen erwischt zu werden, war groß. Das heutige Verständnis für kindliche sexuelle Neugier war damals unvorstellbar. Es hätte härteste Strafen gesetzt. Wahrscheinlich hat der Reiz des strikt Verbotenen die Sache noch interessanter gemacht. Vor allem die Schmid Irmtraud, die direkt unter uns wohnte, war fast so etwas wie meine feste Freundin. Dreißig Jahre später – wir hatten uns längst aus den Augen verloren – habe ich gehört, dass sie ihren Sohn Udo getauft hat. Das fand ich rührend. Offenbar hat sie ihre Kindheit im Mühlweg auch nicht vergessen.

12

Damals hatte ich allerdings ein spezielles Problem, das mir in den kommenden Jahren noch sehr zu schaffen machen sollte. Es war, wenn man so will, ein theologisches Problem. Mein Vater war überaus fromm. Ein redlicher Mann, rechtschaffen, fleißig, angesehen – aber mit einem schweren Schlag ins Pietistisch-Sektiererische. Ein Homo religiosus. Schon als junger Mann war er in die Neuapostolische Kirche eingetreten, eine protestantische Erweckungsbewegung, die um 1830 in England entstanden war und deren Apostel ihre Anhänger auf das zweite Kommen Jesu vorbereiten wollten. Mein Vater nahm das sehr ernst. Er war Gemeindeevangelist und hat regelmäßig gepredigt. Unter anderem hat er die Botschaft eines sogenannten Stammapostels verkündigt, der fest davon überzeugt war, dass der Herr Jesus zu seinen Lebzeiten wiederkommen und seine Gemeinde direkt in den Himmel heimholen würde. Dreimal pro Woche gingen wir in die Kirche, zweimal am Sonntag, vormittags und nachmittags, einmal am Mittwoch, abends. Jahr für Jahr. Am Sonntag liefen wir zu Fuß von Rickenbach nach Aeschach, wo die Kirche stand, zweimal hin, zweimal zurück, insgesamt etwa fünfunddreißig Kilometer. Am Mittwoch traf man sich im Wohnzimmer bei Rehkuglers in Oberhochsteg, das waren dann nur fünf Kilometer. Das mit dem unmittelbar bevorstehenden Kommen Jesu klingt für Außenstehende vielleicht etwas unwahrscheinlich, aber wir haben diesen Glauben von klein auf eingetrichtert bekommen, und ich war bis in die Pubertät hinein fest von meiner bevorstehenden Himmelfahrt überzeugt. Meinem Freund Jürgen Müller wollte ich noch mit vierzehn Jahren im Gymnasium klarmachen, dass nach der Offenbarung des Johannes einhundertvierundvierzigtausend Auserwählte demnächst direkt in den

Himmel entrückt würden und dass er doch unbedingt die Chance ergreifen solle, bei diesem Ereignis dabei zu sein. Er sah mich damals sehr merkwürdig an. Aber ich greife vor.

Die anderen Kinder im Mühlweg waren evangelisch. Ich habe mich als kleiner Junge in meiner religiösen Sonderrolle unwohl gefühlt. Einmal sagte ich zu den anderen Kindern, was mein Vater mir beigebracht hatte: »Ich bin ein Gotteskind.« Darauf sagte die Schmid Rosmarie: »Ja, meinst du denn, wir sind Elefantenkinder?« Das hat mich sehr irritiert. Als ich noch nicht zur Schule ging, haben mich meine Eltern, wenn sie am Mittwoch Abend in die Kirche gegangen sind, immer ins Bett gebracht und allein gelassen. Einmal bin ich wach geworden und habe vor Angst aus dem Fenster gebrüllt. Ich dachte, jetzt sind sie in den Himmel gekommen und haben mich nicht mitgenommen. Unten kamen Schmids aus dem Haus gelaufen und riefen nach oben: »Die kommen doch wieder!« Da war ich still.

Auch zu Hause wurde viel gebetet, nach dem Aufstehen, vor dem Schlafengehen, vor dem Essen. Am Samstagabend saß man in der Küche, und der Vater las vor – aus der Bibel oder aus der »Wächterstimme«, einem neuapostolischen Kirchenblättchen, das früher einmal »Wächterstimme Zions« geheißen hatte, aber in der NS-Zeit titelbereinigt wurde. Noch heute höre ich seine Stimme, und bis heute kann ich schwer ertragen, wenn mir jemand etwas vorliest. Vaters Frömmigkeit war verbunden mit einer militanten Lustfeindlichkeit. Ich durfte zum Beispiel nicht auf den Jahrmarkt und nicht ins Kino. Das hielt er für Teufelswerk. Einmal war in Reutin ein Radrennen. Da wollte ich hin zuschauen. Mein Vater rief mich in die Küche, schaute mich ernst an und fragte, ob ich nicht wüsste, wo der zwölfjährige Jesus hingegangen sei: »In den Tempel, nicht zum Radrennen.« Ich bin trotzdem hingegangen, aber mit sehr schlechtem Gewissen.

Meine Mutter war weniger fromm, aber sie hat dem religiösen Wahn ihres Mannes keinen Widerstand geleistet. So etwas war damals nicht vorstellbar. Sie war Hausfrau. Sie kümmerte sich darum, dass das Essen mittags und abends pünktlich auf dem Tisch stand, immer zehn Minuten nach dem Sirenensignal, das bei Dornier die Mittagspause oder den Feierabend ankündigte. Sie sorgte für eine saubere Wohnung, saubere Wäsche und saubere Kinder. Und dass es dem Mann gut ging. Ein übliches deutsches Frauenleben im Kleinbürgermilieu der fünfziger Jahre des letzten Jahrhunderts. Ins Leere laufen ließ sie ihn manchmal trotzdem. Und behutsam korrigiert hat sie ihn auch. Das war möglich. In der Neuapostolischen Kirche war es zum Beispiel Pflicht, zehn Prozent des Einkommens in den Opferkasten zu legen, also der Kirche zu spenden. »Den Zehnten«, wie es im Alten Testament hieß. Verwaltet hat das gesamte Geld bei uns meine Mutter, sie war also auch für das »Opfer« zuständig. Ich bin ziemlich sicher, dass sie diesen Zehnten nur offiziell in den Opferstock legte und in Wirklichkeit regelmäßig ein paar Mark für die Familie abzweigte. Als ich sie viele Jahre später einmal danach gefragt habe, ist sie rot geworden.

»Benimm dich, sonst kommt der Schlauch«

Auch in der Kindererziehung waren sich meine Eltern nicht immer einig. Dass damals streng erzogen wurde, auch mit Schlägen, war selbstverständlich. Das galt in der Familie ebenso wie später in der Schule. Aber was die Intensität der Strafaktionen betraf, war meine Mutter deutlich zurückhaltender und fiel dem Vater gelegentlich in den Arm, und zwar buchstäblich. Wenn ich etwas angestellt hatte, hat mein Vater vom Küchenschrank ein Stück Gartenschlauch genommen, das eigens zu diesem Zweck dort aufbewahrt wurde, und mich damit durchgehauen. »Benimm dich, sonst kommt der Schlauch«, war eine feste Redewendung bei uns. Auch wenn man die Wirkung von Abschreckung in der modernen Strafrechtsdiskussion bestreitet, glaube ich schon, dass die Schlauchandrohung manche Untat präventiv verhindert hat. Wir waren jedenfalls ziemlich brave Kinder. Wenn es zu einer Bestrafung kam, hat mein Vater mich meist übers Knie gelegt und auf den Hintern geschlagen. Zu seiner Ehrenrettung muss ich aber sagen, dass es immer einen Grund dafür gab. Entweder ich war frech, oder ich hatte mutwillig etwas kaputt gemacht. Einfach drauflosprügeln, wie es in anderen Familien vorkam, vor allem wenn die Väter betrunken waren, das wäre mit seinem protestantischen Ethos nicht vereinbar gewesen. Einmal, das war der schwerste Fall, hat er mich am Arm gepackt und mit dem Schlauch auf meine Rückseite eingeschlagen. Ich habe gebrüllt und bin an seiner Hand im Kreis herumgelaufen. Er schlug weiter, immer noch eine Runde, bis ich so grün und blau war, dass ich danach eine Woche lang nicht zum Schwimmen gehen konnte. Das ging sicher ein bisschen weit, aber meine »Tat« war auch nicht ohne: Es war Sonntag Vormittag, man war wie üblich in der Kirche, aber aus irgendeinem Grund, vielleicht waren zu wenig Plätze da, musste ich diesmal draußen bleiben und die eineinhalb Stunden warten, bis der Gottesdienst vorbei war und die Eltern wieder herauskamen. Mir war langweilig, und ich begann aus den zahlreichen Fahrrädern, die die Glaubensbrüder vor der Kirche abgestellt hatten, die Luft abzulassen. Das hat so schön gepfiffen. Aber dann war mir immer noch langweilig, und ich habe – der Teufel muss mich geritten haben – die Ventile aus den Fahrradreifen herausgedreht und sie im hohen Bogen weggeworfen. Als die Gläubigen schließlich aus der Kirche herauskamen und nach Hause radeln wollten … Ich muss nicht weiter erzählen.

Auch sonst hat mein Vater mitunter ungewöhnliche Erziehungsmethoden angewandt. Einmal – an das Delikt kann ich mich nicht mehr erinnern – sollte ich des Hauses verwiesen werden. Das war natürlich nicht ernst gemeint, aber mit meinen vier oder fünf Jahren habe ich es geglaubt. Weil mein Vater auf die Schnelle die Hosenträger nicht gefunden hat, hat er mir die Hose mit einem Strick zugebunden und mich los geschickt. Ich kann mich noch heute erinnern, was er dabei sagte: »Geh fort. Dann bist du ein armes Waisenbüble, hast keine Mama und keinen Papa mehr, alle schubsen dich weg, keiner will dich.« Mir sind die Tränen die Wangen runtergelaufen, bis schließlich meine Mutter eingegriffen und mit einem energischen »Schluss jetzt!« dem Ganzen ein Ende gesetzt hat.

Ich weiß, dass man solche pädagogischen Bemühungen heute eher skeptisch beurteilt und dass es vor allem gegen körperliche Züchtigung ernsthafte Einwände gibt. Ich habe meine eigene Tochter auch anders erzogen (wenn überhaupt). Es ist leicht, sich heute vom hohen Ross des aufgeklärten Intellektuellen über die früheren Methoden zu entrüsten, und ich will sie auch nicht verteidigen, aber manchmal frage ich mich schon, wenn ich die Ergebnisse unserer liberalen Erziehung sehe, ob der heutige pädagogische Hochmut wirklich so berechtigt ist. Wir wussten als Kinder immerhin, was gut und was schlecht war, was man tun durfte und was nicht. Und dass es Konsequenzen hat, wenn man die Grenzen des Erlaubten überschreitet. Zumal, das darf man nicht übersehen, die Härte ja nur eine Seite dieser Erziehung war. Die andere Seite war Fürsorge,

Zuständigkeit und Verlässlichkeit. Wir wussten, wo wir hingehörten und dass man im Ernstfall für uns da war. Dass dabei etwas mehr Zärtlichkeit und offen gezeigte Zuneigung nicht geschadet hätte, will ich gern einräumen. Ich kann mich beispielsweise nicht erinnern, dass meine Mutter mich je geküsst oder auch nur in den Arm genommen hätte. Auch dass meine Eltern sich einmal umarmt hätten, habe ich nie gesehen. Das galt im pietistischen Arbeitermilieu dieser Zeit als unangemessene Frivolität.

Dennoch hatte auch die strenge Religiosität meines Vaters, die in ihrer Engherzigkeit und Verbohrtheit weiß Gott abschreckend war, ihre positiven Seiten. Ich bin zum Beispiel ziemlich bibelfest, und diese Bibel ist ein wunderbares Buch, das, von jeder Religiosität abgesehen, zu Recht zum kulturellen Erbe der Menschheit gehört. Die Begegnung mit diesem Kulturerbe verdanke ich der borniert religiösen Zwangsausübung meines frommen Vaters – den vielen Samstagabend-Lesungen am Küchentisch und den endlosen Predigten in seiner Kirche. Noch heute wundern sich Leute, die das nie bei mir erwarten würden, über meine guten Bibelkenntnisse. (Zum Glück in der alten Luther-Übersetzung!) Aber auch darüber hinaus: Ich kann nicht finden, dass mir das enge religiös-moralische Korsett, in dem ich aufgewachsen bin, geschadet hat. Allein die Möglichkeit, als Jugendlicher diese Fesseln zu sprengen, als Gymnasiast Nietzsche zu entdecken und das Christentum in gymnasialem Überschwang als Sklavenreligion zu enttarnen, war die Mühe der religiösen Erziehung wert. Ich bin meinem Vater jedenfalls im Nachhinein eher dankbar für das, was er an mir getan hat. Und manchmal frage ich mich, ob ich mein späteres Schicksal ohne diese drakonische Erziehung genau so bewältigt hätte.

Der Bruder vom Reiter

Zurück in den Mühlweg. Weihnachten 1949. Irgendetwas kündigte sich an. Als ich am Weihnachtsmorgen wach wurde, war nur mein Vater da. Der geschmückte Baum stand im Wohnzimmer. Wo ist denn die Mama? »Wir fahren in die Stadt«, war seine Antwort. Ich wusste nicht, was das sollte, und war vollkommen verwirrt. Zwar hatte man mir seit einiger Zeit ein merkwürdiges Gebet beigebracht: »Lieber Gott, schenk mir doch ein Brüderchen«, aber dass das so konkret würde und noch dazu an Weihnachten, wer sollte das voraussehen. Langsam bekam ich mit, was passiert war: Das Gebet war erhört worden. Im Elisabethenheim auf der Insel kam am 25. Dezember mein Bruder auf die Welt. Roland sollte er heißen. Äußerst problematisch wurde es, als er ein paar Tage später nach Hause in den Mühlweg geholt wurde. Alle waren da, Vater, Mutter, Oma, Opa, und standen um den Neuankömmling herum. Ich hockte unterm Küchentisch und dachte: »Das wars, jetzt ist es vorbei. Jetzt kümmern sie sich bloß noch um den.« Das war die erste Erfahrung von Verlassensein in meinem jungen Leben. Es kam dann aber doch nicht ganz so schlimm. Ich habe zu meinem Bruder, der heute ein angesehener Orthopäde in Österreich ist, ein sehr herzliches Verhältnis und bin froh, dass er da ist. Seine Tochter Veronika ist mein Patenkind.

Wir haben uns viele Jahre ein Zimmer geteilt, das keinen Wasseranschluss hatte und nicht zu heizen war. Im Winter waren morgens immer Eisblumen an den Fensterscheiben, in die man ein Loch hauchen konnte. Wir trugen kurze Hosen und lange braune Wollstrümpfe, die mit Gummibändern an einem Leibchen gehalten wurden. Die Schuhe wurden beim Schuster Taubenborger gekauft. Ich bekam die neuen, mein Bruder musste sie auftragen. Das war nicht der einzige Nachteil, der ihm aus der Tatsache erwuchs, dass ich fünf Jahre älter war. Ich habe meinen Alters- und Kompetenzvorsprung offenbar auch hierarchisch eingesetzt und den Jüngeren mit Dominanzansprüchen gequält. Das ist einmal so weit gegangen, dass er empört ein Brotmesser nach mir geworfen und meinen Kopf nur um wenige Zentimeter verfehlt hat. Im Gymnasium, das hat er mir viele Jahre später gestanden, hat es ihn verletzt, wenn die Lehrer zu ihm sagten: »Ach, Sie sind der Bruder vom Reiter.« Er wollte natürlich selber der Reiter sein. Aber das ist alles überstanden, und gelegentlich hat er auch von mir profitiert. So habe ich bei unserem Vater fraglos Eisbrecherarbeit geleistet. Viele Vergehen, die bei mir noch zu Zornesausbrüchen und Strafaktionen führten, hat er ihm schon durchgehen lassen. Einmal hatte ich zum Beispiel eine Fünf in Mathematik. Zwei Tage lang habe ich mich nicht getraut, es ihm zu gestehen. Als ich mich endlich aufraffte, stand er gerade vor dem Küchenspiegel und hat sich rasiert. Er war über die Mitteilung so erschrocken, dass er sich mit dem Rasiermesser in den Hals schnitt. Ich sehe noch heute vor mir, wie das rote Blut über den weißen Rasierschaum herunterlief. »Ich habs ja geahnt«, rief er, »das konnte nicht gut gehen!« Am nächsten Tag ging er zu Herrn Neumerkl, dem Mathematiklehrer, in die Sprechstunde und wollte mich vom Gymnasium nehmen, weil ich doch offensichtlich ungeeignet sei. So etwas hat er bei meinem Bruder nicht mehr gemacht. Oder die religiösen Dispute, als ich langsam lernte, wie man sein christliches Weltbild mit gezielten naturwissenschaftlichen und philosophischen Fragen attackieren konnte. Einmal wurde er dabei so wütend, dass er sich zu dem Ausruf hinreißen ließ: »Es reut mich, was ich Haar auf dem Kopf hab, dass ich dich zu denen hineingeschickt hab.« Diese Fundamentalkritik an der gymnasialen Ausbildung gab es bei Roland auch nicht mehr. Seinen Frieden hat er aber auch nicht mit ihr gemacht. Als mein Vater einmal zufällig davon hörte, dass Goethe mit über siebzig noch eine Beziehung zu der jungen Ulrike von Levetzow anfing, sagte er verächtlich:»Neben so einen würde ich mich als gewöhnlicher Prolet nicht hinstellen.« Auch die tief sitzende Wissenschaftsfeindlichkeit gläubiger Menschen, die durch wissenschaftliche Argumentation instinktiv ihr religiöses Weltbild gefährdet fühlen, war bei ihm lebenslang spürbar. Sie äußerte sich mitunter in kuriosen Kleinigkeiten. So hing in einer Dornier-Werkshalle der Spruch »Nach unseren Berechnungen dürfte die Hummel nicht fliegen. Aber sie fliegt doch!« Diesen Satz zitierte er oft und gern als Beweis für die Unzuverlässigkeit wissenschaftlichen Denkens und die Existenz tiefer liegender Wahrheiten. Wenn ich dann sagte, »Wahrscheinlich haben sie nur falsch gerechnet«, konnte er sehr ärgerlich werden. Auch wenn der Wetterbericht im Radio nicht ganz richtig lag, empfand er das als Bestätigung für sein Weltbild. »Wenn sie doch wenigstens zum Fenster hinausschauen würden!«, sagte er dann höhnisch. Aber der Reihe nach.

Singe, wem Gesang gegeben

Als mein Bruder auf die Welt kam, wurde ich sechs. Das hieß, ich kam in die Schule. Die Volksschule für die Rickenbacher Kinder war im Lindauer Stadtteil Reutin, ungefähr sechs Kilometer von Rickenbach entfernt. Natürlich wurde gelaufen. Hin und zurück, im Sommer und im Winter, je eine gute halbe Stunde. Meist ging ich zusammen mit dem Zacher Roland und dem Spieß Oskar, das hatte dann wenigstens einen gewissen Unterhaltungswert. Die Mädchen gingen separat, die frühere Nähe war inzwischen einer gewissen Entfremdung gewichen. Sie waren jetzt blöde Dinger, die man höchstens noch an den Zöpfen ziehen konnte.

An den ersten Schultag erinnere ich mich noch genau. Er hat mich fast für mein Leben traumatisiert. Dabei fing es gut an. Die Lehrerin hieß Fräulein Klingler und machte einen resoluten mütterlichen Eindruck. Sie erzählte uns, was wir nun alles lernen würden. Das klang vielversprechend, bis sie plötzlich verlangte, dass jetzt jeder Einzelne etwas vorsingen sollte. Mir schoss das Blut in den Kopf. Das war das Ende! Ich konnte absolut nicht singen. Alles, was aus meiner Kehle kam, war Missklang. Und meine Eltern, pädagogisch feinfühlig, hatten mir das bei jeder Gelegenheit eingebläut. Man kann sich das heute, wo auf Kinder und ihre Stärken und Schwächen meist liebevoll eingegangen wird, nicht mehr recht vorstellen. Aber ich geriet damals in Panik und dachte wirklich, dass das Fräulein Klingler mich jetzt gleich empört unter dem Hohngelächter der anderen vor die Tür jagen würde. Gerettet hat mich nur die Größe der Klasse. Wir waren fünfundvierzig Kinder, und die Zeit reichte nicht zum Vorsingen für alle. Aber der Schreck saß tief, und das Singen ist bis heute eine Schwachstelle in meinem Leistungsspektrum und in meiner Psyche. Die Tatsache, dass ich es trotzdem laut und gern tue, kann ich mir nur als Versuch einer Überkompensation erklären.

Natürlich gab es auch schönere Erlebnisse in der Reutiner Volksschule. Da war zum Beispiel ein kleines sanftes Mädchen, das Marion Brockhaus hieß. Sie trug meist eine gestrickte hellgraue Trachtenjacke mit einem roten Rand und silbernen Knöpfen. Ich war furchtbar in sie verliebt, das erste Mal in meinem Leben. Die Marion wohnte in Lindau-Zech. Das war, wenn man nach Rickenbach musste, ein ziemlicher Umweg. Aber ich begleitete sie, wann immer es ging, nach Hause. Das heißt, ich lief verlegen neben ihr her. Viel zu bieten hatte ein siebenjähriger Bub damals nicht. Ich pflückte immer Haselnüsse, machte sie auf und brachte ihr die Kerne mit. Wenn sie mich dann anlächelte und die Nusskerne aß, war ich glücklich. Ihre Familie ist schon kurz darauf aus Lindau weggezogen, und ich habe sie aus den Augen verloren. Einige Jahrzehnte später bin ich ihr dann in Leipzig wiederbegegnet. Nicht zufällig. Sie war nämlich nicht irgendeine Marion Brockhaus, sondern eine Nachfahrin des berühmten Leipziger Enzyklopädie-Verlegers Heinrich Brockhaus. Nach der Wende besuchte sie die Stadt ihrer Väter und hat 2004 zusammen mit ihrem Mann, dem Kunsthändler Hans-Peter Bühler, dem neu erbauten Leipziger Bildermuseum einundvierzig Bilder französischer Maler geschenkt, darunter Werke von Delacroix, Degas und Monet. Ich habe ihr bei dieser Gelegenheit meine frühe Liebe gestanden. Sie war gerührt, konnte sich aber an die Haselnüsse nicht mehr erinnern. In der Eingangshalle des Leipziger Bildermuseums gibt es ein großes Mosaik mit den Poträts der Stifter. Dort kann man sie sehen.

Meine musikalische Karriere wurde später im Gymnasium mit dem Musikunterricht bei Alfred Kuppelmayer fortgesetzt, einem begabten Musiker, der auch selbst komponierte. Seine »Frühlingkantate« wurde sogar vom Süddeutschen Rundfunk produziert. Bei Alfred Kuppelmayer hatten wir Musikgeschichte und Kompositionsunterricht. Das lag mir. Ich schrieb mehrere Einser. Sie sollten mir aber nichts helfen. Studienrat Kuppelmayer ließ mich am Ende des Jahres zu sich kommen und sagte, dass er mir nach Zensurlage eigentlich eine Eins geben müsste, dass sich in ihm aber alles sträube, jemandem, der so falsch singe, eine solche Musiknote ins Abschlusszeugnis zu schreiben. Ob ich nicht auch mit einer Zwei einverstanden wäre? Ich dachte an Fräulein Klingler und mein damaliges Glück und sagte Ja.

Dabei war meine Familie durchweg musikalisch, alle spielten ein Instrument. Mein Bruder Fagott, meine Mutter Harmonium und mein Vater – jawohl, Zither. Irgendwann in seiner Jugend muss es da fröhliche Abgründe gegeben haben. Und manchmal, ganz selten, wenn die Stimmung besonders günstig war, konnten wir ihn dazu bewegen, das Instrument vom Dachboden zu holen und uns etwas vorzuspielen. Er hat dann mit merkwürdig versonnenem Blick die Zither erst endlos lang gestimmt – und dann tatsächlich gespielt, und zwar ein Repertoire, das kein Mensch bei ihm vermutet hätte: das Kufsteiner Lied, des Försters Töchterlein, den Königsjodler und einiges mehr aus dieser Ecke. Ich halte dieses Liedgut meines Vaters noch immer in Ehren. Mein Freund Thomas Gruber, der ehemalige Intendant des Bayerischen Rundfunks, hat mich dabei in den letzten Jahren nach Kräften unterstützt. Immer im April, wenn wir uns bei den Bozener Filmfestspielen in Südtirol trafen, haben wir zum Abschluss einen Abend mit den Kollegen von der RAI und vom Studio Rom eingeplant. Wir sind dann zur Mali, einer Südtiroler Bergbäuerin, hinaufgefahren und haben bis spät in die Nacht mit ihr gesungen: »Tirol, Tirol, Tirol, du bist mein Heimatland, weit über Berg und Tal das Alphorn schallt«.

Zu den musikalischen Vergnügungen meines Vaters hat gepasst, dass wir irgendwann Ende der fünfziger Jahre entgegen dem strengen Lustverbot seiner Kirche bei Neckermann ein Radiogerät bestellen durften. Ich erinnere mich noch an den Moment, als es ankam. »Blaupunkt Virginia 2430« – dunkelbraun poliertes Holz, vorn auf hellem Stoffuntergrund ein grün leuchtendes magisches Auge, das die Senderstärke anzeigte. Wir standen am Abend erwartungsvoll um das neue Gerät herum. Der Vater drückte die UKW-Taste. Es lief – meine erste Begegnung mit dem Bayerischen Rundfunk – »Die weißblaue Drehorgel«, eine damals in Bayern beliebte volkstümliche Sendung mit dem Weiß Ferdl, einem in Bayern weltberühmten Komiker, und dem Roider Jackl, einem ebenso berühmten Gstanzl-Sänger. Gstanzln sind gesungene Mehrzeiler in bayerischer Mundart. Wir waren hingerissen. Mein Vater verwies zwar darauf, dass natürlich nicht jeden Abend so ein schönes Programm kommen würde, aber der Durchbruch war geschafft. Das Radiogerät spielte von da an eine wichtige Rolle in unserem sozialen Leben. Unvergessen die Silvesteransprachen des BR-Programmdirektors Walter von Cube, der am 31. Dezember jeden Jahres kurz vor Mitternacht mit tiefer, tönender Stimme verkündete, dass »wieder ein Jahr im Meer der Vergangenheit versunken« sei. Das einzuschalten gehörte in ganz Bayern zum Jahresend-Ritual. Dass dreißig Jahre später ein Programmdirektor namens Udo Reiter im Bayerischen Rundfunk diese Ansprachen halten würde, lag außerhalb des Vorstellbaren.

»Kein Wunder, dass du ein Monster geworden bist«

Zu unserer Wohnung im Mühlweg 10 gehörte ein Garten. Dort hat meine Mutter zwischen Johannis- und Stachelbeersträuchern Salat und Gemüse angepflanzt, Bohnen, Rettich, Kartoffeln. Der hintere Teil des Gartens war abgetrennt und diente als Hühnergehege. An die zehn Hennen wurden da gehalten, manchmal (trotz der neuapostolischen Lustfeindlichkeit) auch ein Hahn. Diese Hühnerhaltung hatte im Leben meines Vaters einen hohen Stellenwert. Jeden Abend, wenn er aus der Fabrik heimkam, nahm er ein Stück Brot und ging zu seinen Hennen. Er kannte jede mit ihrem Namen, hielt ihnen Brotkrumen hin und redete mit ihnen. Ich glaube, er hat mit den Hühnern mehr gesprochen als mit seiner Frau. Sie dankten es ihm, indem sie sich auf den Boden duckten, die Flügel ausbreiteten und sich streicheln ließen. Ich weiß nicht, ob dies eine hühnertypische Verhaltensweise ist, außer bei den Hennen meines Vaters habe ich das später nie mehr gesehen. Heute ist mir klar, dass er bei den Hühnern die emotionalen Defizite seines Lebens ausgeglichen hat. Seine Zuwendung war entsprechend. Wenn es im Winter kalt war, wurden im Küchenofen Ziegelsteine heiß gemacht, in Handtücher gewickelt und in den Hühnerstall getragen, damit die Viecher sich die Kämme nicht erfroren. Mein Bruder und ich mussten ohne Ziegelsteine auskommen. Jeden Abend wurde der Stall verschlossen, um einen Fuchsüberfall zu verhindern.

Die innere Nähe zu seinen Hennen hat meinen Vater von etwas abgehalten, was in der Tierhaltung mitunter auch nötig ist: ein Tier zu schlachten. Meist hat er das einem Nachbarn überlassen, aber einmal, als gerade niemand zur Verfügung stand, hat er tatsächlich mir, dem sieben- oder achtjährigen Buben, das Beil in die Hand gedrückt. Ich hatte schon einige Male zugeschaut und wusste daher, was zu tun war: das Huhn fangen, mit dem Hals auf den Hackstock legen und dann den Kopf abhacken. Beim Nachbarn hatte das immer so einfach ausgesehen, aber es selber tun? Einerseits war es ja eine Auszeichnung, eine solche Erwachsenentätigkeit übertragen zu bekommen, andererseits, das weiß ich heute noch, wurde mir ganz anders, als ich auf das todgeweihte Huhn heruntersah. Ich habe es getan. Ich glaube, mit geschlossenen Augen. Danach flatterte das kopflose Huhn wie wild in meiner linken Hand und verspritzte jede Menge Blut. Als ich die Geschichte Jahrzehnte später meiner Frau erzählte, sagte sie nur: »Kein Wunder, dass du ein Monster geworden bist.«

Noch so eine Geschichte, die mir in Erinnerung geblieben ist: Einmal waren die Eltern wie üblich am Samstagvormittag in der Stadt beim Einkaufen. Als sie zurückkamen, haben sie, was sehr selten vorkam, aus irgendeinem Grund heftig gestritten. Meine Mutter war so wütend, dass sie aus dem Haus gerannt und in den Wald gelaufen ist. Mein Bruder und ich sagten nach einiger Zeit zu unserem Vater, komm, jetzt müssen wir die Mama suchen und zurückholen. Auf dem Tisch stand die frische Wurst und die Brezen, und der Vater sagte: »Ja, aber erscht mach mer Brotzeit.« Bilder einer Kindheit.

Weihnachten kam immer die Bildstein Oma zu Besuch. Maria Bildstein, geborene Preisser, die Mutter meiner Mutter. Sie sah aus, wie Omas früher aussahen: gütig, behäbig, die grauen Haare zu einem Knoten gesteckt. Sie wohnte zur Untermiete in Aeschach, in der Anhegger Straße, bei Frau Fäßler, ein Zimmer, kein fließendes Wasser. Sie war die »Aeschacher Oma«. Am Sonntag nach der Kirche haben wir öfters bei ihr vorbeigeschaut. Es gab dann immer ein »Schokoládle«. Als mein Bruder Diphtherie hatte, habe ich ein paar Tage bei ihr gewohnt. Sie hat in ihrem Bett geschlafen, ich auf dem Sofa. Abends musste sie immer ihre offenen Füße wickeln. Wir haben sie sehr gemocht. Wenn sie uns zum Lachen bringen wollte, nahm sie ihre Zähne aus dem Mund und schnitt Grimassen. An Weihnachten hat sie bei uns übernachtet. Ich durfte dann neben ihr schlafen, und sie hat mir vor dem Einschlafen Geschichten erzählt. Es war ein bemerkenswertes Leben. Sie war ein lediges Kind und wurde als Magd auf einem Bauernhof im Allgäu abgegeben. Dort wurde sie, wie das üblich war, selbst geschwängert und bekam ihrerseits ein lediges Kind, meinen späteren Onkel Josef. Der hat mir einmal erzählt, wie er mit seinem Erzeuger – Vater kann man ja kaum sagen – bekannt gemacht wurde. Seine Mutter, meine Oma, nahm ihn, als er schon ein paar Jahre alt war, mit ins Wirtshaus. Sie stieß ihn in den verqualmten Raum hinein auf einen Tisch zu und sagte: »Da des do hinda isch dein Vader!« Später hat sie einen gewissen Benedikt Bildstein geheiratet, von dem meine Mutter, seine Tochter, immer sagte, er sei »Ökonomiebaumeister« gewesen. Ich glaube, er war Hilfsarbeiter im Straßenbau. Er ist früh gestorben, ich habe ihn nie kennengelernt. Die Bildstein Oma habe ich als eine liebenswürdige und lebenskluge Frau in Erinnerung. Manche ihre Sprüche gehen heute nicht mehr, andere benutzen wir immer noch gelegentlich: Entweder muschs Maul aufmache oder en Geldbeutel. – Alt und grau derfscht werde, aber net frech. – Wenn der Bettelmann aufs Ross kommt … – Fürs Ghabte gibt der Jud nix. – In zwanzg Johr isch alls in andre Händ.

Offenbar war die Bildstein Oma sprachlich begabt. Einmal musste sie in der Schule einen Hausaufsatz vorlesen. Sie hatte aber die Hausaufgabe nicht gemacht. Also stand sie auf und trug aus dem Stand einen Aufsatz vor, den es gar nicht gab. Ich bin ihr Enkel. Noch etwas ist mir von ihr geblieben. Wenn ein Stück Seife weitgehend aufgebraucht war, hat sie es nicht entsorgt, sondern behutsam auf das neue Stück aufgedrückt und auf diese Weise restlos zu Ende verbraucht. Als ich sie deswegen auslachte, erklärte sie mir in vollem Ernst: »Das heißt ›Kampf dem Verderb‹. Das war unterm Hitler.« Der Name hat mir damals noch nichts gesagt. Es war sozusagen meine erste Begegnung mit dem Dritten Reich. Und sie hat Spuren hinterlassen: Ich kann bis heute ebenfalls keine Seifenreste entsorgen. Wenn die Stücke klein und unhandlich geworden sind, mache ich sie nass und klebe sie zu einem neuen Stück zusammen. Ich habe damit bei meiner Tochter und bei manchen anderen Besuchern meiner Badezimmer Kopfschütteln und bedenkliche Blicke ausgelöst. Aber ich kann nichts dagegen tun. Als eine Freundin einmal ein solch zusammengeklebtes Stück in den Mülleimer geworfen hat, musste sie es wieder herausholen. In Gestalt der Aeschacher Oma hat Adolf Hitler eine lebenslange Marotte bei mir ausgelöst.

Die andere Oma, die Mutter meines Vaters, war die »Reutiner Oma«. Die mochten wir nicht so gern. Sie hieß vorher Elise Auer und hielt sich für etwas Besseres, sah auch irgendwie edler aus. Vielleicht weil ihr Vater ein Wiener Uhrmachermeister war oder weil sie selbst beim Grafen Zeppelin (ja, der mit den Luftschiffen) Dienstmädchen war. Jedenfalls hatten wir nie ein herzliches Verhältnis zu ihr. Sie ist später bei uns im Mühlweg gestorben. Ihr Kranken- und Sterbezimmer war mir noch lange unheimlich. An ihren Mann, den Reutiner Opa, kann ich mich nur schwach erinnern. Er hatte einen Spitzbart und einen hochgezwirbelten Schnurrbart. Im Ersten Weltkrieg war er bei der Kavallerie und hat oft von irgendwelchen Schlachten erzählt, von einer »Hölle von Ferduhn« zum Beispiel. Erst viel später habe ich gemerkt, dass es sich dabei um Verdun gehandelt haben muss, wo 1916 in einer monatelangen, besonders sinnlosen Materialschlacht etwa dreihunderttausend Soldaten gefallen sind. Von seinem Schwiegervater, dem Uhrmacher, hatte er zur Hochzeit eine goldene Taschenuhr mit Sprungdeckel geschenkt bekommen. Die hat mein Vater später geerbt, und statt sie mir weiterzuvererben, haben meine Eltern sie bei der Reutiner Sparkasse verscherbelt und mit den zwanzig Mark, die sie dafür bekommen haben, ein Fahrrad für mich gekauft. Ich wollte die Uhr viele Jahre später zurückkaufen, aber der Mann am Schalter hat behauptet, er hätte nie so ein Geschäft gemacht. Wahrscheinlich nie mehr so ein gutes.

Eine Geschichte vom Reutiner Opa fand ich als Kind so

lustig, dass mein Vater sie immer wieder erzählen musste. Auf dem Küchenofen stand offenbar immer eine Blechkanne mit Malzkaffee, aus der sich der Opa tagsüber bediente. Einmal habe er nach einem kräftigen Schluck das Gesicht verzogen und beklagt, dass der Kaffee »heut aber hantig« schmecke. Er hatte das Spülwasser getrunken, das die Oma zur Reinigung in der Kanne gelassen hatte. Auf diese Weise ist mir das schöne süddeutsche Wort »hantig«, das inzwischen in Vergessenheit geraten ist, im Gedächtnis geblieben. Es bedeutet laut Wörterbuch »von stark bitterem, herbem Geschmack«.

»Die bessern Leit«

Die Söhne aus dem Mühlweg hatten alle eine vorbestimmte Biographie. Sie gingen »zum Dornier« in die Lehre und haben dann bei Dornier gearbeitet. Vierzig- oder fünfzigjährige Betriebszugehörigkeiten waren keine Seltenheit. Das wäre mit Sicherheit auch mein Weg gewesen, wenn, ja wenn da nicht der Lehrer Eschenlohr gewesen wäre. Er hatte unsere Klasse nach den ersten zwei Jahren vom Fräulein Klingler übernommen, war also für die Schuljahre drei und vier zuständig. Und die vierte Klasse war strategisch wichtig, da entschied sich nämlich, ob man die Volksschule zu Ende machte oder ins Gymnasium geschickt wurde. Gymnasium war für mich außerhalb jeder Vorstellung. Dorthin gingen die Kinder der »bessern Leit«, wie es damals ganz selbstverständlich hieß. Und die kamen aus Bad Schachen, dem Lindauer Villenvorort, vielleicht noch von der Insel oder aus Aeschach, aber bestimmt nicht aus Rickenbach. Für mich war klar, dass ich »zum Dornier« gehen würde, erst zu Herrn Maas in die Lehrwerkstatt, und dann würde man weitersehen.

Aber da war eben der Lehrer Eschenlohr. Er war bestimmt kein Pädagoge nach heutigem Geschmack. In seinem Pult lag ein Haselnussstock, der hatte oben ein kleines Astloch. »Mit dem sieht er alles«, verkündete Herr Eschenlohr gern und häufig. Und wenn er dann etwas gesehen hatte, setzte es Hiebe. Bei den Mädchen »Tatzen«, das waren Schläge auf die Hände, bei den Buben »Hosenspanner«, das Wort sagt alles. Vor allem den Fischer Anton, den Sohn einer Kriegerwitwe, hat er regelmäßig und ausgiebig verprügelt. Er wollte ihm vielleicht den Vater ersetzen. Dieser Lehrer Eschenlohr setzt sich nun auf sein Fahrrad und fährt die sechs Kilometer nach Rickenbach, um mit meinem Vater zu sprechen. »Schicken Sie den Bub aufs Gymnasium, es wär schad um ihn«, hat er ihm gesagt und meinen Vater einigermaßen verwirrt zurückgelassen. Daran hatte er nicht im Traum gedacht. »Ja, willst du denn da hin?«, hat er mich gefragt. Man kann die Situation nur einschätzen, wenn man sich, von den sozialen Barrieren einmal abgesehen, den kulturellen Hintergrund dieser Arbeiterfamilien vergogenwärtigt. Außer der Bibel und einem Wilhelm-Busch-Album gab es bei uns zu Hause noch zwei Bücher: »Im Land der schwarzen Zelte«, das war ein Bildband über das Leben der Beduinen, wer weiß, wie er in unseren Haushalt kam, und ein Medizin-Lexikon mit aufklappbaren Körpern von Mann und Frau, bei dem mich vor allem das Innenleben der Frau außerordentlich interessiert hat. Das war alles. Viele Jahre später hat mir Gottfried Benn ein Déjà-vu-Erlebnis beschert, als ich sein Gedicht »Teils-Teils« gelesen habe: »In meinem Elternhaus hingen keine Gainsboroughs / wurde auch kein Chopin gespielt / ganz amusisches Gedankenleben / mein Vater war einmal im Theater gewesen / Anfang des Jahrhunderts / Wildenbruchs ›Haubenlerche‹ / davon zehrten wir / das war alles.« Mein Vater war nie im Theater gewesen. Er hielt es für unangemessen, seine Kinder ins Gymnasium zu schicken, aber er hat sich der Autorität des Lehrers Eschenlohr schließlich gebeugt. Wäre der nicht nach Rickenbach gefahren, wäre ich vermutlich bei Dornier Werkmeister geworden oder bestenfalls Stammapostel in der Neuapostolischen Kirche. Kleiner Scherz.

Noch eine andere, etwas ungewöhnliche Spur hat der Lehrer Eschenlohr in meinem Leben hinterlassen, nämlich die sehr genaue Kenntnis des Sternbildes Orion. Ich weiß nicht warum, aber irgendwie hatte es ihm dieses Sternbild angetan. Er hat es uns ausführlich erklärt, und wir mussten die einzelnen Sterne in ein Schulheft eintragen und mit einer gelben Linie zur Gestalt des Orion verbinden. Noch heute, wenn ich nachts zum Himmel schaue, springt mir sofort der Orion ins Auge, und ich kann genau erklären, wo der Gürtel und wo das Schwert sitzt und welcher Stern der Rigel und welcher der Beteigeuze ist. Dieser Beteigeuze, das weiß ich seither, ist der zehnthellste Stern am Himmel, er hat den 662-fachen Durchmesser der Sonne, gehört zu den Roten Überriesen und wird demnächst als Supernova enden. Bildung made by Lehrer Eschenlohr.

Das Lindauer Gymnasium, das nun meine neue Schule wurde, befand sich damals noch auf der Insel, direkt neben dem Stadttheater. Der Schulhof grenzte an den sogenannten Segelhafen, wo die reichen Leute ihre Segelboote vertäut hatten. Bis zur berühmten Lindauer Seehafenpromenade mit den Wahrzeichen Löwe und Leuchtturm waren es ein paar hundert Meter, ein ideales Ziel für Freistunden, zumal auch das Mädchengymnasium ganz in der Nähe lag.

Die Schule hatte einen neusprachlichen Zweig, in den die Mehrzahl der Schüler ging, und einen altsprachlichen, also das klassische humanistische Gymnasium mit Latein und Griechisch, das eher dünn besucht war, aber als etwas Feines und leicht Elitäres galt. Warum ich in diesen altsprachlichen Zweig geriet, konnte mir später niemand erklären. Wahrscheinlich weil mein Vater bei der Anmeldung den Unterschied nicht wusste und man froh um jeden Schüler war, den man den kleinen Griechischklassen zuschieben konnte. Ich hab es aber nie bereut und freue mich heute noch, wenn ich bei passenden oder unpassenden Gelegenheiten den Anfang der Ilias oder der Odyssee ganz beiläufig in Homers Originalsprache aufsagen kann. »Andra moi ennepe Mousa, polytropon, hos mala polla plagchtê epei Troiês hieron ptoliethron epersen ...«

Mit der neuen Schule tat sich eine neue Welt für mich auf. Anfangs hatte ich Komplexe und ständig das Gefühl, eigentlich nicht hierherzugehören. Bei Kafka hab ich später einmal gelesen, er habe in seiner Schule immer die Furcht gehabt, dass der Lehrer auf ihn zukomme und ihn als Betrüger entlarve, der zu Unrecht hier in der Klasse sitze. So ähnlich war mir in den ersten Monaten auch zu Mute. Da saß der Sohn vom Rechtsanwalt Ebert, eine Instanz in Lindau. Oder Apollonia zu Eulenburg, eine Nichte Carl Friedrich und Richard von Weizsäckers. So hieß man nicht in Rickenbach. Oder der Becker Michael, dessen Vater Direktor eines Max-Planck-Instituts war. Nur gut, dass ich damals noch nicht wusste, was das ist. Oder der Siegmann Götz, Sohn eines Notars, der die Damen immer mit einem Handkuss begrüßte. Allerdings war da auch ein Bauernbub, der Wagner Manfred, und der war der Gescheiteste in der Klasse. Er hat mich damals, 1950, mit dem Satz verblüfft, er gedenke die Jahrtausendwende noch persönlich zu erleben. Ich habe ihn später aus den Augen verloren. Hoffentlich hats geklappt. Bei ihm habe ich das erste Mal gemerkt, dass Gescheitsein die Herkunft vergessen machen kann. Die Sozialangst nahm dann auch relativ schnell ab. Man lernte sich kennen, und die persönlichen Eigenschaften und Talente wurden wichtiger als das Elternhaus. Ich war nicht schlecht in diesen ersten Jahren, aber auch nicht so gut, dass ich dadurch unbeliebt geworden wäre. Man wählte mich zum Klassensprecher, später sogar zum Schulsprecher. Es begann eine glückliche Zeit, eine Zeit voller Begegnungen und Erfahrungen, Hoffnungen und Chancen, die mich verändert und geformt hat und für die ich dem Lindauer Gymnasium und seinen Lehrern heute noch dankbar bin.

Wenn ich sehe, welche Probleme es inzwischen nicht nur in Großstadtschulen gibt, wie Lehrer an desinteressierten und aggressiven Schülern verzweifeln und in den vorzeitigen Ruhestand flüchten, wie der Schulalltag bürokratisiert wird und Schulentscheidungen justiziabel gemacht werden müssen, dann muss ich aufpassen, dass ich nicht in die Lieblingspose alter Leute gerate und anfange, die früheren Zeiten zu loben. Golo Mann, über den ich später ein Fernsehporträt gedreht habe, hat einmal gesagt, jede Zeit habe ihre eigenen Schönheiten und ihre eigenen Grausamkeiten. Wenn er recht hat, dann hat zu den Schönheiten einer deutschen Kleinstadt in den fünfziger Jahren des letzten Jahrhunderts gehört, dass es zwar beschaulich und meinetwegen spießig zuging, dass es aber auch viel Freundlichkeit und Verlässlichkeit gab. Das Miteinander der Leute hat funktioniert, Passanten wurden nicht angegriffen und Schaufensterscheiben nicht eingeschlagen. Das Böse, wenn es denn da war, blieb unter der Oberfläche.

Auch an unserer Schule. Wir hatten zu den Lehrern – Studienräte oder gar Oberstudienräte hießen sie jetzt – ein gutes, entspanntes Verhältnis. Konflikte waren unüblich und wurden vermieden. Die Nazi-Ära und der Krieg lagen noch nicht weit zurück. Man war froh, entkommen zu sein, und wollte jetzt seine Ruhe. Über die jüngste Vergangenheit wurde wenig gesprochen. Man hätte sonst ja doch einiges Unangenehme zugeben müssen. So habe ich mehr von meinem Großvater über den Ersten Weltkrieg als von meinem Vater über den Nationalsozialismus gehört. Und im Geschichtsunterricht mehr über das Römische als über das Dritte Reich. Die These von Hermann Lübbe, dass es historische Katastrophen gebe, die man nur mit Diskretion bewältigen könne, wurde hier stillschweigend praktiziert. Später haben die Achtundsechziger-Studenten ihren Vätern dieses Schweigen vorgeworfen. Das war sicher berechtigt, aber auch ein wenig wohlfeil. Wer selbst im beginnenden Wohlstand aufgewachsen ist und nie vergleichbaren Versuchungen ausgesetzt war, kann leicht den moralischen Richter geben. Nach dem Ende der DDR habe ich dieselbe Problematik mit anderen Vorzeichen nochmals erlebt. Moralisch vermeintlich hochstehende Westjournalisten urteilten verständnislos und hochnäsig über Leute, die in einor Diktatur leben mussten.

»Wenn das stimmt, ist mein Weltbild falsch«

Gut, wir lernten also viel über die alten Ägypter, die Griechen, die Römer und das Mittelalter. Das war ja auch nicht verkehrt. Dann Literatur. Ich bekam ein erstes Gefühl für die Schönheit von Sprache und Dichtung. »Die Judenbuche« von der Droste gehörte zum Kanon, »Kleider machen Leute« von Gottfried Keller, Schiller und Goethe sowieso, Heine kam dazu, aber auch Brecht, was im Adenauerland nicht ganz selbstverständlich war. Als Kommunist war er für viele brave Bundesbürger, obwohl er aus dem biederen schwäbischen Augsburg stammte, ein Vertreter des Bösen. Schon sein Name führte zu Abwehrreflexen. Ich erinnere mich an eine Abiturfeier im Lindauer Stadttheater. Ein gewisser Karl Furmaniak hielt die Abiturrede und griff mit einem Brecht-Zitat (»Macht verdirbt den Charakter«) die angeblich verderbliche hierarchische Stellung der Lehrer gegenüber den Schülern an. Heutige Lehrer würden bei einer solchen Attacke allenfalls gelangweilt abwinken. Damals war es, glückliche Zeiten, ein veritabler Skandal: Ein Teil des Kollegiums verließ empört das Theater. Brecht blieb dennoch auf dem Lehrplan.

Ich habe gelesen ohne Unterlass. Fernsehen gab es noch nicht, Internet erst recht nicht, also auf die Bücher! Es begann die Zeit, in der man sich als Vierzehn- oder Fünfzehnjähriger in literarischen Vorbildern selbst zu finden sucht. Brechts Baal hatte es mir angetan, so wild und frei und regelbrechend, das wäre ein Leben! Dann kam schon bald Nietzsche. Ich habe aus diesen Tagen eine alte Taschenbuchausgabe des »Zarathustra« gefunden – voller Bleistiftnotizen. »Richtig!«, habe ich am Rand vermerkt oder »Genau!« Auch Tiefschürfenderes: »Wenn das stimmt, ist mein Weltbild falsch!« Natürlich war das pubertär, aber es hat mich damals erregt. Und ich habe gemerkt, dass man mit Gedanken, die ein wenig gegen den Strich gebürstet waren, Aufsehen erregen und auch ein gewisses Ansehen erlangen konnte. Das Image des furchtlosen Denkers hat mir sehr gefallen. Ich hab es in einer Weise an hilflosen Opfern ausprobiert, die mir heute noch peinlich ist. An meinem Vater, dem ich seine Glaubensgewissheiten madig zu machen suchte. Sogar an meiner Mutter, deren Hausfrauenleben ich herabsetzte. Auch an den Lehrern. Ich erinnere mich, wie mich unser Lateinlehrer Johannes Finkhous, ein strenger, etwas karger und tugendhafter Mann, ratlos ansah, als ich in einer Lateinstunde das Ende der abendländischen Werte ausrief und als Unterrichtsziel den Übermenschen forderte. Er hat mir dann nach der Stunde freundlich zu erklären versucht, dass man mit solch pathetisch verkleideter Unmenschlichkeit Schlimmes anrichten könne. Ich hielt ihn daraufhin für einen hoffnungslosen Fall, einen typischen »letzten Menschen«. Oder mein Deutschlehrer Gerhardt Lippert. Ihm verdanke ich meine Liebe zur Lyrik. Wie kein Zweiter hat er vermocht, uns die Schönheit eines Gedichts, eines Reims zugänglich zu machen. Als es irgendwann um die Lyrik des Mittelalters ging und er uns voll innerem Feuer vortrug »Vor dem walde in einem tal – tandaradei – schöne sanc die nachtigal«, stellte ich die wichtigtuerische Frage, was uns diese jahrhundertealten Zeilen denn heute angesichts der Probleme des modernen Menschen noch bedeuten könnten. Lippert war tief betroffen. In der nächsten Stunde erklärte er, es sei ihm offenbar nicht gelungen, uns die bleibende Schönheit der Sprache Walthers von der Vogelweide zu vermitteln. Er werde die Beschäftigung mit mittelalterlichen Gedichten sofort beenden. Ich war erschrocken. So hatte ich es doch gar nicht gemeint, aber er ließ sich nicht mehr von seinem Entschluss abbringen. Als wir später die »Iphigenie« behandelten und ihr Verhalten analysieren sollten, habe ich geschrieben: »Sie hatte nicht die Kraft, bewusst schuldig zu werden.« Das klang nicht schlecht, aber als Herr Lippert mich fragte, was ich genau damit meinte, ist mir nicht viel eingefallen.

Andere in unserer Klasse hatten auch Probleme mit der Weltliteratur. Klaus Form, ein freundlicher, etwas korpulenter Junge, der eine engere Beziehung zu einer Wurstverkäuferin unterhielt, stellte am Ende unserer Beschäftigung mit dem »Faust« die bemerkenswerte Frage, ob »dieser Mephistopheles eigentlich ein Engel oder ein Teufel« sei. Was Herrn Finkhous zu einer sehr emotionalen Antwort verleitete: »Dieser Form«, so rief er aus, »verspürt vor lauter Materie nichts Geistiges mehr!«

Um keinen falschen Eindruck zu erwecken: In anderen Fächern war ich weit weniger genialisch. Fremdsprachen gingen gerade so. Mathematik lag mir gar nicht. Ich war froh, dass ich neben meinem Freund Jürgen Müller saß, der zum Glück nicht mit den hundertvierundvierzigtausend Erlösten in den Himmel entrückt worden war und dem Mathematik außerordentlich leichtfiel. Zu leicht wahrscheinlich, denn in den Prüfungen füllte er mit immer röter werdendem Kopf Seite um Seite mit Zahlenkolonnen, während ich schlicht die drei Rechenoperationen ausführte, die er mir am Tag zuvor beigebracht hatte. Bei den Zensuren habe ich ihn dann meistens hinter mir gelassen. Damals zeigte sich schon ein Talent bei mir, auf das ich nicht stolz bin, das mich aber nie im Stich gelassen hat, nämlich mit geringsten Mitteln den größten Effekt zu erreichen. Meine spätere Chefin beim Bayerischen Rundfunk, Frau Dr. Gustava Mösler, von der noch die Rede sein wird, sagte dazu einmal fast ärgerlich: »Es ist schon ungewöhnlich, mit wie wenig Aufwand Sie Ihren Weg gehen.«

Natürlich haben wir nicht nur gelernt. Es gab, soweit ich mich erinnere, wenig Leistungsdruck. Man absolvierte die Schuljahre, eins nach dem andern. Schlimmstenfalls machte man eine Klasse zweimal, das hat mich aber nie betroffen, bei mir lief es glatt.

Die Mädchen wurden wieder interessant. Die meisten hatten jetzt die Zöpfe abgeschnitten und trugen Bubiköpfe. Man traf sich am Seehafen, mitunter auch außerhalb der Schulzeit, und deutete hinterher Erlebnisse an, die es nie gegeben hatte. Lindaus Töchter waren wohlerzogen. Mit einer ins Theater zu gehen galt schon als Unternehmen von beträchtlicher erotischer Brisanz. Da ging es dann schon mal bis zum Händchenhalten oder sogar bis zum Küssen auf dem Heimweg. Der Rest blieb Phantasie. Ich hatte als Schulsprecher gelegentlich mit der Schulsprecherin des Mädchengymnasiums zu tun. Dienstlich sozusagen. Sie war sehr hübsch und trug einen wippenden Pferdeschwanz. Auf dem Schulweg war sie mir schon seit längerem aufgefallen, auf dem Fahrrad, später auch im Omnibus, aber ich kam nicht an sie heran. Entweder es waren Freundinnen um sie herum, oder sie schaute in die andere Richtung. Besonders talentiert im Flirten war ich sicher auch nicht. So etwas lernte man nicht in Rickenbach. Erst unsere dienstlichen Kontakte brachten mich dann weiter. Sie war zwar anfangs etwas schnippisch, aber dann schaffte ich doch den Theaterbesuch inklusive Händchenhalten. Es war Schillers »Braut von Messina«. Ich schildere das so ausführlich, weil ich das Mädchen, sie hieß Ursula Weyermann und war die Tochter des Lindauer Sparkassendirektors, zehn Jahre später geheiratet habe. Fünfzig Jahre später hielt ich ihr zum letzten Mal die Hand.

Im Winter ging die ganze Klasse – wir waren nur sechzehn Schüler – eine Woche auf eine Skihütte, meist nach Österreich, auf die Grabs oder nach Lech am Arlberg. Wir haben uns jedes Jahr darauf gefreut. Tagsüber Aufstiege und Abfahrten, abends Gesänge von der Sorte »Wir lagen vor Madagaskar« oder »Wildgänse rauschen durch die Nacht«. Das stärkte den Zusammenhalt ungemein und brachte auch in die Beziehung zu den Lehrern eine menschliche Nähe, die dem Schulalltag zugutekam. Dasselbe galt fürs Theaterspielen. Es war Tradition am Lindauer Gymnasium, dass nahezu jedes Jahr ein Stück aufgeführt wurde. Entweder als Koproduktion der ganzen Schule oder einer einzelnen Klasse. Die Aufführungen fanden im Foyer der Schule und gelegentlich sogar im Lindauer Stadttheater statt. Meine Paraderolle war der Tranio in Plautus »Mostellaria«. Ich musste in dieser Rolle sogar singen. Alfred Kuppelmayer, der mich am Klavier begleitete, sagte hinterher, er habe den Quintenzirkel auf und ab bemühen müssen, um wenigstens einigermaßen mit mir mithalten zu können. Die Besucher meinten, ich sänge mit Absicht so falsch, weil das zur Rolle gehöre. Nur die Musiklehrerin des Mädchengymnasiums sagte, so falsch könne man absichtlich gar nicht singen. Eine Kritik aus der Lindauer Zeitung habe ich bis heute aufgehoben. »Ein Glanzstück«, schrieb der wohlwollende Rezensent, »lieferte der Darsteller des Sklaven Tranio, der Gymnasiast Udo Reiter, ein drahtiger junger Bursche, dem die Begabung zum Schauspielern offensichtlich angeboren ist.« Das Zwiespältige dieses Urteils ist mir damals nicht aufgegangen.

Auch der Hang, durch ein extravagantes Outfit seine geistige Überlegenheit zu zeigen, der später bei den Achtundsechzigern zu einer genau definierten Anti-Mode führte, hat sich bei mir damals schon angedeutet. Mein Vater trug zum wöchentlichen Ausmisten seines Hühnerstalls immer eine abgeschabte, ehemals wohl grüne Veloursjacke. Zum Entsetzen meiner Eltern habe ich irgendwann beschlossen, diese schmutzige und leicht nach Hühnerdreck riechende Jacke in die Schule anzuziehen. Vermutlich wollte ich damit einen existentialistischen Akzent setzen und zeigen, wie unwichtig mir Äußerlichkeiten inzwischen geworden waren.

Hinten weit in der Türkei

Unsere Schule war Mitglied in einer französischen Stiftung, deren Mentor, ein Monsieur Jean Walter aus Paris, es sich zum Ziel gesetzt hatte, Schüler dadurch zur Selbständigkeit zu erziehen, dass man sie auf Reisen schickte. Jugendfahrten waren damals noch nicht in Mode, und um seine Stiftungsreisen pädagogisch besonders wertvoll zu machen, hatte sich Monsieur Walter einige spezielle Schwierigkeiten ausgedacht. Die Reise musste ins Ausland gehen, man musste allein fahren, mit einem begrenzten Etat von 250 DM auskommen und sich ein bestimmtes Thema aussuchen, das unterwegs zu bearbeiten war. Dieses Thema musste vorher eingereicht und von der Stiftung genehmigt werden. Nach der Reise musste darüber ein Abschlussbericht vorgelegt und in der Schule ein Referat gehalten werden. Als »Gegenleistung« spendierte die Stiftung die 250 Mark und gab den reisenden Schülern ein Empfehlungsschreiben mit auf den Weg, in dem der hohe »physische, moralische und intellektuelle Wert« des Unternehmens dargestellt wurde. Das Schreiben endete mit dem Satz: »Il se prépare à son existence d'homme.« Passend zu diesem hohen Ton war mein Thema. Nicht weniger als die »Überreste der griechischen Kultur an der Westküste Kleinasiens« wollte ich in fünf Wochen Sommerferien erforschen. Das Unternehmen war mutig und kam vor allem meinem Vater nicht geheuer vor. Ich war noch nie nennenswert weit von Lindau weggekommen und jetzt als Achtzehnjähriger gleich allein zu den Muselmanen? Eine Türkeireise war 1962 noch keine alltägliche Tour. Mein Vater hat aber Haltung gezeigt und mir sogar sein Motorrad zur Verfügung gestellt. Das fand ich sehr nobel, und auch gegen seine Ratschläge war ja im Kern nichts einzuwenden: »Fahr vorsichtig«, sagte er, »und lass dich ja nicht mit irgendwelchen Frauen ein.«

Ich habe bei der Arbeit an diesem Buch das schwarze Wachstuchheft wiedergefunden, in das ich mir damals vor dem Aufbruch Etappenziele, Straßenverläufe, Zeltplätze und Wechselkurse eingetragen hatte und das ich dann als Reisetagebuch benutzte. »Donnerstag, 19. Juli, Abfahrt in Lindau acht Uhr, Kilometerstand 50104. Innsbruck, 25 Schilling für Benzin. Brenner. Motorrad bockt. Zeltplatz

Lienz«, ist am ersten Tag vermerkt. An diesen ersten Abend im Zelt kann ich mich auch heute, nach fünfzig Jahren, noch erinnern. Ich schlug die Straßenkarte auf und sah, wie nah ich noch an zu Hause und wie weit, weit, weit der Weg nach Istanbul war. Mir wurde ganz anders.

Ich will hier keinen Reisebericht vorlegen, aber ein kurzes Zitat aus dem Tagebuch kann den Charakter des Unternehmens vielleicht ein wenig deutlich machen:»Montag, 23. 7. Abfahrt 7 Uhr. Bin bis Peć gekommen. Straßen fürchterlich. Das erste Mal gestürzt. Fußraste ab. Muss den linken Fuß jetzt auf den Motorblock stellen. Gewitter, das Wasser auf dem Zeltplatz steht 10 cm hoch. Muss Freitag in Istanbul sein. Hoffentlich geht alles gut.«

Es ging gut, ich kam nach Istanbul und ließ das Motorrad dort bei Glaubensbrüdern meines Vaters stehen. Mit Rucksack und Schlafsack trampte ich dann die türkische Westküste entlang nach Süden. Die Türken waren damals unglaublich deutschfreundlich. Sie kannten uns noch nicht. »Alamanca Turkiş Arkadaş«, Deutsche und Türken sind Freunde, wurde mir immer wieder versichert. Ich wurde mitgenommen, eingeladen, herumgeführt und fühlte mich zeitweise wie in Tausendundeiner Nacht. Vor allem den Baustoffhändler Mehmet Eronat aus Izmir, der mit einem alten Kleintransporter unterwegs war und mich am Straßenrand aufgelesen hatte, werde ich nie vergessen. Er fuhr mich viele Kilometer über abgelegene unbefestigte Straßen nach Milet, brachte mich in einem Gasthof unter und versorgte mich mit Essen. Sein Sohn, erklärte er mir in kaum verständlichem Englisch, sei in Amerika, und er hoffe, dass dieser dort auch Leute finde, die gut zu ihm seien. Ich habe ihm später Postkarten aus Lindau geschickt. Wenn ich heute sehe, wie wir die Türken bei uns oft behandeln, schäme ich mich.

Von Troja über Ephesus, Milet und Pergamon bis hinunter nach Halikarnass, das heutige Bodrum, reiste ich so per Autostopp auf äußerst kassenschonende Weise. All die magischen Stätten, von denen man im humanistischen Gymnasium ja ständig gehört hatte, hier waren sie, und ich stand davor. Touristen gab es damals noch kaum, man war oft allein in den alten verfallenen Theatern und Tempelanlagen. Ich fotografierte, zeichnete, notierte und habe am Ende nicht nur einen Bericht abgeliefert, der die Auswahlkommission zufriedenstellte, sondern auch den ersten Zeitungsartikel meines Lebens verfasst. Eine ganze Seite in der Wochenendbeilage der »Schwäbischen Zeitung« mit eigenen Fotos! »Versunkene Küste. Eine Studienfahrt zu den alten Griechenstädten West-Kleinasiens. Reisebericht von Udo Reiter« stand darüber. Es war meine erste aktive Begegnung mit dem Journalismus. 168 DM habe ich dafür bekommen, die Quittung besitze ich noch. Die schriftstellerische Qualität? Na ja, urteilen Sie selbst:

»Es wird langsam Morgen. Schon jetzt, um drei Uhr, lässt die angenehme nächtliche Kühle nach, die Sterne sind verschwunden, man fühlt einen neuen Tag heraufziehen. Nur wenige Minuten wird es noch dauern, bis die Sonne hinter dem Küstengebirge auftaucht, dann wird Helios wieder neu seinen Wagen über die Küsten lenken, die vor dreitausend Jahren begannen Mittelpunkt der Welt, Geburtsstätte des Abendlandes zu werden … Immer neue Geheimnisse entdecken die Forscher in dem trockenen Boden Kleinasiens, und jede gefundene Säule, jede Vase, jedes Schmuckstück lässt uns einen Blick werfen auf den Glanz, der vor Jahrtausenden hier geblüht hat, auf den Glanz einer versunkenen Kultur.«

Helios und der blühende Glanz. Meine lyrischen Versuche aus jenen Jahren habe ich in einem Anfall von Selbsterkenntnis zum Glück vernichtet – wobei es mir um den Reim Huren auf Kanneluren noch immer ein wenig leid tut.

In den letzten Jahren am Gymnasium, ab 1960 etwa, wurden meine Noten ziemlich gut. Daran mag Jürgen Müller seinen Anteil gehabt haben. Nicht nur weil er mich abschreiben ließ, sondern auch weil er mir an langen Nachmittagen in Wasserburg am Bodensee beibrachte, wie Mathematik funktioniert. Dort, auf einer malerischen Halbinsel, war 1927 Martin Walser geboren worden. Er ging, wie wir, ins Lindauer Gymnasium, seine Eltern führten die Wasserburger Bahnhofswirtschaft. Er hat der Bodenseelandschaft in vielen seiner Bücher ein literarisches Denkmal gesetzt. Vor allem sein autobiographischer Roman »Ein springender Brunnen«, eines seiner schönsten Bücher, hat den Zauber dieser Zeit und dieser Landschaft eingefangen. Ich habe Martin Walser später beim Bayerischen Rundfunk kennengelernt. Er hat mich wegen meiner Sprache sofort als Landsmann identifiziert und irgendwann sogar nachfragen lassen, ob ich nicht eine Rolle in einem Hörspiel übernehmen könnte. Er suche jemanden mit einem südallgäuer Dialekt. Leider ist daraus nichts geworden, sonst wäre ich womöglich in die Weltliteratur eingegangen.

Als das Abitur ins Haus stand, kam mir, was die Noten anging, auch noch der Zufall zur Hilfe. Ich habe im letzten Schuljahr besagter Ursula Weyermann bei einem Hausaufsatz geholfen. Es ging um eine Interpretation des Gedichts »Stufen« von Hermann Hesse. In Deutsch war ich ohnehin gut, und weil ich ihr imponieren wollte, hab ich mich noch besonders ins Zeug gelegt. Ich las Sekundärliteratur und wurde zum »Stufen«-Fachmann. Als ich am Deutsch-Abiturtag die Aufgaben aufschlug, traute ich meinen Augen kaum. »Interpretieren Sie das Gedicht »Stufen« von Hermann Hesse« stand da. Das war ein »gmahts Wieserl«, wie man in Bayern sagt. Ich erwähnte in der Einleitung beiläufig, dass Hesse das Gedicht 1941 in Montagnola verfasst habe und dass es im »Glasperlenspiel« vorkomme. Dann

44

habe ich es feinfühlend gedeutet und behutsam als typisch Hesse'sche »Kleiderhaken-Literatur« kritisiert – Literatur als Haken, an dem der Dichter seine Weltanschauung aufhängt. Nicht schlecht für einen Schulaufsatz. Die Note war entsprechend.

Ich habe damals (nicht nur wegen der »Stufen«) das beste Abitur meines Jahrgangs gemacht und bekam nach einer zusätzlichen Aufnahmeprüfung das »Bayerische Stipendium für besonders Begabte«, das mir ein Studium ermöglichte, von dem ich nicht weiß, ob es bei den begrenzten finanziellen Mitteln meiner Eltern sonst überhaupt möglich gewesen wäre.

Schwierig war die Wahl eines Studienfachs. Meine Noten waren in allen Fächern (außer Musik) gleich gut. Vermutlich wegen des allseits gelobten Abituraufsatzes entschied ich mich für Germanistik. Als Nebenfächer nahm ich, das war so üblich, Geschichte und Politische Wissenschaft. Damit konnte man Lehrer für Deutsch, Geschichte und Sozialkunde werden. Warum auch nicht. Besser als Arbeiter bei Dornier.

Rohtraut, Schön-Rohtraut

Ich begann mein Studium in München an der Ludwig-Maximilians-Universität. Gewohnt habe ich in der Ungererstraße in Schwabing. Dort konnte ich von Klaus Grandt, meinem späteren Schwager, der gerade sein Studium abgeschlossen hatte, das Zimmer übernehmen, und zwar in Untermiete bei Frau Kagerer, einer älteren Witwe, die ein paar Straßen weiter einen kleinen Käseladen betrieb. Der »Schulweg« war optimal. An der Münchner Freiheit vorbei, die Leopoldstraße hinunter, wo gleich hinterm Siegestor die Universität lag. Dies Zuhause im Herzen von Schwa-

45

bing am Rand des Englischen Gartens war nicht nur tagsüber attraktiv. Als Student der Geisteswissenschaften war man dort auch abends gefordert. Es gab damals noch eine gewisse Boheme in Schwabing, Studenten, Intellektuelle, Künstler, und wenn man im Mutti-Bräu, im Leierkasten oder im Alten Simpl (dem früheren Simplicissimus) die Nächte durchmachte, konnte man sich auf den Spuren eindrucksvoller Vorgänger fühlen. Erich Mühsam hatte das ebenso gemacht wie Lion Feuchtwanger, Christian Morgenstern, Ludwig Thoma, Heinrich Mann oder die Gräfin Reventlow.

Ganz ohne schmerzliche Brüche verlief der Übergang vom Gymnasiasten aus der Provinz zum Lebemann in der bayerischen Metropole allerdings nicht. Einmal habe ich die Ursula Weyermann, die jetzt auch in München studierte, und ihre ältere Schwester Erika, die dort verheiratet war, zum Essen ausgeführt, und zwar in den Wienerwald. Diese Hähnchen-Lokale waren damals gerade neu aufgekommen und galten als etwas Besonderes. Ich hatte mir ein paar Mark aus meinem Monatsbudget erwirtschaftet und wollte den beiden Damen zeigen, dass auch jemand aus Rickenbach Lebensart hatte. Dabei habe ich allerdings einen Umstand außer Acht gelassen: die feinen Leute, und dazu gehörten die Weyermann-Töchter, aßen ein Hähnchen nicht etwa mit der Hand, sondern mit Messer und Gabel. Das war generell nicht meine Stärke. Bei mir zu Hause war das nicht üblich gewesen – und jetzt gleich ein Hähnchen! Wo musste man da denn ansetzen? Ich ließ mir meine Besorgnis nicht anmerken und plauderte möglichst fröhlich mit meinen Begleiterinnen, während ich versuchte, irgendwie ein paar Fleischteile von den Gockelknochen abzubekommen. Das muss ich ziemlich ungeschickt gemacht haben, denn plötzlich war das Tier verschwunden. Es lag auf meinem Schoß. Ich spüre heute noch, wie mich die Schamesröte überströmte. Da hatte ich einmal den Mann von Welt geben wollen und stand als Provinztölpel da, der nicht einmal anständig mit Messer und Gabel essen konnte. Das kommt davon, wenn man die Klassenschranken überspringen will, dachte ich mir. Arbeiterkind bleibt Arbeiterkind.

Eine ähnliche Erfahrung hatte ich schon ein paar Monate früher gemacht, und zwar in Paris bei meinem zweiten internationalen Auftritt nach der Türkeireise. Das kam so: Im Rahmen eines Schüleraustauschprogramms war ein französischer Schulbub namens Marc Pereire einige Wochen an unserem Gymnasium. Dieser Marc Pereire sollte nach dem Willen seiner Eltern Deutsch lernen, und zwar schnell und fließend. Daher fragten sie bei Oberstudienrat Lauter, der für den Schüleraustausch verantwortlich war, ob er nicht einen älteren Lindauer Schüler wüsste, der bereit und in der Lage wäre, für ein paar Wochen bei freier Kost und Logis und einem Taschengeld als Hauslehrer nach Paris zu kommen und dort ihren Sohn täglich zwei Stunden in Deutsch zu unterrichten. Ich hatte gerade das Abitur hinter mir, und Herr Lauter fragte mich, ob ich nicht Lust hätte, die Zeit bis zum Beginn des Studiums auf diese Weise zu verbringen. Und ob ich Lust hatte. Dabei wusste ich noch gar nicht, was der Clou bei diesem Job war: Die Pereires waren ziemlich eng mit den Rothschilds verwandt, steinreich, feinste Pariser Gesellschaft, ein riesengroßes Stadthaus in der Nähe des Étoile, dazu ein Landhaus in Colombey-les-Deux Églises, neben dem ehemaligen Wohnsitz von General de Gaulle. Dort verbrachte man die Wochenenden. Mir wurde ganz anders. Zum Abendessen legte man nicht, wie bei uns zu Hause üblich, die Jacken ab und machte den Kragen auf, sondern kleidete sich um. Meist etwas Dunkles mit Krawatte. Das Essen servierte ein spanisches Hausmädchen mit Haube und weißem Schürzchen. Einmal, das werde ich nie vergessen, fiel mir vor lauter Aufregung ein Stück Rote Rübe auf das blütenweiße Damasttischtuch. Wie Blut auf Schnee. Ich wusste vor lauter Schreck und Scham nicht, ob ich die Hand darauflegen, den Teller darüberschieben oder, wie ich es zu Hause gemacht hätte, das Ding einfach mit den Fingern in den Mund stecken sollte. Aber feine Leute ignorieren so etwas, und die Pereires waren feine Leute. Man sprach beim Essen Englisch, damit ich mich auch an der Konversation beteiligen konnte. Viel geholfen hat das nicht, das bisschen Schulenglisch aus dem humanistischen Gymnasium war in der Praxis nicht viel wert. Das war mir besonders arg, als die Schauspielerin Geneviève Page, eine Freundin der Familie, einmal zu Besuch war. Sie war damals gerade für den »Golden Laurel« nominiert und spielte später unter anderem die Puffmutter in »Belle de jour«. Sie war sehr liebenswürdig und wollte mich in die Unterhaltung einbeziehen. Eine wunderschöne Frau, so berühmt und direkt neben mir auf dem Sofa! Immerhin war ich schon neunzehn. Ich bekam mit, dass sie gerade aus New York gekommen war, und brachte einen, wie ich fand, ziemlich weltläufigen Satz zustande. »How was the weather in New York?«, fragte ich sie. Ich glaube, es hatte geregnet.

Eine andere Entgleisung war schlimmer. Bei einem der mühsamen englischen Tischgespräche ging es um das Dritte Reich und den Nationalsozialismus. Ich war dem Thema nicht nur sprachlich nicht gewachsen und entblödete mich nicht, Hitlers Kriege mit denen Napoleons zu vergleichen. Die Pereires waren eine jüdische Familie. Ich habe heute noch größten Respekt vor der Souveränität, mit der sie über mein blödes Geschwätz hinweggingen. An diesem Beispiel ist mir später klar geworden, wie unverzeihlich es war, dass unser Geschichtsunterricht bei Bismarck aufgehört hatte. Trotz allem, ich habe damals Paris kennengelernt – und eine gesellschaftliche Welt gesehen, von der ich bis dahin nicht einmal wusste, dass es sie gab. An einem Abend durfte ich sogar mit zu einem großen Empfang bei Baron Rothschild. Ich saß ganz weit unten an der langen Tafel. Zum Glück musste ich mich nicht unterhalten, und es gab auch keine Rote Beete. Staunend habe ich gesehen, wie locker da elegant gekleidete Menschen parlierten, flirteten und tanzten, mit welcher Selbstverständlichkeit sie zwischen verschiedenen Sprachen wechselten und die glanzvolle Szenerie beherrschten. A long, long way from Rickenbach ... Aus meinem »Schüler« Marc Pereire ist übrigens etwas geworden. Er lebt heute in London und hat eine leitende Position bei der Privatbank Mirabaud & Cie, einem Schweizer Unternehmen mit über fünfhundert Mitarbeitern, das auf Anlageberatung und Vermögensverwaltung spezialisiert ist. Ich hoffe, mein Deutschunterricht kommt ihm bei seinen Kundengesprächen gelegentlich zugute.

An der Universität habe ich mich mit zwei Dingen beschäftigt, die mich heute noch interessieren: deutscher Literatur und mittelalterlicher Geschichte. Es waren eindrucksvolle und namhafte Professoren, die damals in München lehrten. Johannes Spörl, bei dem ich eine Arbeit über den »Realismus als Stilprinzip in der spätmittelalterlichen Geschichtsschreibung« verfassen musste. Die Rosenfeld-Brüder, zwei Junggesellen, die beide Altgermanistik lehrten, oder Hermann Kunisch, weißhaarig und kultiviert, dessen Vorlesungen vor allem von Studentinnen überlaufen waren. Wenn er mit eleganter Gestik Mörikes »Rohtraut, Schön-Rohtraut« rezitierte, schmolzen die ersten Reihen im Auditorium Maximum nur so dahin. Mich hat mehr beeindruckt, wie er einmal beiläufig einfließen ließ, dass er nach dem Krieg in Berlin bei Gottfried Benn zum Kaffee eingeladen war. Beim »ollen Benn«, wie er lässig sagte. Der Dialog war aber offenbar sehr einseitig gewesen. Immer wenn er ihm eine tiefgründige germanistische Frage nach dem Wesen der Dichtung stellen wollte, habe Benn gesagt: »Herr Kunisch, noch etwas Schlagsahne?« Auch bei Benns Beerdigung im Sommer 1956 (»wenn alles hell ist und die Erde für Spaten leicht«) war Kunisch dabei. Ein Herr von der Künstlerversicherung habe dort aufgezählt, was die Versicherung alles für Benn getan habe. Am Grab habe der alte, schon etwas debile Germanistikprofessor Richard Alewyn gestanden, genickt und vernehmlich gemurmelt: »Ja, ja, und hat alles nichts genützt.«

Benn – »Gottfried der Große«, wie ihn die Tochter von Thea Sternheim nannte, obwohl (oder weil) sie zu seinen zahlreichen erotischen Opfern zählte – gehörte neben Rilke und Trakl zu meinen literarischen Hausgöttern. Ich kannte mich in seinen Texten immerhin so gut aus, dass ich Jahrzehnte später, als ich mich im Twittern versuchte, eine feste Rubrik mit dem Titel »Benn am Sonntag« fast ein Jahr lang durchhielt und damit einen bemerkenswerten Erfolg bei einigen tausend Followern erzielte. Die drei Bände des Benn'schen Briefwechsels mit Oelze gehören (kleiner Tipp!) nach wie vor zum Aufregendsten, was es von einem deutschen Dichter zu lesen gibt. Dass es im Benn'schen Œuvre auch Randgebiete gibt, wo seine Sprache, der »Regen aus Gold und Rosen« (Thea Sternheim), hart an Edelkitsch heranrückt, wurde mir in einem Hauptseminar bei Professor Motekat klar. Es gab dort einen Herrn Schmidt, hochbegabt, aber ein extremer Stotterer. Immer, wenn er das Wort ergriff, hielt das ganze Seminar den Atem an. Dieser Herr Schmidt wollte auf die Kitschnähe einiger Benn-Verse hinweisen und zitierte zu diesem Zweck eine Zeile aus »Welle der Nacht«. Seine Sprachbehinderung gab der Kritik eine besondere Schärfe: »D-d-die w-w-weiße W-W-Welle rollt z-z-zurück ins Meer«. Pause. »Nnn-a ja.«

Mein bayerisches Stipendium hatte (Liberalitas Bavariae!) zwei Semester im »nicht-bayerischen Ausland« vorgesehen. Ich habe diese beiden Semester 1964/65 an der Freien Universität Berlin verbracht und dabei mehr Berlin studiert als Germanistik. Kultur, Ausflüge in West und Ost, Freunde, Mädchen. Es war ein wunderbares Jahr. Seitdem ist Berlin meine Lieblingsstadt in Deutschland. Gewohnt habe ich in der Koburger Straße 56/II bei Bruhnke. Die Bruhnkes waren ein altes kinderloses Ehepaar, das zur Neuapostolischen Kirche gehörte. Vor allem sie, die Anni, war sehr fromm. Ich habe das unfreiwillig mitbekommen, weil zwischen meiner Kammer und dem Bruhnke'schen Wohnzimmer eine schalldurchlässige Verbindungstür war. Abends, nach dem Essen, stimmte Anni Bruhnke immer das gleiche Lied an. Es hieß »Das Gotteshaus ist unsre Lust und wird es immer mehr«. Sie konnte offenbar nur diese eine Zeile und beendete sie dann stets mit der angehängten langgezogenen Frage an ihren Mann: »Nich, Ottchen?« Ottchen war weniger fromm und brummte: »Ja, ja.«

So friedlich wie im Wohnzimmer von Anni und Otto Bruhnke ging es damals in ganz Berlin zu. Es gab noch kein Ausländerproblem und keinen Thilo Sarrazin, und von den Studentenunruhen der folgenden Jahre waren allenfalls ganz leise Vorzeichen zu spüren. Als der Rektor der Freien Universität im Sommersemester 1965 gegen den linken Publizisten Erich Kuby ein Redeverbot verhängte, führte das zu ersten Protesten. Ich muss gestehen, mich hat das weniger interessiert, ich fuhr lieber mit meinem alten Käfer, den ich mir in Ferienarbeit als Nachtwächter bei den Lindauer Dornierwerken verdient hatte (Jahrgang 1958, schwarz mit einem grünen Kotflügel), über die Heinrich-Heine-Straße nach Ostberlin. Dort ging man in Brechts Theater am Schiffbauerdamm und aß vorher im Ganymed für 2,50 Mark ein komplettes Menü. Auch Bücher gab es im Sozialismus extrem günstig, und den viel gescholtenen Ostkaffee mochte ich besonders gern. Unserer war mir immer zu stark und zu bitter. Um die Idylle voll zu machen: Das Mädchen aus Kreuzberg, das mir damals nahestand, schickt mir noch heute jedes Jahr zum Geburtstag einen Blumenstrauß. Tut mir leid, genau so war es. Aber die Idylle sollte bald jäh zu Ende gehen.

Die Aufbaujahre der Bundesrepublik, die als »Wirtschaftswunder« in die jüngere deutsche Geschichte eingingen, neigten sich dem Ende zu. Es war eine Zeit gemeinsamer, überwiegend positiv empfundener Erfahrungen, die den Deutschen nach dem Krieg und den Existenzsorgen der unmittelbaren Nachkriegszeit zu einem neuen Selbstwertgefühl verholfen hatten. Man war wieder jemand, und man hatte etwas. Diese etwas saturierte Behäbigkeit unserer Eltern, die unangenehme Fragen kollektiv verdrängte, wurde von einer neuen Generation radikal in Frage gestellt. Was in Berlin in Ansätzen zu spüren war, sollte bald zu der großen Mentalitätswende führen, die als »Achtundsechziger-Bewegung« Schlagzeilen machte.

Ich war nach meinem Berliner Jahr wieder nach München zurückgegangen. Dort wohnte ich jetzt zusammen mit den zwei ehemaligen Lindauer Klassenkameraden Wolfgang Unglaub und Franz Josef Schmid in der Römerstraße. Wieder bei einer Witwe, die gleich drei Zimmer ihrer großen Wohnung an Studenten vermietet hatte. Franz Josef Schmid nahm mich mit in einen studentischen Boxclub. Ich wusste damals noch nicht, dass ich in der ARD später einmal fürs Boxen zuständig sein würde, habe die Sache aber mit einigem Ernst betrieben. Gelegentlich erzähle ich heute, dass ich in meinem Jahrgang einmal Münchner Studentenmeister geworden sei. Das klingt aber nur so eindrucksvoll, wenn ich weglasse, dass wir insgesamt lediglich zu dritt waren und dass einer davon einen leichten Gehfehler hatte. Aber den anderen habe ich besiegt. Kleiner Einschub: In der ARD gab und gibt es eine starke Opposition gegen das Boxen. Die Argumente sind unterschiedlich. Dass Boxen gefährlich sei, ist zwar richtig, aber das sind Autorennen und Skiabfahrten auch. Schwerer zu kontern sind Einwände aus dem Bereich des Allgemeinmenschlichen nach dem Motto: »Man schlägt sich doch nicht ins Gesicht«. Ich habe in den Diskussionen als »Box-Intendant« dann immer Hemingway zitiert, Boxen sei eine Metapher für das Leben. Aber richtig überzeugt habe ich die guten ARD-Menschen damit nicht. Auch der Hinweis auf das extrem günstige Preis-Quoten-Verhältnis und das starke Interesse der umworbenen jüngeren Jahrgänge half nicht wirklich. Ich vermute stark, dass die Zeit öffentlich-rechtlicher Boxübertragungen vor dem K. o. steht.

Vom Boxen abgesehen, dümpelte mein Studium vor sich hin. Ich hatte an meinem alten Gymnasium in Lindau ein Praktikum als Lehramtsanwärter gemacht. An die Geschichtsstunde, die ich damals halten musste, kann ich mich noch erinnern. Es ging um das »Statutum in favorem principum« und die »Confoederatio cum principibus ecclesiasticis«. Die Begeisterung meiner Schüler über diese an sich ja wichtigen Verträge des Staufer-Kaisers Friedrich II. mit den weltlichen und kirchlichen Fürsten in Deutschland hielt sich in Grenzen, und der Lehrerberuf ist mir durch diesen Ausflug in die aktive Pädagogik nicht verlockender geworden. Dazu kam, dass mein Vater, der Flugzeugmechanikermeister, gern von seinen Erlebnissen mit den Dornier-Testpiloten erzählte und dann etwas spöttisch fragte, ob das »Gedichtelesen« wirklich ein Männerberuf sei. Dass sein Sohn Germanistik studierte, war ihm von Anfang an suspekt gewesen. Ingenieur oder Arzt oder sonst was Handfestes, ja, aber Germanist, was war denn das? Wahrscheinlich hat diese väterliche Verachtung neben meinen eigenen schulischen Erfahrungen dazu geführt, dass ich mich im Sommer 1966 bei der Lufthansa erkundigte, wie man Pilot werden könnte. Ich wurde daraufhin für November zu einer Aufnahmeprüfung nach Hamburg eingeladen. Ohne ein Wort zu meinem Vater zu sagen, bin ich hingefahren. Es war die härteste Prüfung, die ich in meinem Leben gemacht habe. Sie umfasste Sport und logisches Denken, Seh-, Hör- und Gedächtnistests, Englisch, Mathematik und Geschicklichkeitsübungen in einem Flugsimulator und in einer Unterdruckkammer und was weiß ich was noch alles. Beginn war Montag früh, da waren wir vierzehn. Ende Freitag Abend, da waren wir noch zwei. Dass ich einer davon war, hat mir enorm den Kamm schwellen lassen. Und mein Vater war, glaube ich, das erste Mal wirklich stolz auf mich. Ein paar Tage später erhielt ich die offizielle Einladung in die Lufthansa Flugschule nach Bremen. Im Februar sollte die zweijährige Ausbildung beginnen, sechs Monate davon in Phoenix/ Arizona. Ich war extrem guter Laune und stellte meine Universitätsbesuche umgehend ein. Vom Onkel Hans in Pfaffenhofen, bei dem ich als Student öfters ein nettes Wochenende verbracht hatte, wollte ich mich persönlich verabschieden. Und zwar am Nikolaustag 1966. Es war der Tag mit dem Blitzeis.

Nie wieder laufen

Man war am Klinikum rechts der Isar in München nicht auf die Behandlung Querschnittgelähmter eingerichtet. Ich wurde in ein kleines Einzelzimmer gesteckt und weitgehend unbehandelt liegen gelassen. Nach dem damaligen Kenntnisstand würde sich das Problem in den nächsten

Wochen von selbst erledigen. Ich selber hatte keine Ahnung, was mit mir los war, und war der festen Überzeugung, dass sich das mit den leblosen Beinen und dem gefühllosen Unterleib schon wieder regeln würde. Man brauchte jetzt halt etwas Geduld. Dass sich auf meiner Rückseite allmählich ein riesiges offenes Druckgeschwür bildete, spürte ich nicht. Es roch zwar manchmal etwas eigenartig unter der Bettdecke, aber das konnte ja alles Mögliche sein.

Mein Überleben verdanke ich einem jungen Stationsarzt. Er nahm meinen Vater zur Seite und sagte ihm: »Nehmen Sie den Bub hier raus. Der muss dringend in ein Querschnittzentrum, sonst stirbt er!« Mein Vater hat sich dann durchgefragt und stieß auf Rita, eine hübsche junge Krankenschwester, die mir auf der Intensivstation, in die ich anfangs eingeliefert worden war, einige Male tief in die Augen geschaut hatte. Sie gab meinem Vater die Telefonnummer des Ludwig-Guttmann-Hauses der Universitätsklinik Heidelberg. Das war damals das modernste Querschnittzentrum in Deutschland.

Offenbar war es gar nicht so einfach, mich aus der Münchner Klinik herauszubringen. Man wollte das Malheur mit dem Druckgeschwür, das eindeutig ein medizinischer Kunstfehler war, wohl nicht so gern nach außen dringen lassen. Mein Vater blieb hartnäckig, und eines Tages im Februar 1967 war es so weit. Ein Rettungshubschrauber des Roten Kreuzes landete auf dem Dach und brachte mich nach Heidelberg. Schwester Rita hatte mich nach ihrem Feierabend auf der Intensivstation gelegentlich in meiner Kammer auf Station 3 besucht. Sie mochte mich, und als ich nach Heidelberg verlegt wurde, kündigte sie in München und kam mit.

Ludwig Guttmann war in den dreißiger Jahren Chefarzt in Breslau. Nach der Machtübernahme durch die Nationalsozialisten emigrierte er nach Großbritannien. 1944 erhielt er von der britischen Regierung den Auftrag, das »National Spinal Injuries Centre« im Stoke Mandeville Hospital in Aylesbury aufzubauen. Dort entwickelte er die modernen, bis heute gültigen Methoden zur Behandlung von Querschnittlähmungen. Das Vermeiden von Druckgeschwüren durch häufiges Umlagern, das Verhindern von Blaseninfektionen durch regelmäßiges Entleeren, die Stabilisierung des Kreislaufs durch spezielle Übungen, das waren Behandlungselemente, die den vorher üblichen schnellen Tod von Querschnittpatienten hinauszögerten. Es hat Professor Guttmann den Ehrentitel »Vater der Querschnittgelähmten« eingebracht. Nach ihm war das Ludwig-Guttmann-Haus benannt worden, nach seinen Methoden wurde in Heidelberg behandelt.

Als ich in der Heidelberger Klinik eintraf, war es Abend. Ich wurde auf ein Spezialbett mit verschiebbaren Matratzenblöcken gelegt. Dekubitusgefährdete Stellen können auf diese Weise entlastet werden. Die erste Nacht werde ich nie vergessen. Sie war furchtbar. Ich konnte mich nicht bewegen, hatte Schmerzen, an Schlafen war nicht zu denken. Die Stunden krochen dahin. Der Morgen brachte dann den bisherigen Höhepunkt meiner Biographie. Ich sah erstmals den Chef des Zentrums, Privatdozent Dr. Volkmar Paeslack. Später habe ich seine ruhige, strenge, aber auch gütige Art zu schätzen gelernt. An diesem Morgen kam er mir aber gar nicht gütig vor. »Sie sind komplett querschnittgelähmt«, war seine Begrüßung, »stellen Sie sich darauf ein, dass Sie nie mehr laufen können und Ihr Leben im Rollstuhl verbringen werden.« Ich war wie vor den Kopf geschlagen. Das konnte nicht wahr sein. Doch nicht ich! Obwohl es ja eigentlich auf der Hand lag, war mir dieser Gedanke nie auch nur im Entferntesten gekommen. Ich habe später von anderen Leidensgefährten gehört, dass es ihnen genauso gegangen war. Es gibt offenbar einen inneren Schutzmechanismus, der einen davon abhält, das Offenkundige wahrzunehmen. Es soll ja Lungenfachärzte geben, die einen Lungenkrebs bei jedem anderen richtig diagnostizieren, ihn aber bei sich selbst nicht erkennen. So ähnlich muss es mir gegangen sein. Seit Monaten kein Gefühl vom fünften Brustwirbel abwärts, alle Funktionen ausgefallen, was konnte das schon anderes sein als eine Querschnittlähmung? Ich hatte aber bis Heidelberg die Annahme dieser Nachricht verweigert. Jetzt wusste ich es. Jetzt lag ich da. Alle Pläne kaputt. Ade, Lufthansa, ade, Pilotenlaufbahn. Mit dreiundzwanzig Jahren das Leben in Trümmern. Kein fertiges Studium, kein Beruf, kein Geld, vermutlich ein Pflegefall. Ich erinnerte mich an Geschichten, die ich von solchen Querschnittgelähmten gehört hatte. Sie sollen irgendwie bei lebendigem Leib vor sich hin faulen.

The Krüppel Brothers

Ich kam in ein größeres Krankenzimmer. Acht Betten. In den meisten junge Männer wie ich. Verkehrsunfälle, Badeunfälle. Das Erste, was mir auffiel, war der lockere Ton. Wie ging denn das? Die waren doch in der gleichen Situation wie ich – und redeten über alles Mögliche, rissen Witze, lasen Zeitung, bekamen Besuch, flirteten sogar mit den Krankenschwestern. Das kam mir sehr merkwürdig vor. Merkwürdig war auch, was sonst in dem Zimmer passierte. Alle vier Stunden kam eine Art Rollkommando: Krankenpfleger, die uns hochhoben, die Matratzen zurechtrückten und uns dann in einer anderen Stellung wieder ablegten. Tag und Nacht. Dekubitusprophylaxe hieß das. In München hatten sie das nicht gemacht. Entsprechend sah mein Hinterteil aus. Als Dr. Paeslack es sah, schüttelte er den Kopf und ließ einen Fotografen kommen. »Fürs Lehrbuch«, sagte er. Rohes Fleisch, Eiter, ein Stück Hüftknochen. Die zehn mal zehn Zentimeter große Wunde musste mit einer sogenannten Schwenklappenplastik verschlossen werden. Das hat meinen Klinikaufenthalt um runde drei Monate verlängert. Ich kam erst kurz vor Weihnachten wieder nach Hause.

Im Krankenzimmer geschahen noch andere seltsame Dinge. Alle paar Stunden schlugen sich die Kollegen eine Zeit lang mit der Handkante gegen den Bauch. Es sah aus wie eine spezielle Variante mittelalterlicher Selbstgeißelung. »Blasentraining« sei das, erklärte man mir. Der gelähmten Blase sollte auf diese Weise ein »reflexhaftes Entleeren« anerzogen werden. Aha. Noch unangenehmer war die Sache mit dem Darm. Auch er funktionierte ja nicht mehr normal und wurde an sogenannten Abführtagen auf unterschiedliche unappetitliche Weise »trainiert«.

Natürlich wurde über Sex geredet. Andauernd. Acht Kerle zwischen achtzehn und dreißig, Tag und Nacht in einem Zimmer, dazwischen bildhübsche junge Krankenschwestern und Physiotherapeutinnen – Knetmiezen wurden sie genannt, wenn Dr. Paeslack nicht in der Nähe war –, das wäre überall ein Thema gewesen. Bei uns mischte sich etwas Beklemmendes in die übliche Tonlage. Wie sah das denn künftig aus mit dem Sex? Ging es noch? Ging es nicht mehr, wie einige behaupteten? Oder ging es nur anders als bisher? Und wenn ja, wie? Das waren Fragen, die uns mindestens so sehr zu schaffen machten wie die lahmen Beine. Meine eigenen Erfahrungen auf diesem Gebiet waren damals noch sehr überschaubar. Eine ängstliche, auf ihre Jungfräulichkeit bedachte Schulfreundin in Lindau, eine sexuell eher unbegabte Studentin in Berlin, eine untreue Ehefrau in München, eine desinteressierte

Prostituierte in Hamburg, das war alles. Mehr Versuche als Ergebnisse. Das konnte es doch nicht gewesen sein. Oder doch? Ich weiß, dass heute in Querschnittzentren speziell ausgebildete Psychologen mit den Patienten genau diese Fragen besprechen. Damals war das nicht üblich. Über solche Dinge sprach man nicht. Und so blieben wir unsicher und unberaten, auf Vermutungen angewiesen, später auf Experimente. Man überspielte die Sorgen durch Sprüche und zotige Witze. Heute gibt es nicht nur in der Sexualberatung der Querschnittpatienten große Fortschritte. Man spricht diese heiklen Fragen offen an und informiert vor allem ungeniert über die verbliebenen Möglichkeiten. Darüber hinaus wird das ganze soziale Umfeld in die Behandlung einbezogen. Man wird durch einen solchen Unfall ja total aus seinem bisherigen Lebenszusammenhang herausgerissen und hat keine Vorstellung, wie es weitergehen soll. Kann man wieder arbeiten? Wenn ja, was? Gibt es spezielle Berufe für Rollstuhlfahrer? Wie findet man sie? Wer bildet einen dafür aus? Wer trägt die Kosten? Wie kommt man zu einer barrierefreien Wohnung, wie zu einem behindertengerechten Auto? All das wird heute in einem Querschnittzentrum von speziell geschulten Fachleuten mit jedem Patienten individuell besprochen. Die nötigen Kontakte werden hergestellt, und wenn er die Klinik verlässt, weiß er wenigstens ungefähr, wie es weitergehen könnte.

1967 war man davon noch weit entfernt. Dass man das alles irgendwie in den Griff bekommen konnte, wusste ich damals nicht. Trotz der lockeren Sprüche und der gespielten Coolness im Zimmer wurde ich angesichts des geballten Elends von Tag zu Tag depressiver. Ich kam zu der Überzeugung, dass ich so unter keinen Umständen leben wollte, und machte mir erste Gedanken, wie man der Sache ein Ende bereiten könnte. Das war aber gar nicht so einfach. Zunächst begann ich, das Valium zu sammeln, mit dem man mich zu sedieren versuchte. Mein Bettnachbar hat das beobachtet und mir lachend erklärt, dass man sich damit beim besten Willen nicht umbringen könne. Das sei ein Beruhigungsmittel, sonst nichts. Okay, dann musste es eben einen anderen Weg geben. Bevor ich mir aber eine bessere Methode ausdenken konnte, machte ich eine eigenartige Beobachtung. Weil das Unglück in dieser Klinik ja kollektiv war, relativierte es sich allmählich. Keiner konnte laufen, also wurde das Gelähmtsein zur Norm. Man saß eben im Rollstuhl. Alle taten das. Es bildete sich ein eigener Kosmos mit eigenen Gesetzmäßigkeiten und eigenen Hierarchien. Es gab die Tetraplegiker, das waren die hohen Lähmungen, die auch die Arme und Hände nicht oder kaum mehr gebrauchen konnten. Arme Schweine, da war man als Paraplegiker, der nur »unten rum« lahm war, schon wieder gut dran und konnte eigentlich ganz zufrieden sein. Krüppel-Elite sozusagen. Das Wort »Krüppel« war im Übrigen verpönt in Heidelberg und durfte nicht benutzt werden. Man war Behinderter. Meine Nachlässigkeit in dieser Frage hat mir einmal eine offizielle Rüge und die Androhung einer zwangsweisen Entlassung eingebracht. Einige Rollstuhlfahrer hatten eine Band gegründet und suchten einen Namen. Ich habe »The Krüppel Brothers« vorgeschlagen. Das hätte ich besser nicht tun sollen.

Was ich sagen will: In dem geschützten Biotop einer Rollstuhlfahrer-Gesellschaft relativierte sich der Schock der ersten Wochen. Man fasste Fuß im neuen Leben, erkämpfte sich einen Platz und knüpfte neue soziale Kontakte. Ich hatte Schwester Rita, die mir immer noch in die Augen sah und mit der ich meinen ersten Rollstuhlausflug in die Heidelberger Altstadt unternahm. Ich befreundete mich mit Eike Behrendt, einem Studenten, der auf einer Reise durch Israel verunglückt war und der mit seinem bissigen Humor gut zu mir passte. »Oh, the terrible twins again«, pflegte unsere englische Physiotherapeutin immer zu sagen, wenn sie uns sah. Und ich redete oft mit Rainer de Beisac, einem Wiesbadener Antiquitätenhändler, der mit seinem Porsche von der Straße abgekommen war und uns jetzt mit Weiber- und anderen Geschichten aus seinem früheren Leben unterhielt. »Großes B, kleiner Eisack«, buchstabierte er seinen Namen immer. Er hatte Pech im Unglück. Sein Bruch lag hoch im Nackenwirbelbereich. Als Tetraplegiker war er auch an Armen und Händen gelähmt. Seine Zukunftsaussichten waren düster. Doch er reagierte genial und heiratete eine der Heidelberger Krankenschwestern, die Hermine aus Holland, die ihn später in einem VW-Bus zu den Antiquitätenversteigerungen chauffierte. In der Wiesbadener Taunusstraße betrieben die beiden viele Jahre ihr Geschäft, bis er 2012 mit 72 gestorben ist.

Die Heidelberger Pseudo-Idylle brach an dem Tag zusammen, an dem ich aus dem Biotop entlassen wurde. Es war Ende November 1967. Bekannte meiner Eltern holten mich mit dem Auto ab und brachten mich nach Lindau. Nicht mehr in den Mühlweg 10, wo wir im ersten Stock gewohnt hatten, sondern ein Haus weiter, Mühlweg 12. Meine Eltern waren dort meinetwegen in eine Erdgeschosswohnung gezogen.

Als Erstes merkt man, dass die Welt außerhalb eines Querschnittzentrums nicht für Rollstühle gemacht ist. In Heidelberg war alles stufenlos, die Türen öffneten sich durch Lichtschranken oder hatten zumindest Greifbügel, an denen man sie bequem aufziehen konnte, die Toiletten waren geräumig, man konnte mit dem Rollstuhl neben der Kloschüssel einparken und sich an klug platzierten Griffen festhalten. Und jetzt? Überall Schwellen, das Klo zu eng, das Waschbecken nicht unterfahrbar, die Türen aus dem Rollstuhl heraus schwer aufzubekommen, die Schränke zu hoch und vor der Haustür auch noch drei Stufen. In der Küche fiel mir zwischen dem Kühlschrank und der Waschmaschine eine Lücke auf, die gerade so breit war, dass der Rollstuhl hineinpasste. Da stell ich mich hinein und rühr mich nicht mehr weg, dachte ich mir. Doch das war auf Dauer natürlich auch keine Lösung.

Auch der Umgang mit dem Rollstuhl ist komplizierter, als es aussieht. Er hat seinen eigenen Willen. Man muss ihn zähmen wie der Torero den Stier, ihn zu einem Teil des eigenen Körpers machen. Man muss aber auch auf ihn hören, spüren, was er will, und ihn nicht ohne Not verärgern. Davon hat man am Beginn des Zusammenlebens natürlich keine Ahnung. Ich erinnere mich an meinen ersten Ausflug in Lindau. Ich wollte vom Bürgersteig hinunter auf die Straße und dachte, die Bordsteinkante nehme ich am besten im Schwung, dann lande ich in einer Art Gleitflug auf Straßenniveau. Das war ein Irrtum. Ich landete zwar, aber auf der Fresse. Der Rollstuhl war vornüber auf die Straße gekippt. Zum Glück kam gerade kein Auto vorbei.

Was sollte nur werden? Meine Mutter machte mir zu essen – und erzählte mir, dass der Vater am Morgen in der Küche vor Verzweiflung einen Heulkrampf bekommen habe. Am Tag zuvor hatte ich mich in Bremen bei der Pilotenschule endgültig abgemeldet. Ich blieb ein paar Tage im Bett liegen und heulte auch. Schwester Rita kam zu Besuch und erzählte mir von Rollstuhlfahrern, die es geschafft hatten. Ich sei doch stark, und es komme bei einem Menschen nicht auf die Beine, sondern auf das Herz an. Da war ich mir nicht so sicher. Dann kam meine Studienfreundin Eva Faltermaier. Sie habe in München mit Professor Motekat gesprochen, bei dem ich im Semester zuvor das Seminar über Gottfried Benn gemacht hatte. Er würde mich wieder nehmen, und ich könnte eine Doktor-

arbeit bei ihm schreiben. Vielleicht war das weniger trost-
los als der Platz zwischen Waschmaschine und Kühlschrank?

In memoriam Dr. Maximilian Schäfer

Aber wie sollte das praktisch aussehen? Wie kam ich nach
München? Wo sollte ich dort wohnen? Meine alte Studentenbude lag im zweiten Stock ohne Lift. Wie zur Universität kommen? Wie sollten die alltäglichen Notwendigkei-
ten funktionieren? Einkaufen, essen? Die Welt, das hatte
ich inzwischen gemerkt, war voller Treppen und Bord-
steinkanten, und rollstuhlgerechte Eingänge und Einrich-
tungen, wie man sie heute überall findet, gab es damals
nirgends. Mein altes Studentenauto lag zertrümmert auf
dem Schrottplatz. Ein neues, behindertengerechtes konnten sich meine Eltern nicht leisten. Bevor ich resignieren
konnte, ist damals etwas Unglaubliches geschehen. Mein
alter Lateinlehrer, Dr. Maximilian Schäfer, der inzwischen
pensioniert war und auf dem Bauernhof seiner Familie in
Bad Oberdorf im Allgäu lebte, besuchte mich. Wir hatten
uns in der Schule immer über seine Weltfremdheit lustig
gemacht. Er war ein kleiner runder Mann mit einem kleinen runden Glatzkopf. Sehr katholisch. Gegen eventuelle
sexuelle Versuchungen empfahl er uns, statt zu onanieren,
Fahrradfahren und Joghurtessen. Seine Welt war die An-
tike. Wenn es um das alte Rom ging, blühte er auf. Dorthin
hatten wir mit ihm unsere Abiturreise gemacht, und ich
werde nie vergessen, wie er uns auf dem Forum Romanum
vorspielte, wie Kaiser Augustus dereinst auf die Niederlage seines Feldherrn Varus im Teutoburger Wald reagiert
haben soll. Er, Schäfer alias Augustus, kniete nieder, riss
sich mit der linken Hand das Sakko auf, schlug mit der
rechten gegen seine Stirn und rief laut, dass es über das

Forum schallte: »Vare, Vare, redde legiones!« (Varus, Varus, gib mir meine Legionen wieder!) Dieser kleine, immer etwas lächerlich wirkende Dr. Schäfer, mit dem ich nie etwas Näheres zu tun hatte, sah mich in meinem Rollstuhl an, wiegte seinen runden Kopf und meinte: »Udo, Sie brauchen erst einmal ein Auto. Ich werde mich darum kümmern.« Ohne jedes weitere Aufheben besorgte und bezahlte er einen nagelneuen, behindertengerecht umgebauten Opel Rekord und wünschte mir am Telefon gute Fahrt. Er ist am 20. März 1985 in Bad Oberdorf gestorben. Ich werde ihn nie vergessen.

So habe ich es versucht. Der Opel war feuerrot und fühlte sich gut an. Ich machte den Idiotentest, um wieder Auto fahren zu dürfen. Zwei Problemkreise gelte es zu berücksichtigen, sagte man mir dort. Einmal eine mögliche psychologische Sperre. Viele Unfallopfer hätten Schwierigkeiten, nach ihrem traumatischen Erlebnis wieder in ein Auto zu steigen. Ich spürte nichts dergleichen, im Gegenteil, ich wollte möglichst schnell wieder Auto fahren können. Dann das technische Problem. Fahren ohne Beine will gelernt sein. Man muss zwangsläufig alles mit den Händen erledigen. Zu diesem Zweck hatte das Auto rechts neben dem Lenkrad ein sogenanntes Handgerät. Das war im Grunde nur eine Stange mit einem nach oben gebogenen Handgriff. Wenn man die Stange nach unten drückte, übertrug sich die Kraft auf das Bremspedal. Wenn man den Handgriff nach vorn schob, gab man Gas. Lenken konnte man dann nur mit der linken Hand. Das fühlte sich eigenartig an, aber nach etwas Gewöhnungszeit kam ich damit zurecht. Schwieriger war das Einsteigen und das Verstauen des Rollstuhls. Um selbständig zu sein, musste man das allein können. Man öffnete dazu die Beifahrertür, fuhr mit dem Rollstuhl neben den Beifahrersitz und schwang sich hinüber. Jetzt musste der Rollstuhl vom Auto aus zusammengeklappt und in einen rechten Winkel zum Auto bugsiert werden. Dann hob man die kleinen Vorderräder etwas an und stellte sie hinter den Beifahrersitz in die Türöffnung. Als nächstes rutschte man hinüber auf den Fahrersitz, klappte die Rückenlehne des Beifahrersitzes nach vorn, fasste zum Rollstuhl hinüber und zog ihn ins Auto. Ich bin auf diese leicht akrobatische Weise später jahrelang selbständig zur Arbeit und wieder nach Hause gefahren. Heute gibt es elektrische Hebevorrichtungen, die das alles automatisch machen.

Für mich war das der erste »Schritt« ins neue Leben. Eva Faltermaier besorgte mir ein Zimmer in einem Studentenwohnheim in der Agnesstraße in München und einen Vorstellungstermin bei Professor Motekat. Auch Motekat war überaus freundlich und sprach mir Mut zu. Langsam erwachte die Kampfeslust in mir, und ich beschloss, zumindest das abgebrochene Studium zu Ende zu bringen.

Einfach war es nicht. Die vielen praktischen Probleme, vor denen mir gegraut hatte, sie waren alle da. Im Studentenheim beispielsweise gab es pro Etage ein Klo mit Dusche. Die Tür war aber so eng, dass man mit dem Rollstuhl nicht durchkam, und ein Klo war ja nun kein Luxus, auf den man hätte verzichten können. Eva, die im Mädchentrakt desselben Studentenheims wohnte, besorgte ein längliches Beistelltischchen, das wir in das Duschklo stellten. Ich musste mit dem Rollstuhl bis zur Tür fahren, dann auf das Tischchen hüpfen, die Tür irgendwie schließen, zur Kloschüssel hinüberrutschen – den Rest kann man sich ausmalen. Manchmal, wenn ich morgens aufwachte und diese Zeremonie vor mir hatte, wäre ich am liebsten nie mehr aufgestanden. Eva Faltermaier hat in diesen ersten Wochen Übermenschliches geleistet. Sie zwang mich aufzustehen, sie besorgte mir Essen, verführte mich, mit ihr zur Universität zu fahren – und ertrug meine kontinuierlich schlechte Laune, die ich ausschließlich an ihr ausließ. Sonst war ja niemand da. Später wurde es etwas besser. Ich kam in Kontakt zu einigen Mitbewohnern, vor allem zu zweien: Andreas Volwahsen, einen karrierebewussten Architekturstudenten, der über indische Baudenkmäler promovierte, und Ulrich Wagner-Grey, einen angehenden Bauingenieur, der später seiner Branche den Rücken kehrte und mit mir zum Bayerischen Rundfunk ging. Wir saßen oft zusammen vor unseren Zimmern. Dort auf dem Hausflur vor dem Eingang zu einer kleinen Küche stand ein Tisch, an dem sich das gesellschaftliche Leben abspielte. Hier wurde gegessen, getrunken und endlos diskutiert. Über Lebenspläne, Karrieregestaltung, Frauen, Politik – und über die Frage, ob es sittlich erlaubt sei, dass in einem Western (Django) der Gute durch überlegene Technik (Maschinengewehr) die Oberhand behält. Volwahsen, der von uns Dreien der Erwachsenste war, war natürlich dafür, Wagner-Grey und ich aus grundsätzlichen moralischen Erwägungen dagegen. Auch meine Liebe zu Gottfried Benn war Volwahsen ein Dorn im Auge. Ich saß öfters mit Ulrich Wagner-Grey in meinem Zimmer, und wir hörten andachtsvoll die Platte Jazz und Lyrik, auf der Gert Westphal Benn-Gedichte zu Jazzklängen rezitierte: »Die Frauen unbefriedigt, wenn ihre Sehnsucht Gewicht hätte, wöge jede drei Zentner«, darunter ein klagendes Saxophon, wunderschön. Volwahsen hat dann fast wütend interveniert: Er kenne diese Art der Besoffenheit, sein Vater sei selber Künstler, man werde dadurch nur von einer vernünftigen bürgerlichen Lebensführung abgebracht, wir sollten diesen Unfug sein lassen. Er selbst hat sich streng an diese Grundsätze gehalten. Jeden Abend ging er ohne Rücksicht auf die Proteste seiner Freundin Jutta um neun ins Bett (allein), seine Doktorarbeit hat er auf Hundert-

Gramm-Papier drucken lassen, weil sich das »besser an-
fühlt«, und bevor er zu einem Termin bei seinem Professor
ging, setzte er sich zwanzig Minuten unter eine Höhen-
sonne. Er war hochbegabt, studierte mit einem Stipendium der Studienstiftung des deutschen Volkes und wurde
später »Beauftragter der Havard University für Cityplan-
ning«. Mit einem eigenen Architekturbüro am Starnberger
See, wo er mit Frau und fünf Kindern sein bürgerliches
Leben führte, hat er den Chinesen für viel Geld Stadtkon-
zepte verkauft. Kürzlich bin ich ihm nach vielen Jahren
zufällig wiederbegegnet. Er ist Pensionär und schreibt wieder Bücher über indische Architektur.

Jakob van Hoddis

Mein eigenes Studium wurde durch einen glücklichen Zufall begünstigt. 1963, als ich noch zu Fuß war, bin ich zusammen mit meinem Klassenkameraden Walter Erath
nach dem Erlebnis meiner Türkei-Reise nochmals in den
Nahen Osten aufgebrochen. Wir trampten über den Bal-
kan, durch die Türkei und Syrien bis nach Jerusalem. Dort
traf ich einen Germanistikprofessor der Hebrew University und kam mit ihm ins Gespräch. Er hieß Carl Frankenstein und erzählte mir, dass er in seinem Institut einige un-
veröffentlichte Briefe und Gedichte aus dem Nachlass
eines deutschen Expressionisten liegen habe, der als Jude
von den Nationalsozialisten umgebracht worden sei. Hans
Davidsohn sei sein Name. Als Anagramm aus diesen Buchstaben habe er sich Jakob van Hoddis genannt. Mir hat das
nichts gesagt. Ich kannte weder einen van Hoddis noch
das »Weltende«, die berühmte Anthologie expressionisti-
scher Lyrik, der ein van-Hoddis-Gedicht den Namen gegeben hatte. Aber jetzt, als es darum ging, ein Dissertations-

thema zu finden, fielen mir Professor Frankenstein und sein Dichternachlass wieder ein. Er hat ihn mir geschickt. Ich musste ihm nur versprechen, das Material nach der Auswertung an das Deutsche Literaturarchiv in Marbach weiterzugeben. Das habe ich gern gemacht.

So entstand in den nächsten beiden Jahren eine Doktorarbeit mit dem Titel »Jakob van Hoddis – Leben und lyrisches Werk«. Die Ausgangslage zum Teil »Leben« habe ich in einer Vorbemerkung so beschrieben: »Es gibt bis heute keine van Hoddis-Biographie, und es fehlen nahezu alle Unterlagen, um sie zu schreiben. Das unruhige Leben dieses Dichters lässt sich kaum in den Daten genau rekonstruieren – nicht einmal sein Todestag ist bekannt –, Briefe sind nur einige wenige erhalten, Tagebücher fehlen völlig. Von seinen Freunden aus der Zeit vor dem Wahnsinnsausbruch sind – bis auf Kurt Hiller – alle tot: seine Familie emigrierte 1933 nach Israel, und nur seine jüngere Schwester Anna lebt, neunundsiebzigjährig, heute noch in Jerusalem. Die Archive der Heilanstalten, die über den Verlauf seiner Krankheit Auskunft geben könnten, wurden zum Teil im letzten Krieg zerstört, ein anderer Teil der Krankenblätter wurde – nach dreißig Jahren – routinemäßig vernichtet, und nur sehr weniges blieb bis heute erhalten.«

Zu dem wenigen Erhaltenen gehörten die Krankenakten der Universitätsklinik für Gemüts- und Nervenkrankheiten in Tübingen aus dem Jahr 1927. Dort, in Tübingen, studierte mein Lindauer Schulfreund Jürgen Müller Medizin. Er hatte Zugang zum Universitätsarchiv und hat mir – nach so langer Zeit ist das hoffentlich erlaubt – die Patientenpapiere besorgt. Auf diese Weise habe ich erstmals etwas über die Krankheit dieses unglücklichen Dichters publiziert. »Hebephrenie (Endzustand)«, lautete die Diagnose. »4. Juli 1927 ungeheilt entlassen.« Hebephrenie ist eine

68

Spezialform der Schizophrenie, die bei van Hoddis zur langsamen Auflösung seiner Persönlichkeit führte.

Was das »lyrische Werk« betrifft, gilt van Hoddis als einer der wichtigsten Wegbereiter des deutschen Expressionismus. Mit dem Angriff auf etablierte literarische Traditionen, mit grellen Bildern und dem sogenannten Simultanstil zog ein neuer Ton in die deutsche Lyrik ein. Geblieben ist von seinen Gedichten aber nur eins, das »Weltende«.

> Dem Bürger fliegt vom spitzen Kopf der Hut,
> In allen Lüften hallt es wie Geschrei,
> Dachdecker stürzen ab und gehn entzwei
> Und an den Küsten – liest man – steigt die Flut.
>
> Der Sturm ist da, die wilden Meere hupfen
> An Land, um dicke Dämme zu zerdrücken.
> Die meisten Menschen haben einen Schnupfen.
> Die Eisenbahnen fallen von den Brücken.

Ich habe in dieser Doktorarbeit van Hoddis' Leben dargestellt, seine Gedichte interpretiert und versucht, einen Zusammenhang zwischen seinem Scheitern im Leben und seinem Werk herzustellen. Das Fazit sah ungefähr so aus, dass sein negatives, »auf Anti-Haltungen basierendes Lebensgefühl« nicht ausreichte, um neue Ausdrucksformen zu schaffen, sondern sich weitgehend im Zerbrechen alter Formen erschöpfte. »Ein Ausdruckswille, der sich letztlich am Nicht-Sagbaren orientiert, wird irgendwann am Sagen verzweifeln und scheitern müssen. Van Hoddis' Gedichte sind die Meilensteine auf diesem Weg in sein Scheitern und Verstummen.« Über diese These kann man sicher streiten. Zumindest habe ich sie selbst verfasst.

An der Universität hatten inzwischen die Achtundsechziger das Kommando übernommen. Die Stimmung war, wenn man es mit dem heutigen Klima an den Hochschulen vergleicht, merkwürdig aufgeheizt. Ein starkes Gemeinschaftsgefühl. Die Studenten hatten die Schnauze voll von der erstarrten Nachkriegsgesellschaft, wollten es den spießigen Eltern zeigen, die Welt nach vorn bringen, besser machen, gerechter. Das ging zum Teil studentisch-fröhlich zu, man war kumpelhaft zueinander, attackierte auf witzige Weise Professoren (»Unter den Talaren der Muff von tausend Jahren«) und bürgerliche Lebensformen (»Wer zweimal mit derselben pennt, gehört schon zum Establishment«). Dagegen war wenig zu sagen. Weniger lustig fand ich die endlosen Diskussionen über die Vietnampolitik und über die künftige repressionsfreie Gesellschaft. Dabei bildete sich schon bald eine neue Hierarchie heraus: es gab die Wortführer, meist redegewandte, romantisch aussehende Revoluzzer, die den Kurs bestimmten und ihre Herde nach kurzer Zeit fest in der Hand hatten. Die herrschaftsfreie Gesellschaft konterkarierte sich hier, noch bevor sie richtig entstanden war. Ärgerlich fand ich, wenn die Jungen Garden Vorlesungen oder Seminare in Politdiskussionen umfunktionierten, und verängstigte Professoren und Mitstudenten ihnen keinen Widerstand leisteten. »Schlagt die Germanistik tot, färbt die blaue Blume rot!«, war die Parole. Ich kann mich an ein Rilke-Seminar erinnern, das heißt an ein angekündigtes Rilke-Seminar. Gleich am Anfang erhob sich ungefragt ein bärtiger linker Weltverbesserer und wollte wissen, wie wir hier über Gedichte sprechen könnten, wo doch gleichzeitig der Imperialismus in Vietnam seine Fratze zeige. Ich habe damals eine interessante Erfahrung gemacht. Weil alle schwiegen, der Professor inklusive, habe ich das Wort ergriffen und ihn angefahren. Was er sich einbilde, hier eine Gruppe von Leuten, die sich freiwillig zu einem bestimmten Zweck zusammengefunden hätten, diktatorisch seinem Willen zu unterwerfen. Er solle seine Vietnamdiskussion gefälligst nach dem Seminar im Schulhof veranstalten. Plötzlich kam allgemeiner Beifall auf. Der Antiimperialist schaute verdutzt und zog Leine. Aber das ging nicht jeden Tag. Am Ende wurde meist diskutiert.

Neben dem Hauptfach musste man in zwei Nebenfächern mündliche Prüfungen ablegen. Ich wählte mittelalterliche Geschichte. Das ging glatt, das konnte ich einigermaßen. Und Althochdeutsch. Das war schwieriger. Diese Lautverschiebungen und archaischen Klänge machten mir zu schaffen. Der prüfende Professor hieß Hans-Friedrich Rosenfeld und galt als streng und entrückt. Seine Welt war das Hildebrandslied (»Hiltibrant enti Hadubrant«). Nun wollte es der Zufall, dass ich damals seine Assistentin kennenlernte. Wir verstanden uns gut, und mein Rollstuhl hat wohl zusätzliche Fürsorgegefühle in ihr ausgelöst. Jedenfalls verriet sie mir, dass der Alte eine komische Marotte habe. »Er wird dich wahrscheinlich fragen, warum es Garmisch-Partenkirchen heißt, wo es doch nach der zweiten Indogermanischen Lautverschiebung (für die Nummer kann ich heute keine Gewähr mehr übernehmen) angeblich Partzenkirchen heißen müsste. Die Antwort lautet: Das war eine illyrische Sprachinsel.« Ich war beeindruckt, aber in der Prüfung fragte mich Rosenfeld alles Mögliche, nur das nicht. Es ging trotzdem einigermaßen. Ich verabschiedete mich und rollte zur Tür. Kurz bevor ich sie erreichte, rief er mir nach: »Ach, Herr Kollege, noch eine Frage. Wissen Sie zufällig ...« Es war die Frage. Ich gab mich verblüfft, wiegte ratlos den Kopf und meinte: »Das ist mir noch nicht aufgefallen. Ich kann es mir auch nicht erklären. Höchstens ...« Ich zögerte, er blickte mich erwartungsvoll an. »Könnte es vielleicht eine illyrische Sprachinsel gewesen sein?« Er stürzte auf mich zu und umarmte und küsste mich auf die Stirn. Ich bekam eine 0,5, die Bestnote. »Die Welt ist ungerecht«, pflegte mein späterer Kollege Wolf Feller, der Fernsehdirektor des Bayerischen Rundfunks, immer zu sagen.

Smith & Wesson, 38-er spezial

Das war also erledigt. »Magna cum laude« – immerhin. Während der Promotionsmonate habe ich versucht, mich mit meiner Rollstuhlexistenz einigermaßen anzufreunden. Ohne großen Erfolg. In meinem Studentenheim lebten etwa dreihundert Studenten, junge Leute, alle zu Fuß. Sie gingen tanzen, Ski fahren, auf Faschingsbälle und hatten Freundinnen. Letzteres war nachts durch die dünnen Zimmerwände oft unüberhörbar. Man war nett zu mir, aber immer war ich der Außenseiter, immer der, der nicht richtig mitmachen konnte, auf den man Rücksicht nehmen, den man schieben musste. Ich fühlte mich zunehmend elend. Dieses reduzierte Leben passte nicht zu mir. Dazu kamen Pannen. Einmal kam ich spät abends mit dem Auto allein von Lindau zurück. Es regnete wie aus Kübeln. Ich fand eine Parklücke, schob den Rollstuhl aus dem Auto, setzte über und versuchte, zwischen den parkenden Autos auf die Straße zu kommen. Es ging schief. Ich fiel im strömenden Regen aus dem Stuhl in den Rinnstein. Das Wasser lief an mir vorbei und über mich hinweg. Mir fiel ein, dass mein Vater einmal gesagt hatte: »Wenn du so weitermachst, wirst du in der Gosse enden.« Jetzt ist es so weit, dachte ich.

Nach außen ließ ich mir nichts anmerken, aber ich mochte nicht mehr. Das war kein Leben. Ich dachte nach. Valium ging offenbar nicht. Aus dem Fenster stürzen kam nicht in Frage, ich kam ja nicht einmal aufs Fensterbrett.

Autoabgase? Wie denn, ohne Garage. Ich wandte mich also ans Amt für öffentliche Ordnung in Lindau und beantragte einen Waffenschein. Meine Begründung: Ich würde des Öfteren allein und bei Dunkelheit von Lindau nach München fahren und könnte mich wegen meiner Behinderung im Falle eines Falles nicht gegen irgendwelche Übergriffe verteidigen. Man war damals noch großzügiger im Ausstellen von Waffenscheinen, aber dieser Fall kam dem Ordnungsamt doch nicht ganz geheuer vor. Man schickte einen Polizeibeamten zu meiner Mutter und ließ nachfragen, ob man mir wirklich eine scharfe Waffe genehmigen sollte. Meine Mutter war harmlos genug, darin kein Problem zu sehen, und so kam ich, ganz legal, erst zu einem Waffenschein und wenig später zu einem Revolver Marke Smith & Wesson, 38-er spezial.

Die Doktorarbeit hatte ich noch fertigstellen wollen, damit wenigstens Dr. Udo Reiter auf dem Grabstein stehen würde. Aber das war nun ja geschehen. Es war so weit. Ich erinnere mich noch gut an den Abend, an dem ich mich umbringen wollte. Ich saß in meiner Studentenbude am Schreibtisch, hatte mir ein letztes Bier eingeschenkt und alles zurechtgelegt. Der Brief an die Eltern war auch fertig. Ich dankte ihnen darin für alles, was sie mir im Leben Gutes getan hatten, und bat sie um Verständnis, dass ich so nicht weitermachen wollte. Jetzt nahm ich den Revolver in die Hand – und merkte plötzlich, dass ich gar nicht tot sein wollte. Das ist schwer zu beschreiben. Ich hatte nicht etwa nur mit dem Umbringen kokettiert. Es war mir ernst, und ich hatte fest an meinen Todeswillen geglaubt. Aber in diesem Moment fiel es mir wie Schuppen von den Augen, dass ich mir etwas vorgemacht hatte. Ich war viel zu vital, um freiwillig auf das Leben zu verzichten, und sei es dreimal im Rollstuhl und noch so beschissen.

Aber was denn nun? Ich dachte an diesem Abend noch

lange nach. Wenn ich, was offensichtlich war, nicht imstande war, die Sache zu beenden, dann blieb ja nur die Möglichkeit, das Beste daraus zu machen. Und das konnte doch nur heißen, alles, was nicht mehr ging oder wo ich nicht konkurrenzfähig war, auszublenden und auf das Übriggebliebene zu setzen. Also kein Tanzen und kein Skifahren, nichts Sportliches, vermutlich auch nichts Weibliches mehr. Stattdessen Kultur, Arbeit, Lesen und so. Das legte ich mir an diesem Abend zurecht. Später habe ich die Liste nach ein paar einschlägigen Erfahrungen zumindest in einem Punkt korrigiert.

Nach dem Abschluss des Studiums musste ich aus dem Studentenheim ausziehen und versuchen, ein bürgerliches Leben zu beginnen. Am besten mit Beruf und Familie, dachte ich. Beruf war schwierig. Rehabilitationsprogramme für Behinderte, wie sie heute jedes bessere Sozialamt anbietet, waren damals unbekannt. Promovierter Germanist ohne Staatsexamen, wo suchte man denn so was? Ich hörte mich um und wurde schließlich eine Art freier Mitarbeiter beim Deutschen Taschenbuch Verlag. Ich habe die Fahnen von neu entstehenden Taschenbüchern auf Druckfehler hin durchgesehen. Das konnte ich von zu Hause aus machen, und pro Seite gab es immerhin eine Mark. Leben konnte man davon allerdings nicht.

Das mit der eigenen Familie war auch nicht ganz einfach. Dazu müsste man ja heiraten. Ich kannte zwar einige Mädchen, aber gleich zusammen, bis dass der Tod uns scheidet? Ich war doch erst fünfundzwanzig. So viel und so lang andauernde Nähe konnte ich mir selbst in meiner trostlosen Lage schwer vorstellen. Und woher sollten die Kinder kommen? Ging es oder ging es nicht? Das hatte man uns in Heidelberg ja nie genau erklärt. Mit wem konnte man ein so schwieriges Vorhaben angehen? Am ehesten

vielleicht mit Ursula Weyermann, der Vertrauten aus Lindauer Jugendjahren. Sie war jetzt Lehrerin und hatte mich
ein paarmal in Heidelberg besucht. Sie kannte die Lage
also aus eigener Anschauung. Aber wollte sie überhaupt?
Ich habe behutsam angefragt. Sie wollte. Als sie es ihrem
Vater, dem Lindauer Sparkassendirektor, vortrug, kündigte er entschiedenen Widerstand an. Er wollte mich
sprechen. In einer kühlen Unterredung teilte er mir mit,
dass sich sein Einwand nicht gegen mich persönlich
richte, dass er aber einen Rollstuhlfahrer ohne Beruf, ohne
Geld und ohne Aussichten nicht als den zukünftigen Mann
seiner Tochter sehe. Seine Lebenserfahrung sage ihm, dass
das nicht gut gehen könne. Er wolle mit einer solchen Li-
aison definitiv nichts zu tun haben. Ich verabschiedete
mich etwas perplex, aber ich muss sagen, dass mir seine
Haltung imponiert hat. In der Sache hatte er ja recht. So
etwas hätte ich meiner eigenen Tochter auch nicht gewünscht. Und dass er das in dieser alttestamentarischen
Härte durchzog, hatte etwas Eindrucksvolles. Aber jetzt
Hut ab vor seiner Tochter! Sie pfiff auf ihren Vater, zog zu
Hause aus und nahm mich. Das habe ich ihr nie vergessen. Sie ließ sich nach München versetzen, besorgte uns
eine behindertengerechte Zweizimmerwohnung im Ravens-
burger Ring in München-Pasing und verdiente das Geld.
Und das in dem Bewusstsein, dass es möglicherweise das
ganze Leben lang so bleiben würde.

»Doktoressa, helfen Sie!«

Zum Glück ist es nicht so geblieben. Der Lindauer Wahl-
kreisabgeordnete Franz Heubl, der meinen Vater kannte,
schrieb einen Brief an Christian Wallenreiter, den damaligen Intendanten des Bayerischen Rundfunks, und fragte,

ob man für einen jungen Mann im Rollstuhl, der immerhin in Germanistik promoviert habe, nicht irgendetwas zu tun hätte. Im Nachhinein kann ich rekonstruieren, wie es dann gelaufen ist. Der Brief wurde nach unten durchgereicht und endete schließlich bei dem für den Nachwuchs zuständigen Redakteur. Das war damals Dr. Kurt Seeberger, ein schon älterer, immer lustiger, stark schielender Radiomacher, der vor allem seine samstägliche Sendung »Kreuz und quer zum Wochenende« im Kopf hatte. Für Ausbildung war er mehr pro forma zuständig. Er verteilte junge Leute im Haus, irgendwohin, wo gerade Platz war.

Ich bekam einen Brief, mit der Aufforderung, mich am 2. Januar 1970 bei eben diesem Kurt Seeberger zu melden. Das tat ich. Punkt neun stand ich vor seinem Büro. Es war verschlossen. Um halb zehn kam eine Sekretärin, die mich verwundert fragte, was ich denn hier wolle. »Der See?«, fragte sie (so nannte man Herrn Dr. Seeberger offenbar im Haus), der See käme immer erst gegen Mittag. Ich bekam einen Kaffee und wartete weiter. Als der See schließlich kam, war auch ihm die Verwunderung anzumerken. Er wurde sichtlich verlegen und bat mich, noch etwas im Vorzimmer zu verweilen. Er müsse telefonieren. Nach einer halben Stunde kam er wieder und verkündete, er habe mich in der Wissenschaftsredaktion untergebracht, bei Frau Dr. Gustava Mösler, dort könne ich am 7. Januar anfangen.

Später hat mir die Möslerin erzählt, wie es damals wirklich vor sich gegangen ist. Seeberger habe sie aufgeregt angerufen und bedrängt: »Doktoressa, Sie müssen mir helfen, mir ist etwas passiert. Ich muss einen Volontär unterbringen. Den hab ich völlig vergessen. Der arme Kerl sitzt auch noch im Rollstuhl. Niemand ist sonst im Haus, Sie müssen ihn nehmen!« Auf Frau Möslers Hinweis, dass sie bereits eine Volontärin habe und in ihrer kleinen Redaktion beim besten Willen kein Platz für einen zweiten sei, beschwor

Seeberger ihre alte Freundschaft: »Helfen Sie mir! Der kommt direkt vom Wallenreiter. Setzen Sie ihn irgendwo hin und geben ihm was zu lesen. Ich kümmere mich dann schon um ihn.« So begann meine journalistische Karriere. Das hat den See nicht davon abgehalten, später, als ich es zu etwas gebracht hatte, immer freudig auf mich zuzueilen, mir auf die Schulter zu klopfen und auszurufen: »Mein Junge, schon als ich dich zum ersten Mal sah, wusste ich, dass du in die Wissenschaftsredaktion gehörst!«

Man setzte mich in eine kleine Kammer. Sie war in dem alten Riemerschmid-Bau am Rundfunkplatz 1 direkt unterm Dach, offenbar schon länger nicht mehr benutzt. Zwei Bodenplanken waren locker und gaben, wenn man sie anhob, die Sicht auf die darunterliegenden Querbalken frei. Die Glühbirne hing frei von der Decke. Ein alter Tisch war das einzige Mobiliar. Immerhin war geheizt. Das Dumme war, dass man die Kammer nur über eine Treppe erreichen konnte, bloß sechs Stufen zwar, aber das waren für mich sechs zu viel. Da stand ich also jeden Morgen und wartete, ob zufällig ein starker Redakteur vorbeikam, der so nett war, mich die Treppe hinaufzuziehen. Per Anhalter ins Büro. Auf diese Weise lernte ich immerhin ein paar künftige Kollegen kennen. Eine freundliche Sekretärin besuchte mich am ersten Tag dort oben, stellte sich als Mitarbeiterin von Frau Dr. Mösler vor und überreichte mir einen Stapel Manuskripte, die ich doch bitte lektorieren sollte. Sie sahen schon etwas vergilbt aus, und als ich zur jeweils letzten Seite kam, wusste ich, warum: An jedem Manuskript hingen hinten bereits einige Lektorate dran. Offenbar war schon mancher Anfänger mit derselben verantwortungsvollen Aufgabe betraut worden. Ich war etwas pikiert, ließ mir aber nichts anmerken und gab ein weiteres Urteil ab, das ich hinten anheftete.

Zwei Wochen gingen ins Land, ohne dass meine Journalistenlaufbahn erkennbar an Schwung gewann. Dann kam die freundliche Sekretärin wieder und sagte, Frau Dr. Mösler wolle mich sprechen. Ich war ganz aufgeregt. Ich hatte schon einiges über sie gehört. Sie war eine Autorität im Bayerischen Rundfunk. Zum Glück kam gerade jemand vorbei, der mir die Treppe hinunterhalf. Dann stand ich das erste Mal vor der Frau, die einer der wichtigsten Menschen in meinem Leben werden sollte. Sie war eine Dame, das sah man gleich. Gepflegt, kultiviert, elegant. Nicht mehr ganz jung, aber attraktiv. Mit einer leicht desinteressierten Freundlichkeit fragte sie mich, was ich so tue und was meine beruflichen Pläne seien. Später, hat sie mir einmal gesagt, habe sie sich Vorwürfe gemacht, dass sie sich nicht nach Rollstuhlproblemen erkundigt habe, aber sie sei gar nicht auf die Idee gekommen, ich habe so normal gewirkt. Nach dem Smalltalk kam sie zur Sache: Sie befände sich in einem Dilemma. Einerseits habe sie schon eine Volontärin, andererseits habe sie meine Lektorate gelesen und sich sehr amüsiert. Ich hätte ein gutes Urteil und einen frischen Ton. Sie würde mich gern behalten und als freien Mitarbeiter beschäftigen. Ob ich einverstanden sei? Und ob ich einverstanden war!

Als erste Aufgabe bekam ich im Sekretariat einen Karton mit Tonbandspulen in die Hand gedrückt. Das seien Diskussionen über den Medizinbetrieb, die demnächst ins Programm kommen sollten. Die müssten geschnitten werden. Der Schneideraum der Wissenschaftsredaktion sei im siebten Stock, hieße TM 13 und stehe jeden Tag zwischen 14 und 16 Uhr zur Verfügung. Aha. Ich bemühte mich um einen verständnisvollen Gesichtsausdruck und zog mich wieder in mein »Büro« zurück. Schneiden? Was und warum denn schneiden? Ich war ratlos. Am nächsten Tag rollte ich zur angegebenen Zeit mit meinem Karton in den TM 13 und versuchte, ohne einen allzu blöden Eindruck zu machen, aus der Technikerin, die dort arbeitete, herauszubekommen, was denn da geschnitten werden könnte. Sie sah mich etwas verwundert an und gab mir dann einen Grundkurs in Tonbandbearbeitung: die Spulen müssen kopiert werden, dann wird in der Tat mit einer Schere in das Sendeband hineingeschnitten, Versprecher werden entfernt, Längen und Schwachstellen herausgenommen, das Tonband mit weißem Klebstreifen wieder verklebt, bis am Ende eine saubere sendbare Version in richtiger Länge auf dem Teller liegt. Ich war verblüfft. So hatte ich mir das nicht vorgestellt. Es sollte nicht die einzige Verblüffung bleiben.

Die Wissenschaftsredaktion im Bayerischen Rundfunk hatte eine Sonderstellung. Sie galt als elitär und war vom journalistischen Alltagsgeschäft weitgehend befreit. Man war für das »Höhere« zuständig, und in der Tat gab sich in diesen Räumen die Creme der deutschen Wissenschaft die Klinke in die Hand. Man muss sich das einmal vorstellen: Werner Heisenberg, Konrad Lorenz, Carl Friedrich von Weizsäcker, Ernst Bloch, Karl von Frisch, Golo Mann, Adolf Portmann, Manès Sperber, sie alle gingen in Gustava Möslers Büro ein und aus und schrieben für sie. Ihr war Konrad Lorenz' berühmtes Buch »Die acht Todsünden der zivilisierten Menschheit« zu verdanken. Es ist 1973 erschienen und basierte auf einer Vortragsreihe im Bayerischen Rundfunk, zu der sie den gegenüber Medien eher spröden Lorenz zwei Jahre zuvor verführt hatte.

Das intellektuelle Klima in dieser Redaktion war für mich als blutigen Anfänger unglaublich eindrucksvoll. Da war Willy Hochkeppel, ein »fester freier Mitarbeiter« mit dem Spezialgebiet Philosophie und Intelligenzforschung, gescheit, witzig, zynisch, der mich, inzwischen über achtzigjährig, mit seiner jungen Frau gerade erst in Leipzig besucht hat. Da war Leonhard Reinisch, der Chef des Nachtstudios, das eng mit der Wissenschaftsredaktion verzahnt war, ein Alkoholiker, der sich zum heiligen Trinker stilisierte und der als vertriebener Sudetendeutscher die Kontakte zu Osteuropa pflegte. Da war Ulrich Dibelius, ein immer ernst dreinblickender Musikkritiker, dessen Sohn Alexander später Deutschland-Chef der amerikanischen Investmentbank Goldman Sachs wurde. Da war Werner Büdeler, einer der ersten Weltraumjournalisten, der die Mondflüge und ähnliche Aktionen ins Programm brachte und hochjubelte. Und über allen: Gustava Mösler, klug, kritisch, mit einem gnadenlos scharfen Urteil. Sie gehörte zu jener Journalistengeneration, die sich nach Diktatur und Krieg mit großem pädagogischem Engagement dem demokratischen Neubeginn in Deutschland verschrieben hatte. Freiheit und Aufklärung waren die Leitbegriffe ihrer publizistischen Arbeit, als sie Anfang der fünfziger Jahre unter Gerhard Szczesny im »Sonderprogramm« des Bayerischen Rundfunks ihre journalistische Laufbahn begann. In ihrem Engagement für die Aufklärung war sie kaum zu bremsen. Als der Philosoph und Meditationslehrer Carl Friedrich von Weizsäcker uns in einem Gespräch in seinem Haus am Starnberger See einmal die tiefe Wahrheit der Meditation erläutern wollte, hat sie ihn sofort aufgefordert, diese Wahrheit doch zu verbreiten, natürlich in ihrem Programm. »Wenn es so eine wichtige Wahrheit ist«, sagte sie zu ihm, »dann muss man sie doch propagieren!« Der leicht pikierte Weizsäcker, der Journalisten ohnehin nicht leiden konnte, antwortete kühl: »Gnädige Frau, die Wahrheit kann man nicht propagieren.« Das hat ihr gar nicht gefallen. Sie sagte zwar nichts, aber auf dem Heimweg hörte ich sie murmeln: »So ein Unsinn. Natürlich kann man.«

Zwei Jahrzehnte später, als der große kritische Ansatz der Aufklärung unter dem Schlagwort eines angeblich »kritischen Journalismus« zu einer schlecht gelaunten Nörgelei

80

an allem und jedem verkam, gehörte Gustava Mösler zu den wenigen, die sich dieser Entwicklung widersetzten. In vielen internen Diskussionen und vor allem in ihrem Programm brach sie damals eine Lanze für Vernunft, Augenmaß und die alten bürgerlichen Tugenden. Dieser scheinbare Frontwechsel von links nach rechts war typisch für sie. Sie ließ sich für kein Lager vereinnahmen. Unabhängigkeit im Denken, im Urteilen und im Entscheiden war für sie das höchste Gut.

Dazu kam ihr unbedingtes Bestehen auf Qualität. Nie werde ich die Bleistiftkringel vergessen, die sie an den Rand meiner Texte machte, wo immer sie etwas schlecht formuliert oder nicht logisch fand oder der Anschluss nicht stimmte. Und das Schlimme war, sie hatte fast immer recht. Noch heute, dreißig Jahre später, wenn es eine stilistische Entscheidung zu fällen gilt, denke ich manchmal: Ob die Möslerin wohl einen Kringel machen würde?

Sie wurde meine Lehrmeisterin. Sie hat mir den Journalismus beigebracht und mich nicht nur beruflich geprägt. Bei ihr habe ich, das Arbeiterkind aus Rickenbach, Denken, Stil und Haltung gelernt. Sie wurde später auch die Patontante meiner Tochter Franziska Gustava. Ich bin ihr zu großem Dank verpflichtet. Sie lebt heute, zweiundneunzigjährig, in der Nähe von München. Manchmal telefonieren wir und sprechen gerührt über die alten Zeiten.

In diese Redaktion bin ich also dank der Weitsicht von Herrn Dr. Seeberger hineingeraten. Es wurde geraucht, getrunken, diskutiert. Die zahllosen Gespräche über letzte und vorletzte Fragen der Menschheit schlossen nahtlos an die Diskussionsrunden im Studentenheim an, allerdings auf etwas höherem Niveau. Wobei die Mösler, wenn der Diskurs allzu sehr abhob, die Sache mit gelangweilter Trockenheit zu erden verstand. »Wie geht es denn Karola?«, fragte sie dann. Das war die Frau von Ernst Bloch.

»Im Abendstudio hören Sie ...«

Nach und nach ließ man mich eigenständige journalistische Arbeiten übernehmen. Zuerst durfte ich Ansagen für die Sendungen von Willy Hochkeppel diktieren: »Im Abendstudio hören Sie nun ...« Und dann endlich die erste eigene Sendung. Sie beschäftigte sich, kaum zu glauben, mit Jakob van Hoddis. Es kamen sehr viele Hörerzuschriften aus der Umgebung von Lindau, was man in der Redaktion mit Grinsen zur Kenntnis nahm. Ich hatte etwas plump Reklame für meinen Erstling gemacht und bei sämtlichen Bekannten um Manuskriptanforderung gebeten. Mein erstes Interview führte ich mit Erhard Eppler, der damals Bundesminister für wirtschaftliche Zusammenarbeit war. Ich bereitete mich tagelang vor und fuhr dann, begleitet von meiner Frau, eigens mit dem Auto nach Bonn. Um ganz sicherzugehen, nahm ich, es tut mir sehr leid, eine Captagon-Tablette. Das ist ein inzwischen verbotenes Aufputschmittel, das Mut macht und eine dynamische Stimmung erzeugt. Die Wirkung war verheerend. Ich habe unentwegt geredet. Erhard Eppler kam kaum zu Wort. Nur durch langwierige Schneidearbeit (das hatte ich ja gelernt) ließ sich die Sache noch einigermaßen hinbiegen.

Die erste Sendung, die ich selbst moderieren durfte, war der »Wissenschaftliche Bericht«, eine dreißigminütige Magazinsendung, jeden zweiten Montag um 19.30 Uhr im Abendstudio. Langsam fasste ich Fuß. Die Sendungen wurden länger, die Themen vielfältiger. Hier ein paar Beispiele: »Tod 71. Eine Dokumentation über Problematik und Stellenwert des Todes in der heutigen Gesellschaft«, »Erlösung im Lotussitz? Östliche Meditation als westliche Hoffnung«, »Experimente mit dem sechsten Sinn. Außersinnliche Phänomene und ihre wissenschaftliche Deutung«, »Siegen ist alles. Ideologie und Wirklichkeit des modernen Leistungssports«, »Kann Töten human sein? Medizinische, juristische und theologische Aspekte der Euthanasie«, »Eltern und Pädagogen – ratlos. Erziehung zwischen Drill und Summerhill«.

Das waren spannende Themen, schöne Sendungen. Zu den Privilegien von Gustava Mösler gehörte aber, dass sie nicht nur für die Wissenschaft im Hörfunk zuständig war, sondern auch Fernsehsendungen produzieren konnte. Das hat mich elektrisiert. Ins Fernsehen zu kommen, das wäre ein unübersehbarer Karrieresprung. Ich assistierte Willy Hochkeppel bei einem Film über Hirnforschung und versuchte dort, das Handwerk zu lernen. Dann durfte ich selbst »ran«. Mein erster Film beschäftigte sich mit Konrad Lorenz, ja, der mit den Graugänsen. »Konrad Lorenz. Von der Verhaltensforschung zur Zivilisationskritik« war der Titel. Sechzig Minuten in der ARD. Das war schon was. Und es war ungeheuer eindrucksvoll, diesen Mann längere Zeit aus der Nähe zu erleben. Zusammen mit seiner Frau Gretel, die nicht viel sagte, aber ganz offensichtlich für ihn eine Autorität war, zeigte er uns seine Tiere – es waren nicht nur Graugänse – und erzählte lange und launige Geschichten über sie. Wir drehten in seinem Max-Planck-Institut in Seewiesen am Starnberger See und in seinem Haus in Altenberg bei Wien. Ein Mann, der mit seinem weißen Bart aussah wie ein Waldschrat, der aber eine geniale Idee hatte. Nicht nur die Körperformen der Lebewesen, so seine These, hätten sich im Lauf der Evolution durch die unterschiedlichsten Außeneinflüsse herausgebildet, sondern ebenso die Verhaltensweisen. Das war damals revolutionär. Demnach wäre unser Verhalten kein moralisch bewertbares Tun auf Grund freier Willensentscheidung, sondern etwas genetisch Vorbestimmtes. »Das sogenannte Böse« hieß denn auch der Titel des damals hitzig diskutierten Lorenz-Buches.

Mein nächstes großes Thema war Meditation. Das lag seit Beginn der siebziger Jahre in der Luft. Die Beatles hatten den malerischen Maharishi Mahesh Yogi zu ihrem Guru gemacht und damit im Westen einen Boom ausgelöst. Blumen schwingend und Hinditexte singend, saßen hartgesottene Geschäftsleute plötzlich zu Füßen bärtiger Inder, schulklassenweise murmelten sich zivilisationsmüde Gymnasiasten in die Versenkung, und immer mehr westliche Jugendliche zogen in abgelegene indische Aschrams und japanische Zenklöster, um dort ihr Heil im Lotussitz zu suchen. Ich habe mich längere Zeit mit diesem Phänomen beschäftigt und neben etlichen Radiosendungen und zwei Büchern einen Fernsehfilm darüber gemacht, für den ich mit meinem Team auch nach Indien und Japan gereist bin. Das war meine erste große Reise nach dem Unfall. Mir war nicht wohl dabei, ja, ich hatte regelrecht Angst. Wir wollten ja nicht in den Metropolen drehen, da würde man schon irgendwie zurechtkommen, sondern an ziemlich abgelegenen Orten. In Dharamsala zum Beispiel, weit oben im Himalaja, wo der Dalai Lama seinen Sitz hatte, in Pondicherry in Südindien, wo die Meditationsstadt Auroville entstand, oder im japanischen Tenryū-ji-Kloster in einem abgelegenen Tal hinter Kyoto. Gab es da rollstuhlgeeignete Unterkünfte? Hatten die Inder Klos nach westlichem Standard, die ich benutzen konnte? Und bekam in Indien nicht jeder Europäer Durchfall, eine Schreckensvision für Rollstuhlfahrer? Ich schlief schlecht und schilderte das Problem meinem Vater. Der tat etwas sehr Nobles. Er rief meinen Bruder an und fragte ihn, ob er mich nicht begleiten könne, er würde ihm die Reise bezahlen. Das war keine Kleinigkeit, er war ja kein reicher Mann. Der Roland machte mit, und damit waren meine Sorgen ein ganzes Stück kleiner. Er war jung und stark, konnte mit dem Rollstuhl umgehen und hatte als angehender Medizinstudent auch ein passendes Arztköfferchen zur Hand.

Die Reise war bemerkenswert. Natürlich war Dharamsala nicht für Rollstuhlfahrer gebaut. Aber es ging. Weil früher die Engländer als Kolonialherren dort waren, gab es ein geräumiges altes Gästehaus, in dem ich gut zurechtkam. Dicht unter den siebentausend Meter hohen Himalaja-Riesen warteten wir auf Seine Heiligkeit, den Dalai Lama. Er wurde erst in einigen Tagen von einer Reise zurückerwartet. Wir saßen müßig herum, unrasiert und fern der Heimat. Am dritten Morgen hieß es plötzlich, Seine Heiligkeit sei zurück und würde uns in einer Stunde empfangen. Ich steckte den Rasierapparat in die Steckdose und begann meinen Dreitagebart abzuschaben. Als ich die linke Gesichtshälfte sauber hatte, fiel der Strom aus. Warten konnten wir nicht, also machte ich mich halbrasiert auf den Weg zu meinem ersten Treffen mit dem Oberhaupt der Buddhisten. Ich muss extrem komisch ausgesehen haben, und nach dem Begrüßungszeremoniell sah mich Seine Heiligkeit auch sehr fragend an. Ich habe ihm erklärt, dass das keine neue westliche Mode sei, sondern der Stromversorgung in Dharamsala geschuldet. Er hat lange glucksend gelacht und sich gefreut wie ein kleiner Junge. Der Kameramann, Herr Schrödl, hat mich bei dem Interview so gesetzt, dass nur meine rasierte Gesichtshälfte ins Bild kam. Später habe ich dieses Schulbubenlachen noch öfter beim Dalai Lama gesehen. Es passte zu der herzlichen, naiven Art, mit der er durch die Welt ging und – wenn auch ohne großen Erfolg – seine Friedensbotschaft verkündete. Auch in unserer Sendung hat er außer »peace« nicht sehr viel zum Wesen der Meditation gesagt.

Ganz anders Carl Friedrich von Weizsäcker. Er hatte zwar zunächst Bedenken, überhaupt etwas dazu zu sagen. »Man kann einem Blinden auch nicht erklären, was Gelb ist«, meinte er. Aber dann brachte ich ihn doch dazu. Was er gesagt hat, war das Klügste, das ich zum Thema Meditation je gehört und gelesen habe. Ich zitiere ein paar Sätze: »Die Wissenschaft arbeitet begrifflich, und der Begriff beruht auf der Unterscheidung und der überwölbenden Zusammenfassung. Wenn ich sage: ›Dieses Tier ist eine Katze‹, dann habe ich es unterschieden von Hunden, von Vögeln und allem; aber ich habe es zusammengefasst mit allen Katzen. Diese Methode, mit dem Begriff die Wirklichkeit zu zerschneiden und das Zerschnittene wieder zusammenzufassen, scheint mir hinter dem ganzen wissenschaftlichen Verfahren zu stehen, während die Schulung, die wir mit dem Wort ›Meditation‹ bezeichnen, im Grunde eine Schulung zu einem anderen Verhalten ist, einem Verhalten, das nicht mit dem Zerschneiden beginnt, um dann wieder zusammenzusetzen, sondern das mit dem Geltenlassen des Unzerschnittenen beginnt.«

Weizsäcker hat das Gespräch, das ich mit ihm dazu geführt habe, später in sein Buch »Der Garten des Menschlichen« aufgenommen und mir ein Exemplar geschickt. Als Widmung hat er hineingeschrieben: »Udo Reiter, dem besten Frager«.

Ein Thema, das mich mein Leben lang interessiert hat, ist Geschichte. Vor allem die mittelalterliche, aber nicht nur. 1977 habe ich dazu eine Sendereihe in Auftrag gegeben, an der einige bedeutende Historiker mitgearbeitet haben. Unter dem Titel »… keiner, dem Geschichte nicht etwas Wichtiges zu sagen hätte« (einem Schiller-Zitat) brachte ich Autoren wie Hans Maier, Horst Fuhrmann, Hellmut Diwald, Golo Mann und Theodor Schieder zusammen. Es wurde ein Panorama der deutschen Geschichte vom Mittelalter über die Reformationszeit und den Absolutismus bis zu »Nationalismus und Imperialismus«. Die Sendungen sind auch als Taschenbuch in der Serie Piper erschienen und haben mir vor allem einen persönlichen Kontakt zu Golo Mann eingetragen, der sich noch in weiteren gemeinsamen Projekten niederschlagen sollte. Zunächst drehte ich zu seinem siebzigsten Geburtstag am 27. März 1979 ein Fernsehporträt über ihn: »Ich schere mich den Teufel um rechts und links ...« Später habe ich ein langes Radiointerview mit ihm gemacht (»Ich hoffe, ein redlicher Intellektueller zu sein ...«) und 1984 nochmals ein einstündiges Fernsehgespräch. Er war ein eindrucksvoller Mann: klug, wortgewaltig, gebildet. Er konnte über zweihundert Gedichte auswendig, darunter fast alle von Heinrich Heine, und trug sie, wenn er guter Laune war, gern mit lebhaftem Pathos vor. Von solchen literarischen Einlagen abgesehen, wirkte er aber merkwürdig gehemmt, oft mit einem geschmerzten Gesichtsausdruck und einem nervösen Zucken um den rechten Mundwinkel. Ich erinnere mich an einen Telefonanruf bei ihm, den ich mit der Floskel »Störe ich Sie gerade?« einleitete. Er antwortete seufzend: »Ach, man stört immer.«

Die Diagnose, dass er durch den übermächtigen und herrischen Vater seelisch beschädigt wurde, ist naheliegend und wurde auch von ihm selbst mehrfach bestätigt. Im veröffentlichten und viel zitierten Tagebuch des Vaters über sich selbst lesen zu müssen, man sei »problematischer Natur, verlogen, unreinlich und hysterisch«, ist sicher für das eigene Selbstwertgefühl nicht besonders förderlich.

So lebte er noch in hohem Alter unerlöst und allein im Schatten seiner Eltern. Ich werde die gruselige Szene nie vergessen, wie wir in seinem Haus in Kilchberg am Zürichsee saßen. Plötzlich wird im Zimmer über uns mit einem Stock hart auf den Boden gepocht. Golo Mann, über siebzigjährig, richtet sich erschrocken in seinem Sessel auf, deutet an die Decke und flüstert: »Hören Sie, die Alte!« Es war Katia Mann, seine neunzigjährige Mutter, die ihn mit dem Stock nach oben zitierte. Golos Berufswahl hatte sie einmal mit dem klassischen Satz kommentiert: »Historiker geht ja noch.« Auf dem Türschild an der Haustür des Kilchberger Mann-Hauses stand übrigens »Thomas Mann«. Der war damals schon über zwanzig Jahre tot. Wenn er von ihm sprach, nannte ihn Golo Mann nicht »meinen Vater«, auch nicht »Thomas Mann«, sondern höchst maniriert »T. M.«. Die Last des Elternhauses hat er mir einmal so geschildert: »Allein mit T. M. zu Mittag zu essen war mir geradezu eine Qual. Ich habe mir da immer, schon als Junge und auch später noch, Gesprächsthemen aufgeschrieben … Schweigen war mir entsetzlich in Gegenwart meines Vaters, und ich fühlte mich immer verantwortlich für das Gespräch, dass irgendwelche Worte gewechselt wurden … Wenn ich in einem normalen, gesunden, schlichten Bürgerhaus aufgewachsen wäre, dann, glaube ich, wäre was Besseres aus mir geworden …«

Als ich ihn einmal nach seinem Gemütszustand fragte, hat er mir mit einem Heine-Gedicht geantwortet:

> Anfangs wollt ich fast verzagen,
> Und ich glaubt, ich trüg es nie;
> Und ich hab es doch getragen –
> Aber fragt mich nur nicht, wie?

Furore gemacht hat ein Film, den ich über den amerikanischen Neurochirurgen Robert J. White gedreht habe. Er arbeitete am Metropolitan General Hospital in Cleveland/Ohio und wurde bekannt durch seine Kopftransplantationen an lebenden Menschenaffen. White, ein praktizierender Katholik mit zehn Kindern, war ein angesehener Wissenschaftler, der mit diesen Kopfverpflanzungen vor allem neurologische Grundlagenforschung trieb. Aber er hatte auch Vergnügen am Show Business und erklärte jedem Journalisten, der es hören wollte, dass er diese Operationen demnächst auch an Menschen durchführen würde. Das Szenario, das er dafür entwarf, war nicht völlig abwegig: Im Zimmer 235 seines Hospitals liege ein Patient. Lehrer, sechsundvierzig Jahre, Diagnose Leberkrebs. Seine Überlebenschance sei gleich null. Die Operation sei zu spät gekommen. Der Körper sei voller Metastasen. Gesund an dem Mann sei nur noch sein Kopf. Drei Stockwerke höher liege ein junger Mann, der ebenfalls keine Chance mehr habe. Verkehrsunfall. Sein Kopf sei mit solcher Wucht gegen die Windschutzscheibe geprallt, dass sich Knochenteile und Glassplitter tief in sein Gehirn gebohrt hätten. Kein Chirurg der Welt könne den Zweiundzwanzigjährigen mehr retten.

Tausende solcher todgeweihten Patienten, so White, lägen weltweit in den Kliniken. Niemand würde ihnen helfen – obwohl es dazu eine Möglichkeit gebe: eben die Kopftransplantation. Man würde den gesunden Kopf des einen Patienten auf den gesunden Körper des anderen Patienten verpflanzen. Der Kopf könnte auf diese Weise mit dem fremden Körper als »power packet« weiterleben. Zwar als hoher Querschnitt, aber das gäbe es ja sonst auch. Diese Vision hat White den schönen Titel »Frankenstein von Ohio« eingetragen. Das Thema eignete sich gut, um die Möglichkeiten und Grenzen der modernen Medizin grundsätzlich darzustellen. Ich habe meinen Film, der eine solche Kopftransplantation bei Affen erstmals zeigte, deswegen »Robert J. White oder die Grenzen der Forschung« genannt. Er lief in der ARD, danach wurde ich sogar »Stern«-Autor. Unter dem Titel »Ein neuer Kopf für W5« brachte das Magazin eine große Reportage über die spektakulären White-Operationen. »Todkranke hoffen auf einen Eingriff, der eines der letzten Tabus der modernen Medizin brechen würde«, war der Tenor. Das Thema hat damals zu leidenschaftlichen Diskussionen geführt. Jürgen Dahl druckte mein Drehbuch in den »Scheidewegen« ab, der von Friedrich Georg Jünger und Max Himmelheber gegründeten »Jahresschrift für skeptisches Denken«, und schrieb dazu:

»Der Film dokumentiert die Überschreitung einer Grenze, jenseits derer dem Wahn des Machens nicht mehr mit Erörterungen irgendwelcher Art begegnet werden kann, sondern nur noch mit sprachlosem Entsetzen und mit einer Verachtung, die es nicht nötig hat, nach Argumenten zu ihrer Rechtfertigung zu suchen ... Das andere, was dieses Drehbuch dokumentiert, ist die fröhliche Unbefangenheit, der naive Stolz, der die Akteure dieser Tragödie beseelt: Sie nähen am Leichentuch der Menschheit, aber sie sind guter Stimmung dabei – jedenfalls solange die Nähte halten und die Affen noch atmen. Die Diskrepanz zwischen dem Grauen der Tat und der Fröhlichkeit der Täter ist nicht auf das Gebiet der Kopftransplantation beschränkt, und selbst der Vertreter einer Moraltheologie, welche die Kohabitation Unverheirateter beharrlich als Verletzung der Heiligkeit der Ehe verpönt, wagt hier aus lauter Furcht, er könnte sich vor dem Fortschritt blamieren, kein Widerwort, das irgendetwas Heiliges in Erinnerung brächte. Auch dies ein Dokument. Ein Dokument der Zerstörung.«

Viele Jahre später habe ich den so wortgewaltig gescholtenen Professor White, inzwischen ein klein gewordenes altes Männchen, in Dresden wiedergetroffen. Er hielt einen Vortrag über, ja genau, Chancen und Möglichkeiten der Kopftransplantation. Als ich ihn fragte, warum er sie denn immer noch nicht bei Menschen vorgenommen habe, grinste er fröhlich. Er habe die Forschungsmittel, die seine Berühmtheit dem Metropolitan General Hospital eingebracht hätte, leider ganz und gar für die Grundlagenforschung gebraucht. Offenbar hatte er doch nur geblufft.

Durch meine Sendungen war ich in der Szene bekannt geworden. Ich hatte den Kurt-Magnus-Preis für Nachwuchsjournalisten erhalten und wurde daraufhin erstmals zum Programmdirektor vorgeladen. Das war gerade noch, in seinem letzten Dienstjahr, der für seine Silvesteransprachen berühmte Walter von Cube. Ich kam freudig erregt in sein Büro. Er war auch optisch eindrucksvoll. Eine barocke Gestalt von ungeheurer Leibesfülle, mit weißen Locken, so thronte er hinter seinem Schreibtisch und blickte wohlwollend auf mich hernieder. »Ein Journalist im Rollstuhl«, tönte er mit der berühmten tiefen Stimme, »geht denn das überhaupt?« Ich erklärte ihm, dass das schon möglich sei, und sagte: »Wo ich hinmuss, bin ich noch immer hingekommen.« Er blickte an sich hinunter und meinte traurig: »Sehen Sie, das kann ich von mir nicht behaupten.« Als kurze Zeit später die Anschnallpflicht im Auto eingeführt wurde, verfasste er einen wütenden Kulturkommentar gegen den »Zwang zur Selbstfesselung«. Wer ihn gesehen hatte, konnte es verstehen.

»Sind wir zu negativ?« – Überlegungen zum Journalismus

Ich bin also eher zufällig zum Journalismus gekommen. Ungefähr wie man in eine Grube fällt. Hätte mich Franz Heubl nach meinem Unfall bei der Bundesbahn und nicht beim Bayerischen Rundfunk empfohlen, wäre ich vermutlich Schalterbeamter oder Bundesbahnpräsident geworden. Diese von keiner frühen Leidenschaft verklärte Beziehung hat möglicherweise dazu geführt, dass ich das Journalistengewerbe etwas distanzierter betrachtet habe als manch ein »geborener« Journalist. Dabei ist mir relativ früh aufgefallen, dass es zwischen der Selbsteinschätzung der

Kaste und dem Urteil der, sagen wir mal, bürgerlichen Bevölkerung eine ziemliche Kluft gab. Auf der einen Seite ein unübersehbares Elitebewusstsein, man war nicht irgendjemand, sondern die »vierte Gewalt«, die Speerspitze der Demokratie. Die Pressefreiheit stand schließlich im Grundgesetz, da konnte man den Kopf schon hoch tragen und Noten verteilen, auch wenn man nur ein kleiner freier Mitarbeiter in der Lokalredaktion war. Auf der anderen Seite ein unverkennbares Misstrauen gegenüber diesen Kreisen. Man musste ihnen zwar behutsam begegnen, sie waren ja nicht ungefährlich, aber gemocht hat man sie nicht. Martin Walsers Satz: »Die Medien dürfen alles und müssen nichts. Keine Macht ist so illegitim wie die der Medien«, wäre von jedem Münchner Chefarzt unterschrieben worden. Und auch der schöne Satz von Agatha Christie: »Ich habe Journalisten nie gemocht. In meinen Büchern habe ich sie immer sterben lassen«, hätte ungeteilten Beifall erhalten.

Mir kam diese Reserviertheit gegenüber meinem neuen Beruf nach meinen ersten Erfahrungen in der Branche nicht ganz unverständlich vor. Die Art, in der da Leute, die selber oft nicht sehr viel mehr aufzuweisen hatten als ein abgebrochenes Studium, den andern den Lauf der Welt erklärten und auch noch genau wussten, wohin dieser Lauf gefälligst zu gehen habe, fand ich seltsam. Auch das hohe moralische Ross, von dem aus da gekämpft wurde, kam mir merkwürdig vor, vor allem als ich mitbekam, wie die Moralisten gleichzeitig ungeniert ihren Journalistenrabatt einforderten und fast alle Waren und Dienstleistungen um zehn oder zwanzig Prozent billiger haben wollten. Ich habe damals angefangen, mich auch theoretisch mit dem Journalismus zu befassen, und unter anderem einen Kulturkommentar geschrieben mit dem Titel »Sind wir zu negativ? Aktuelle Überlegungen zur journalistischen Verantwortung«. In diesem Kommentar habe ich die Notwendigkeit des kritischen Journalismus für eine demokratische Gesellschaft uneingeschränkt bejaht, aber auch ein paar Fragen gestellt. Das klang dann so:

»Journalistische Kritik ist für unser System ohne Frage lebensnotwendig – aber wohl nicht als Selbstzweck, als sakrosanktes Ritual, das sich außerhalb jeder Legitimationspflicht ungestört vollziehen darf … Seit dem Ende der sechziger Jahre gibt es im Journalismus erkennbar und zunehmend die Tendenz, die dienende Funktion der Kritik außer Acht zu lassen und ohne viel Gefühl für Folgen und Verantwortung das kritische Geschäft um seiner selbst willen zu betreiben. Die praktischen Auswirkungen dieser Haltung kennen wir alle: Da wird mit großer anklägerischer Geste auch noch der kleinste Mini-Missstand zur Großreportage aufgebläht, da wird das Gute und Erträgliche, das es in unserer Gesellschaft ja auch noch gibt, nicht nur übergangen, sondern denunziert und das Auge starr und unbeirrbar auf tatsächliche oder vermeintliche Faulstellen gerichtet; da wird Missmut, Überdruss und schlechte Laune gefördert, indem man mit inquisitorischem Eifer und ohne Sinn für Relationen den Menschen ihre Schwäche, dem Leben seine Unzulänglichkeit und der Welt ihre Schlechtigkeit nachweist.«

Ich habe dann gefordert, dass angesichts der zunehmenden zentrifugalen Kräfte in unserer Gesellschaft auch im Journalismus ein Element notwendig sei, »das bisher dank glücklicher Umstände kaum gefordert war – nämlich eine bewusst praktizierte Verantwortung für den demokratischen Rechtsstaat und eine erkennbare Solidarität mit diesem Staat«. Das würde heute kaum jemand bestreiten, aber damals empfanden es manche Kollegen als Kriegserklärung. Der Kommentar wurde heftig diskutiert, in der BR-Redaktionskonferenz, aber auch außerhalb. Der damalige bayerische Innenminister Gerold Tandler hat mich eigens in sein Ministerium eingeladen, weil er den Journalisten kennenlernen wollte, der solche Standpunkte vertrat. Und bei einem Neujahrsempfang in der Münchner Residenz wurde ich, was für einen kleinen Redakteur keine Selbstverständlichkeit war, sogar Franz Josef Strauß vorgestellt, und zwar, ich muss es gestehen, durch Franz Schönhuber. Dieser Schönhuber, der in den kommenden Jahren immer mehr in rechtsradikale Kreise abdriftete, war damals noch ein angesehener Mann in Bayern: Vorsitzender des Bayerischen Journalistenverbands, Chefredakteur im Bayerischen Fernsehen, populärer Moderator der Wirtshaussendung »Jetzt red i«, persönlicher Freund des Ministerpräsidenten und so gut vernetzt, dass er später das Augenmaß verlor und glaubte, er könne Strauß herausfordern. Als er 1981 in dem Buch »Ich war dabei« auch noch seine Zeit als Freiwilliger in der Waffen-SS verherrlichte, brach ihm das das politische Genick. Der unselige Versuch, mit den Republikanern rechts von der CSU nochmals in das Machtspiel zurückzukommen, ging nach einigen Anfangserfolgen völlig daneben.

Damals war er in Bayern noch allseits beliebt und wohlgelitten. Er fasste mich an der Schulter, öffnete den Kreis der Höflinge, die sich wie immer um Strauß drängten, und schob mich dem massigen, stiernackigen Mann mit dem großen roten Schädel und dem Sektglas in der Hand entgegen. »Franz Josef, des is der Udo Reiter vom Bayrischen Rundfunk. Auf den musst aufpassn, aus dem wird nomal was«, sagte er, woraufhin mich Strauß freundlich ansah, mir die Hand reichte und »Alles Gute« wünschte.

Es war einfach, Strauß als rücksichtslosen Machtmenschen zu kritisieren. Der Spruch von Hans-Jochen Vogel, er sei ein »Kraftwerk ohne Sicherung«, war ja nicht völlig aus der Luft gegriffen. Auch die heute allseits und zu recht geforderte Trennung von persönlichen Vorteilen und politischem Amt war sicher nicht seine Stärke. Peter Gauweiler hat das einmal so dargestellt: Natürlich habe Strauß sich von irgendwelchen industriellen Freunden in den Urlaub einladen lassen. »Aber als er zurückkam, hatte er drei Airbusse verkauft.« Heute fährt man in den Urlaub und gibt hinterher eine Pressekonferenz, auf der man erklärt, dass man alle Scampi selber bezahlt habe. »Ich frage mich«, so Gauweiler nachdenklich, »was nun wirklich besser ist.« Für die Linken bot Strauß jedenfalls das ideale Feindbild, an dem sie zu Höchstleistungen aufliefen. Ein Spruch aus diesen Anti-Strauß-Feldzügen ist mir in Erinnerung geblieben: »Nur die allerdümmsten Kälber wählen ihre Metzger selber. Wie sieht so ein Metzger aus? Wie der Kriegsminister Strauß.«

Allen Anfeindungen zum Trotz, Strauß war eine imposante Figur, körperlich, mental, intellektuell. Ich habe zu seinem siebzigsten Geburtstag ein langes Gespräch für den Hörfunk mit ihm geführt. Es gehörte zu den besten politischen Interviews, die ich gemacht habe (durch seine Antworten). Und wenn er zur Eröffnung der Starkbiersaison mit seinem Gefolge zum Bayerischen Defiliermarsch durch die Bier- und Zigarrenschwaden in den Festsaal auf dem Nockerberg einzog, den bulligen geröteten Kopf tief zwischen die Schultern eingezogen, schwer schnaufend und nach allen Seiten huldvoll grüßend, dann spürte man etwas von der elementaren Kraft, die Bayern von anderen Bundesländern unterscheidet.

Ein Spritzer rotes Gift

Im Bayerischen Rundfunk tat sich etwas. Die Senderspitze war, wie es sich damals für Bayern gehörte, schwarz, aber an der Basis waren die ersten Vertreter der Achtundsechziger-Generation eingerückt und sorgten für Unruhe. Vor allem eine Sendung machte von sich reden: das »Notizbuch«, ursprünglich ein eher biederes Hausfrauen- und Verbrauchermagazin, das jeden Morgen zwischen zehn und elf im reichweitenstarken ersten Programm des Hörfunks lief. Dort hatte sich unter der liberalen mütterlichen Leitung einer gewissen Lore Walb eine Truppe junger Leute zusammengefunden, die eine andere Vorstellung von Journalismus hatte, als es bisher im BR üblich war. Es waren, grob gesagt, Linke, was man schon an ihrem Habitus erkennen konnte. Jeans, Turnschuhe, T-Shirt, andere komplett in existentialistischem Schwarz. Jedenfalls keine Trachtenanzüge wie in der Bayernredaktion. Diese neue Mannschaft veränderte zunehmend auch die Inhalte der Sendung. »Betroffenenjournalismus« hieß ein Schlagwort, »Kritischer Journalismus« sowieso, mit dem Ergebnis, dass die bayerischen Männer, wenn sie abends von der Arbeit oder aus dem Wirtshaus nach Hause kamen, sich immer häufiger spitzen Fragen ihrer Frauen ausgesetzt sahen. »Diese roten Saukerle verderben uns unsere Frauen«, hat mir einmal ein Dorfbürgermeister empört gesagt. Das Thema »Notizbuch« zog immer weitere Kreise, bis hinein in den bayerischen Landtag. »Überall«, so Franz Josef Strauß persönlich, »ein Spritzer rotes Gift!«

Ich war damals noch in der Wissenschaftsredaktion, und weil das »Notizbuch« immer zu der Zeit lief, als ich gerade zur Arbeit fuhr, habe ich mir die Sendungen regelmäßig angehört. Sie waren gut gemacht, meistens jedenfalls, aber sie gingen alle in dieselbe Richtung. Von Pluralität keine Spur, stattdessen gesellschaftspolitischer Missionsjournalismus. Ich fand den Zorn der Konservativen nicht ganz unberechtigt. Als nun die Zeit kam, dass Lore Walb in Pension gehen sollte, war die Nachfolgefrage ein beherrschendes Thema, weit über den Bayerischen Rundfunk hinaus.

Die bayerischen Regionalzeitungen waren voll, auch die »Süddeutsche Zeitung« widmete dem Thema etliche Artikel. Eine überzeugende Lösung war nirgends in Sicht. Eines Tages, man muss schon sehr verzweifelt gewesen sein, ließ mich Gunthar Lehner, der 1972 Nachfolger Walter von Cubes als Hörfunkdirektor geworden war, zu sich kommen und fragte mich, ob ich nicht Chef des Familienfunks werden wollte. Ich war in keiner Partei, galt aber auf Grund meiner Kommentare und meiner Diskussionsbeiträge in den Redaktionskonferenzen als konservativ. Einen liberalen Konservativen hätte ich mich selbst genannt, einen Reaktionär nannten mich meine Feinde, die ich bald in beträchtlicher Anzahl haben sollte. Mir war klar, dass ich auf den Widerstand der gesamten Redaktion stoßen würde. Aber mir war natürlich auch klar, dass das unter karrieretechnischen Gesichtspunkten eine einmalige Chance war. Ich hatte es schön in der Wissenschaftsredaktion, gar keine Frage, aber ich war dort erst freier Mitarbeiter, dann kleiner Redakteur, die letzte Verantwortung hatten immer andere. Das hatte mich gelegentlich schon genervt. Kurzum: ich nahm das Angebot an und wurde 1980 Chef des Familienfunks und damit Sieger im Kampf um das »Notizbuch«.

Der Preis, den ich dafür zu zahlen hatte, war ziemlich hoch. Ich wurde von der alten Mannschaft systematisch gemobbt. Man schloss die Reihen, enthielt mir Informationen vor, kopierte meine Briefe und gab sie weiter, ließ mich ins Leere laufen und mobilisierte die befreundeten Kollegen in der Presse. Die »Humanistische Union« in München berief damals eine Versammlung ein, in der »Gegenmaßnahmen« beraten werden sollten. Laut Protokoll wurde unter anderem eine öffentliche Kabarettveranstaltung beschlossen, bei der der neue Familienfunkleiter ›in die Pfanne gehauen‹ werden sollte, Hörerbriefaktionen an den Intendanten, mit denen gegen die neue Entwicklung protestiert werden sollte, Leserbriefaktionen an die Zeitungen, um dort den Eindruck eines breiten öffentlichen Missfallens an der neuen Form des »Notizbuchs« zu erwecken, Hörerbriefaktionen an die Redaktion. Dabei sollte man den neuen Mitarbeitern schreiben, »dass ihre Sendungen schlecht sind«. Gleichzeitig sollte »den Alten geschrieben werden, wie gut ihre Sendungen sind, damit die etwas in der Hand haben«.

Das Klima in der Redaktion war so giftig, dass ich mich freute, wenn es am Morgen in der Arnulfstraße einen Stau gab und ich deswegen erst eine Viertelstunde später ins Büro kam. Der intellektuelle Kopf des Widerstands war Gert Heidenreich, der erste Ehemann von Elke Heidenreich, die diesen Namen auch nach ihrer Scheidung beibehielt. Später wurde er PEN-Präsident, damals war er die Symbolfigur der Linken im Bayerischen Rundfunk, ein kluger Mann, gebildet und scharfsinnig, ein gefährlicher Gegner, der mir in seinen Sendungen offen den Krieg erklärte. »Die Gedanken sind frei«, ließ er einmal als Zwischenmusik zu den Magazinbeiträgen spielen. In der erwähnten Versammlung der »Humanistischen Union« war er mit folgender Wortmeldung protokolliert: »Ich glaube, Reiter nimmt an, dass die Sache in einem halben Jahr vergessen ist, wie so vieles im BR. Wir müssen dafür sorgen, dass das nicht in Vergessenheit gerät, und auch dafür, dass Reiter weiß, dass es nicht vergessen wird. Wir müssen die Sache am Kochen halten.« Als ich das zu lesen bekam, warf ich ihn hinaus und einige andere freie Mitarbeiter mit ihm. Der Aufschrei innerhalb und außerhalb des Hauses war beträchtlich, aber danach war Ruhe. Ich erweiterte das Themenspektrum, gab anderen Autoren eine Chance und sorgte für Pluralität der Meinungen. Viele Jahre später schrieb Gert Heidenreich eine Biographie über Thomas

Gottschalk. Er wollte mich, da ich als Gottschalks Entde-
cker galt, dazu interviewen und fragte, ob er mich einmal
besuchen könnte. Er kam zu mir nach Hause, wir tranken
eine Flasche Rotwein und sprachen nicht nur über Gottschalk, sondern auch über unsere Zeit beim »Notizbuch«.
Er hat mir geschildert, wie ich damals auf die Truppe gewirkt hatte. Man sah mich schlicht als Abgesandten des
Bösen, konkret der CSU, mit dem Auftrag, das Gute, den
aufgeklärten Journalismus, kaputt zu machen. Ich hätte lä-
chelnd Dinge zerstört, die anderen eine Herzenssache gewesen seien. Das hat mich nachträglich doch ein wenig
nachdenklich gemacht. Ich habe offensichtlich ein Defizit, wenn es darum geht, Gemütslagen anderer Leute ernst
zu nehmen. Emotionale Befindlichkeiten mit rationalen
Argumenten anzugreifen hilft ja nicht weiter, aber das
merke ich meist erst, wenn es zu spät ist. Ich erinnere mich,
als zur Blütezeit der Friedensbewegung einmal eine sogenannte Friedenskette gebildet wurde. Entlang der Autobahn von Augsburg bis nach München hatten sich die
Teilnehmer aufgestellt und an den Händen gefasst. Am
nächsten Tag haben einige Redakteure, die dabei waren,
tief bewegt auf der Redaktionskonferenz von dieser Aktion berichtet. Walter Hanf, ein gestandener älterer Politik-
redakteur, hatte Tränen in den Augen, als er darüber
sprach. Ich habe ihn dann gefragt, sachlich sicher berechtigt, aber emotional natürlich völlig daneben, ob er wirklich glaube, dass man durch gegenseitiges Händchenhalten den Frieden sicherer mache. Man konnte den Hass, der
mir daraufhin aus der Runde entgegenschlug, förmlich
spüren. Dabei hatte ich es nicht böse gemeint. Vielleicht
habe ich auch hier, unseligerweise, zu viel vom »ollen
Benn« gelernt. Als dieser einmal von Reinhold Schneider
eingeladen wurde, auf einem Spaziergang über brennende
gesellschaftliche Fragen und die rettenden Möglichkeiten

der Dichtung zu sprechen, gab er ihm die lieblose Antwort, er glaube nicht, dass man Probleme durch gemeinsames Herumlaufen lösen könne.

Wie auch immer, nach der »Notizbuch«-Zeit kannte man mich in Bayern, zumal meine Arbeit beim Publikum gut ankam. 1975 hatte das Notizbuch täglich 290 000 Zuhörer, 1981 waren es 470 000. Als 1982 die Nachfolge von Gunthar Lehner als Hörfunkdirektor anstand, brachte man meinen Namen ins Spiel. Ich war dafür viel zu jung und auch hierarchisch (ich war gerade mal Abteilungsleiter) noch längst nicht dran. Der damalige Intendant war Reinhold Vöth, ein aufgeklärter, lebensfroher Konservativer aus Franken, der 1972 als Staatssekretär aus dem Bayerischen Arbeitsministerium in den BR kam und am Beginn seiner Intendantenlaufbahn mit dem Journalismus nicht viel im Sinn hatte. Im Lauf der Jahre hat er sich aber zu einer Galionsfigur des öffentlich-rechtlichen Rundfunks entwickelt und die Fahne des BR gegen alle Widerstände auch in der eigenen Partei hochgehalten. Dieser Reinhold Vöth also, der mich sehr mochte, ließ mich kommen und eröffnete mir in seinem breiten fränkischen Dialekt, dass es Leute gebe, die mich als Nachfolger von Gunthar Lehner sehen wollten. »Aber des geht net«, sagte er, »dafür san Sie viel zu jung. Was könne mer denn da mache?« Mein vorsichtiger Hinweis, dass einer der bedeutendsten deutschen Kaiser des Mittelalters, Heinrich VI., mit sechsunddreißig Jahren schon tot war, entlockte ihm nur ein brummeliges »Mir san aber net im Mittelalter«. Daraufhin entwickelte ich eine andere Idee. Ich will meinen Einfluss auf Reinhold Vöth nicht überbewerten, aber er schlug nach unserem Gespräch dem Rundfunkrat vor, Gustava Mösler zur neuen Hörfunkdirektorin zu berufen. Sie wurde mit großer Mehrheit gewählt und ernannte mich 1983 zum Chefredakteur und Hauptabteilungsleiter für Politik und Wirtschaft. Drei Jahre später ging sie in Pension, und ich wurde ihr Nachfolger. Ich saß von da an am Schreibtisch von Walter von Cube und hielt am 31. Dezember 1986 meine erste Silvesteransprache. Meine Mutter sagte mir ein paar Tage später am Telefon, dass sie mich in Rickenbach gehört und dabei geweint hätte. Später habe ich ihr noch eine Freude gemacht. Unter leichtem Missbrauch meiner Amtsgewalt ließ ich zu ihrem siebzigsten Geburtstag im BR-Glückwunschkonzert einen Titel spielen, der in ihrer Jugend zu ihren Lieblingsliedern gehört hatte. »Der Fremdenlegionär«, längst vergriffen und nirgends mehr zu hören. Im BR-Schallarchiv haben wir ihn gefunden. »Gefangen in maurischer Wüste / liegt ein sterbender Fremdenlegionär. / Seine Augen nach Norden gerichtet, / seine Heimat die sieht er nicht mehr.« Dann ziehen irgendwelche Schwalben nach Norden und kehren ohne Gruß wieder. Und »jenseits am Ufer des Rheines« wartet eine trauernde Mutter. Ein furchtbarer Kitsch, der zu Recht weder vorher noch nachher je gespielt worden ist. Meine Mutter hatte sicher wieder Tränen in den Augen.

Von Reinhold Vöth, der bestimmt kein Intellektueller war, ist mir übrigens ein Satz in Erinnerung geblieben, den man ihm gar nicht zugetraut hätte. »Dr. Raidr«, hat er einmal zu mir gesagt, »in unserm Gewerbe wird ma entweder zinisch oder depressiv. Und depressiv wer mer ned.«

»Pferde auf der Fahrbahn«

Wenn ich heute überlege, was ich, von Radiosendungen und Fernsehfilmen abgesehen, dem BR Gutes gebracht habe, dann sind es vor allem zwei Dinge: »B5 aktuell« und Thomas Gottschalk.

Anfang der siebziger Jahre war ich auf der Nobelpreisträgertagung in Lindau. Das war für einen Wissenschaftsredakteur des Bayerischen Rundfunks ein Pflichttermin. Weil ich am nächsten Tag eine Sendung hatte, fuhr ich abends mit dem Auto zurück nach München. Ich hörte »Bayern 3«, die neu gegründete Servicewelle des BR. Leichte Musik, Nachrichten, Verkehrsdurchsagen. Man brauchte nur mit halbem Ohr zuzuhören. Diesem halben Ohr fiel bei einer dieser Verkehrsdurchsagen etwas auf. Ich drehte lauter, aber da war es schon vorbei. Bei der nächsten Durchsage hörte ich genauer hin. Was war denn das? In den üblichen langweiligen Sound und die immer gleichen Formulierungen mischte sich etwas bis dato Unerhörtes. Da machte sich einer einen Jux mit den Verkehrsmeldungen: »Achtung Autofahrer auf der Autobahn Starnberg-Garmisch: Vor Seeshaupt befinden sich Pferde auf der Fahrbahn!« Bis dahin war es okay, aber jetzt: »Wenn Sie vorbeikommen, halten Sie bitte ein Büschel Heu aus dem Fenster!« Ich hörte weiter zu. Der junge Mann war von ansteckend guter Laune, hatte einen ganz eigenen Tonfall, fiel völlig aus dem Rahmen der gängigen Moderatorenroutine. Am nächsten Morgen fragte ich nach, wer gestern Abend in »Bayern 3« Dienst gehabt hatte. Das sei ein gewisser Thomas Gottschalk gewesen, hieß es, er sei Student und verdiene sich als Stationssprecher ein Zubrot. Dies war der Beginn einer Beziehung, die bis heute andauert und die Gert Heidenreich in seiner Gottschalk-Biographie so beschrieben hat: »Gottschalk hatte, ohne dies zunächst zu wissen, einen neuen Fürsprecher im Haus: Dr. Udo Reiter, noch am Beginn seiner Rundfunkkarriere. Ein junger, ehrgeiziger Konservativer, der in den nächsten Jahren ungewöhnlich rasch in Spitzenpositionen gelangen ... sollte. Der im BR von vielen als Hardliner eingeschätzte Reiter hatte ein zweites, gleichsam bubenhaftes Gesicht: er ist in die anarchische

Leichtigkeit von Thomas geradezu vernarrt und weiß, dass man ein solches Talent nicht mit der normalen Personalelle messen darf.«

Das haben nicht alle im BR so gesehen. Die »anarchische« Komponente, die Gottschalk zweifellos hatte, hat bei einigen Sender-Monarchen zum Teil erbitterten Widerstand ausgelöst. Josef Othmar Zöller, der B3-Chef, kämpfte für die Reinheit seiner Verkehrsdurchsagen und war der festen Überzeugung, dass humoristische Einlagen die Verkehrssicherheit gefährden würden, den konservativen Musikgestaltern war Gottschalks Musikgeschmack viel zu progressiv und unbayerisch, und wieder anderen passte die ganze Richtung nicht. »Gottschalk, Sie sollen moderieren, nicht plaudern«, sagte einer. Er hat es seinen Gegnern leicht gemacht und ihnen die Munition frei Haus geliefert. So waren beispielsweise die Rundfunkratssitzungen in München öffentlich. Jeder konnte hin. Mir schwante nichts Gutes, als ich ihn eines Sitzungstages mit seiner umgedrehten Baseballmütze auf der Zuschauertribüne sitzen sah. Und prompt begann er am nächsten Tag seine Sendung mit einem entsprechenden Bericht: »Ich war gestern im Rundfunkrat. Ihr wisst wahrscheinlich nicht, was das ist. Am besten stellt ihr euch das vor wie eine Mischung aus Zentralkomitee und Elferrat.« Ich durfte nicht zugeben (der Rundfunkrat war ja mein Aufsichtsgremium), dass ich diese Beschreibung nicht nur witzig, sondern auch extrem zutreffend fand. Sie traf ins Schwarze (natürlich nur in Bezug auf den damaligen Rundfunkrat des BR!) und löste im ganzen Haus sardonisches Gelächter aus. Außer bei den Betroffenen. Prälat Henrich, Vorsitzender des Hörfunkausschusses und Intimfeind von Gottschalk, eröffnete die nächste Sitzung und fragte, ob es inzwischen üblich sei, dass die Vertreter der demokratischen Gesellschaft in den Rundfunkräten von freien Mitarbeitern im Programm öf-

103

fentlich diffamiert und diskreditiert würden? Er verlangte strengste Sanktionen. Ich stotterte etwas vom König und seinem Hofnarren, der ja auch ungebührliche Dinge sagen durfte, ohne gleich geköpft zu werden, und versicherte dem Herrn Prälaten, dass ich Gottschalk einen strengen Verweis erteilen und in seine Schranken verweisen würde. Als der Delinquent das nächste Mal in meinem Büro auftauchte, setzte ich zu einer entsprechenden Verwarnung an, die aber in wechselseitigem Gelächter unterging.

Ich habe Thomas Gottschalk, der mich dafür netterweise heute noch öffentlich lobt, aus Überzeugung in Schutz genommen. Er war ein Radiogenie, ein begnadeter Entertainer, das mit Abstand größte Talent auf diesem Sektor, das mir in meiner langen Laufbahn begegnet ist. Seine Schlagfertigkeit, die inzwischen ja einem Millionenpublikum bekannt ist, hat ihn schon damals ausgezeichnet. Er kam immer gegen 16 Uhr nach seiner »B3 – Radioshow« auf einen Sprung in mein Büro, um Hallo zu sagen. Eines Tages saßen drei Generäle vom Oberkommando Nato-Südost zu irgendeinem Antrittsbesuch bei mir auf dem Sofa. Gottschalk kommt herein, sieht die Herren mit ihren Uniformen und Ordensspangen und sagt fröhlich: »Ah, die Feuerwehr!« Ein andermal rief während seiner Sendung eine Hörerin an: Sie habe eine Schlange in ihrem Gartenhäuschen, was sie denn tun solle. Gottschalk ließ sich die aufgeregte Dame in die Sendung geben und fragte sie zunächst, ob sie denn sicher sei, dass es sich um eine Schlange und nicht um einen Gartenschlauch handle. Dann führte er ein Schlangenbekämpfungsgespräch mit ihr, das in die BR-Geschichte einging. Von ein paar engherzigen Funktionären abgesehen haben ihm auch Leute, die von seinen Scherzen direkt betroffen waren, diese nie übel genommen. Das hängt wohl damit zusammen, dass seine Späße und seine Bemerkungen nie gehässig oder bösartig waren. Dazu mag

Gottschalk die Leute zu sehr. Die Herzlichkeit, die er ausstrahlt und die bei vielen Showgrößen mehr oder weniger gekonnte Schauspielkunst ist, kommt bei ihm von innen. Er war damals so, und er ist immer noch so. Freundlich, gescheit, gebildet, lebenslustig, hilfsbereit, harmoniebedürftig und mit einer ausgeprägten Allergie gegen Sektierertum und Miesepeterei. Ich habe nie jemanden erlebt, den eine große Medienkarriere so wenig verändert hat wie ihn.

Die »B3 – Radioshow« ist längst zu einer Radiolegende geworden: 14 bis 16 Uhr Gottschalk, 16 bis 17.30 Uhr Günther Jauch. Die Übergangsdialoge zwischen den beiden wurden zu einem Ritual, auf das halb Bayern jeden Nachmittag wartete, und zwar »quer durch die Generationen, die Bildungsschichten, die Berufsgruppen« (Gert Heidenreich). Jauch kam ins Studio, mokierte sich über Gottschalks Aussehen und las aus Hörerbriefen vor, die Gottschalk kritisierten. Der konterte mit Briefen, die ihn lobten und Jauch herabsetzten, und machte sich über Jauchs Biederkeit lustig. Ein Feuerwerk. Die beiden hatten mit ihrer Sendung wesentlichen Anteil daran, dass die aufkommenden Privatsender (allein in München waren es elf Stück) den Bayerischen Rundfunk nicht ernsthaft gefährden konnten. »Montags ist der Papi blau, drum hört die Mami Radioschau«, so fing Gottschalk die Radioshow-Woche an.

Es gab hinter dieser glänzenden Fassade allerdings auch eine hässliche Seite. Im Rundfunkrat wurde von seinen Feinden ein Dossier gegen Gottschalk angelegt und auch im Haus gab die Anti-Gottschalk-Fraktion keineswegs klein bei. Um dieser Bewegung den Wind aus den Segeln zu nehmen und auch die konservativen Radiobedürfnisse zu befriedigen, setzte ich Claus-Erich Boetzkes, der heute in der ARD die 17-Uhr-Nachrichten präsentiert und als Professor in Ilmenau Studenten in Medienwissenschaft unter-

richtet, als Unterhaltungschef ein. Er stand für ein populä-
res Musikprofil, allerdings mit der Auflage, die Radioshow
unbehelligt zu lassen. Das ging eine Weile gut, aber nicht
auf Dauer. Irgendwann eskalierte der »Musikkrieg um Bayern 3«, wie eine Münchner Zeitung es nannte, und wurde
in die Öffentlichkeit getragen. Gottschalk war zurückhaltend, aber Günther Jauch, dem inzwischen das ZDF eine
Show angeboten hatte, ging in die Vollen. In einem Interview mit der »Münchner Abendzeitung« griff er den armen Boetzkes und mit ihm gleich die gesamte Personalpolitik des BR scharf an. Ich habe daraufhin einen von zwei
personalpolitischen Fehlern gemacht, die mir in meiner
Laufbahn passiert sind. Vom zweiten wird noch die Rede
sein, der erste war: Ich setzte Günther Jauch den Stuhl vor
die Tür. Ich habe das später verdrängt, aber es war so. Er
hat mir erst kürzlich eine Kopie meines damaligen Briefes
gezeigt: »Ich empfinde Ihr Verhalten als grobe Illoyalität
und möchte Sie bitten, Ihren ohnehin geplanten Abschied
vom Bayerischen Rundfunk nun sofort zu nehmen. Sie
wissen, dass der BR immer bemüht war, Ihnen optimale
Arbeitsbedingungen einzuräumen ... Nachdem Sie auf
dieser Basis über Bayern hinaus Karriere gemacht haben,
hätten Sie es eigentlich nicht nötig gehabt, sich bei Ihrem
alten Arbeitgeber mit einem Fußtritt zu verabschieden.«

Das war unangemessen und überflüssig. Man wirft einen
guten Mann nicht raus, nur weil er das Recht auf freie Mei-
nungsäußerung etwas exzessiv wahrgenommen hat. Aber
ich war jung und rigoros und wollte mir von niemandem
etwas gefallen lassen, auch nicht von einem erfolgreichen
Moderator. Inzwischen habe ich mich bei ihm entschuldigt, und er hat mir zur Versöhnung ein paar Flaschen
Riesling von seinem Weingut geschickt. Den Münchner
Privatsendern wird der Streit recht gewesen sein. Auch
Thomas Gottschalk war auf Dauer nicht zu halten. Aber

sein Abschied war karrierebedingt und verlief ohne Zer-
würfnis. Im Gegenteil, wir sind bis heute in best terms,
und dass er nach »Wetten, dass …« wieder zur ARD zu-
rückkehrte, war trotz des Misserfolgs von »Gottschalk
live« für mich auch persönlich ein großes Vergnügen.

»B5 aktuell«, der Informationskanal des Bayerischen
Rundfunks, hat eine Vorgeschichte. Ich war im Frühjahr
1989 bei einem Kongress der Europäischen Rundfunk-
union in Paris. An einem Nachmittag saß ich in einem Café
auf dem Montmartre. Im Hintergrund lief ein Radio mit einem merkwürdigen Programm. Ich kann kaum Französisch, aber ich merkte, dass dort ständig Nachrichten liefen. Immer mal etwas dazwischen, das ich nicht verstand,
dann wieder Nachrichten. Das machte mich neugierig.
Wieder zurück in München, begann ich zu recherchieren
und fand heraus, dass es sich um »France Info«, den ersten
europäischen Informationskanal, gehandelt haben musste.
Er war 1987 nach amerikanischem Vorbild in Paris frank-
reichweit auf Sendung gegangen. Was dann geschah, schilderte Gerhard Friedl, der damalige Hörfunkchefredakteur
des BR, in seinen Erinnerungen so: »B5 aktuell! Es war
Udo Reiters Idee. Der Hörfunkdirektor hatte mir einen aus-
führlichen Zeitungsartikel über France Info zugeschickt,
ein Informationsradio, das im 20-Minuten-Takt Nachrichten und Informationen in ständiger Fortschreibung sendet.
Reiters Frage auf dem Zeitungsausschnitt: ›Können wir so
etwas?‹« Ich schrieb an den Rand des Artikels: ›Besser!‹
Mein Chef brummte zwar etwas von ›Angeber‹, aber wir
flogen nach Paris, um uns kundig zu machen.« So war es.
Weil auch Gerhard Friedl nicht Französisch konnte, nahmen wir Frau Czech mit, meine Referentin, die einige Jahre
in Frankreich gelebt hatte und fließend Französisch
sprach. Wir setzten uns nochmals in das Café am Mont-

martre und ließen uns von ihr stundenlang die einzelnen Blöcke übersetzen. Vorsichtshalber hatten wir uns auch schon einen Termin bei Radio France reservieren lassen. Dort erklärte uns ein freundlicher französischer Kollege Struktur und Arbeitsweise dieser Welle. Keine Musik, alle zwanzig Minuten Nachrichten, dazwischen feste Rubriken: Wirtschaft, Rechtsberatung, Sport, Stellenangebote, Kino, Reisetipps etc. Kein Beitrag länger als zwei Minuten. Keine Kommentare. »Wir kommentieren nicht, wir informieren«, sagte man uns.

Zurück in München, vergab ich sofort Arbeitsaufträge. So ein Programm wollte ich unbedingt beim Bayerischen Rundfunk einführen. Damals war die Rundfunkarbeit noch weit weniger bürokratisch als heute. Man brauchte keinen Dreistufentest (das ist das absurd aufwendige Verfahren, mit dem man sich heute jede Neuerung im Programm genehmigen lassen muss), und die Gremien waren unkompliziert und kooperativ. Der BR stellte sechzig neue Mitarbeiter ein – als Crew für »CNN auf Bayerisch«, wie Gerhard Friedl das Unternehmen nannte. Schon am 6. Mai 1991 konnte das neue Programm auf Sendung gehen. Slogan: »B5 aktuell. Die schnellste Art, Bescheid zu wissen«. Am Anfang sendete B5 von 6 bis 24 Uhr, Sonntag von 7 bis 22 Uhr. Es gab auch Pannen. Eine davon kann man nur in Bayern verstehen. An Fronleichnam hat sich die Redaktion in gut katholischer Tradition freigenommen und einfach das Musikprogramm von Bayern 3 aufgeschaltet. Die »FAZ« nannte B5 daraufhin »den komischsten Rundfunksender der Welt«. Aber egal, wir waren da, der erste Informationskanal im deutschen Rundfunk. Er wurde zum Vorbild für eine ganze Reihe von Informationsprogrammen bei anderen Sendern und war die letzte große Innovation auf dem klassischen Radiomarkt. Natürlich habe ich das Konzept ein Jahr später mit nach Leipzig genommen. Seit Januar 1992 war von dort das Nachrichtenradio »MDR Info« in Mitteldeutschland zu hören und übernahm, kleine Pointe, auch die Nachtversorgung der bayerischen Hörer auf »B5 aktuell«.

Der Mann von der Frau Lehrer

Auch privat hatte sich einiges getan. Als Lehrerin in Maisach im Kreis Fürstenfeldbruck war meine Frau in den umliegenden Bauerndörfern eine Respektsperson. Der Herr oder die Frau Lehrer galt da noch etwas. Wir gingen öfters in die Dorfwirtschaften zum Essen. Auf diese Weise kam ich in Kontakt zur Urbevölkerung. »Ah, Sie sind der Mann von der Frau Lehrer«, war allerdings eine Begrüßung, an die sich der angehende Medienstar, für den ich mich hielt, erst gewöhnen musste. In Rottbach, einem 1200 Jahre alten Dorf, in das schon Karl der Große einen Königsboten geschickt hatte, um einen Streit zwischen den Söhnen des Dorfgründers zu schlichten, lernte ich den Huber Peter kennen, den reichsten Bauern am Platz. Wir kamen ins Gespräch, und als ich ihm erzählte, dass ich auf einem Dorf groß geworden sei und gern wieder aufs Land ziehen würde, meinte seine Frau Rosa, dass man doch ein schön gelegenes Grundstück am Dorfrand habe, das man der Frau Lehrer verkaufen könne. Wir wurden handelseinig, und ein Jahr später, 1975, hieß unsere Adresse: Rottbach, Haus 36. Finanziell war der Hausbau grenzwertig. Ich hatte damals Angst, den Briefkasten aufzumachen, weil jeden Tag eine neue Rechnung in der Post war. Zum Glück konnte man als freier Mitarbeiter bei den deutschen Rundfunkanstalten ganz gut verdienen, vor allem durch Mehrfachverwertung. Ich schrieb Sendungen auf Teufel komm raus und verkaufte sie an den Deutschlandfunk und fast alle ARD-Sender. Vor allem Fred Boguth vom Sender Freies Berlin bin ich heute noch dankbar. Er musste mit seiner Sendung »Das Thema« täglich eine halbe Stunde Programm füllen und war ein zuverlässiger Abnehmer. Buchbesprechungen machte ich besonders gern für ihn, da konnte man die Hälfte der Sendung mit Zitaten bestreiten und kam zügig voran.

In diesem Jahr starb mein Vater. Obwohl sein Stammapostel längst tot war und die Gemeinde nicht wie versprochen zu seiner Lebenszeit in den Himmel geholt wurde, hatte mein Vater bis zum Schluss an seinem merkwürdigen Glauben festgehalten. Dies sei die letzte schwere Prüfung, war die Sprachregelung, mit der die Neuapostolischen das Desaster zu kaschieren versuchten. Mit Rücksicht auf den väterlichen Glauben war ich pro forma in seiner Kirche geblieben. Einen Austritt seines ältesten Sohnes hätte er als schweres persönliches Versagen empfunden. Das wollte ich ihm nicht antun. Jetzt, nach seinem Tod, bereinigte ich diese krumme Front und wurde katholisch. Nicht aus Gläubigkeit, sondern eher aus Ordnungssinn. Bayern war katholisch, und ich mochte seine Barockkirchen und Fronleichnamsprozessionen, bei denen in Rottbach der Huber Peter immer den Himmel trug. Dazu kam, dass mich als gelernten Mittelalter-Historiker die kulturelle und politische Bedeutung der römischen Kirche im Abendland immer fasziniert hatte. Der Kaiser als Führer der Christenheit zum ewigen Heil, das war ein Politikverständnis, das mich in seiner radikalen Andersartigkeit zu heutigen Politkonzepten interessiert hat. Der Begriff katholischer Atheist dürfte meine Religiosität vermutlich bis heute am besten charakterisieren. Kulturkatholik, könnte man freundlicher sagen.

Franziska Gustava

Am 20. August 1982 kam im städtischen Krankenhaus München-Pasing meine Tochter zur Welt. Ich weiß, dass ein solches Ereignis bei einem Querschnittgelähmten Fragen provoziert, nicht offen, das wäre ja taktlos, aber hinter vorgehaltener Hand. Ich habe die entsprechenden Blicke damals sehr wohl zur Kenntnis genommen. Es war ja in der Tat so, dass querschnittgelähmte Männer früher zeugungsunfähig waren und keine Kinder in die Welt setzen konnten. Dass sich die Medizin dieser Problematik annahm und Verfahren entwickelte, die nicht nur Sex möglich machen, sondern auch zu einer Ejakulation verhelfen, war dem schon erwähnten Ludwig Guttmann und seinen Nachfolgern zu verdanken. Heute kann nahezu jeder querschnittgelähmte Mann, der dies will, durch Elektrostimulation zu eigenem Nachwuchs kommen.

Ich habe mich über die erfolgreiche Schwangerschaft meiner Frau wahnsinnig gefreut. Bei der Geburt war ich trotzdem nicht dabei, das war mir zu modernistisch. Ich habe meine Frau zwar morgens um vier in die Klinik gefahren, dann aber zu Hause neben dem Telefon auf den befreienden Anruf gewartet. Dass sie dann sagte: »Es ist ein Mädchen, aber sie sieht aus wie ein kleines Äffchen«, fand ich sehr unpassend. Wer meine Tochter kennt, weiß, dass dieser erste Eindruck ihrer Mutter völlig falsch war. Es wurde ein schönes Mädchen, das wir auf den Namen Franziska und, nach der Patentante Gustava Mösler, mit zweitem Namen Gustava taufen ließen.

Ich war, um das auch gleich abzuhandeln, ein schlechter Vater. Zwar habe ich sie gelegentlich ins Bett gebracht und ihr »Guten Abend, gut Nacht, mit Röslein bedacht« vorgesungen. Die Stelle »morgen früh, wenn Gott will« erregte immer große Heiterkeit bei ihr, weil mein Versuch, bei dem »früüüh« die nötige Höhe zu erklimmen, offenbar schon bei einem Kleinkind parodistisch wirkte. Später, als sie Probleme hatte, ein ordentliches »f« auszusprechen, habe ich auf Rat des Logopäden mit ihr Kerzen ausgepustet. Manchmal sind wir auch zusammen Rollstuhl gefahren. Ich hab sie auf den Schoß genommen und bin mit ihr die Dorfstraße hinuntergesaust. Einmal sind wir umgekippt. Das Kind lag im Graben, ich auf der Straße, der Rollstuhl trotzig zehn Meter weiter. Die Mutter hat mit uns geschimpft, aber wir mussten furchtbar lachen.

Im Garten hat Franziska unter meiner Anleitung mit einer Gartenschere und großem Vergnügen rote Nacktschnecken auseinandergeschnitten. Der Rekord stand bei 72 Stück. Das war es dann aber schon mit meinen pädagogischen Leistungen. Der Beruf ging mir immer vor, und dass ich später ohne Rücksicht auf Frau und Kind nach Leipzig ging, war kein väterliches Ruhmesblatt. Es gibt einen Brief meiner dreizehnjährigen Tochter, den ich aufgehoben habe und der mich heute noch beschämt, wenn ich ihn lese:

Hi Papa!
Wie geht's, wie steht's? Mir geht es bis auf den Schnupfen ganz gut. Er geht einfach nicht weg.
Ich fände es besser, wenn du hier wärst! Weil, wenn ich echt mal Probleme habe, dann will ich nicht telefonieren. Bloß jetzt brauchst du auch nicht kommen, es ist nämlich schon viel zu spät. Bei dir kommt immer erst dein Rundfunk. Du sagst nie mal zu irgendeinem Typen: »Ich kann nicht kommen, ich muß zu meiner Familie«, sondern du sagst immer zu uns: »Da geht's nicht, und da geht's nicht, da hab ich das und jenes.« Wir kommen immer zuletzt und das find ich echt Scheiße (Entschuldigung) ... Ich möchte, dass auch mal wir an erster Stelle kommen und dann erst

dein Rundfunk. OK? Übrigens, das hat mir nicht die Mama eingeredet, das kommt ganz allein von mir. Schreib doch mal, was du dazu sagst.

Tschau
Franziska

Ich weiß nicht mehr, was ich ihr geantwortet habe. Viel wird es nicht gewesen sein. Später, als sie schon etwas besser damit umgehen konnte, hat sie, wenn etwas schiefging, mir immer spitz entgegengehalten: »Kein Wunder, ich wachse ja ohne Vater auf.« Sie hat trotz meines Versagens als Vater eine Banklehre gemacht und danach ein Studium abgeschlossen. Heute lieben wir uns. Ich glaube, sie hat mir verziehen. Dafür habe ich mit Fassung hingenommen, dass sie mich zum Großvater gemacht hat. Nach einem Martin Reiter 1832, einem Sebastian 1879, einem zweiten Sebastian 1913, einem Udo 1944 und einer Franziska 1982 hat nun 2012 ein Leopold den Stab übernommen.

Das Dorfleben in Rottbach war bayerisch-deftig und immer generationenübergreifend. Mein Nachbar, der alte Steinhart, gehörte ebenso dazu wie die Vorschulkinder. Erst war man im Burschenverein, später im Krieger- und Veteranenverein, in dem ich heute noch Mitglied bin. Wenn einer starb, stand die Abordnung des Vereins am offenen Grab und senkte die Fahne. Dazu spielte die Blaskapelle »Ich hatt' ein Kameraden«. Das hat mich so beeindruckt, dass ich mir vorsorglich schon ein Grab auf dem Rottbacher Friedhof gekauft hatte. Später habe ich es allerdings wieder zurückgegeben. »Sehr geehrter Herr Pfannes«, schrieb ich damals an den Kirchenvorstand, »durch eine Veränderung meiner Lebensumstände werde ich das Grab Nr. III/4/1 auf dem Friedhof in Rottbach nicht in Anspruch nehmen. Ich bitte Sie daher, meine Reservierung aufzuheben.«

Dorffeste waren häufig, im Sommer fast jedes Wochenende. Es wurde gegrillt, die Frauen hatten Salat gemacht,
und die Bierfässer wurden nicht zu knapp »ozapft«. Nach
dem Essen wurde gesungen. Das Kufsteiner Lied, bei dem
die Huber Rosa immer den Kuckuck machen musste (nur
für Einheimische verständlich), das Wiener Gefängnislied,
dessen Vers von der »alten Kupplerin, die dran vorüber-
ging«, meinem Nachbarn, dem alten Steinhart, besonders
ans Herz gewachsen war. An der Stelle »die dacht in ihrem Sinn, da war ich a scho drin / es is a hartes Los, wenn
man verriegelt is / denn nur die Freiheit is das Paradies« liefen ihm regelmäßig die Tränen über die faltigen unrasier-
ten Wangen. Und dann das Panzerlied. Ich zögere, das zu-
zugeben. So etwas singt man eigentlich nicht. Auf meinen
vorsichtigen diesbezüglichen Hinweis haben mir die Rottbacher aber erklärt, dass das Lied im offiziellen Lieder-
buch der Bundeswehr enthalten sei und auch im österrei-
chischen Heer gesungen werde. Der Text ist kräftig: »Obs
stürmt oder schneit, ob die Sonne uns lacht, / Der Tag glü-
hend heiß oder eiskalt die Nacht. / Bestaubt sind die Gesichter, doch froh ist unser Sinn; / Es braust unser Panzer
im Sturmwind dahin.« In den folgenden Strophen stößt
man »tief in die feindlichen Reihn«, und wenn einen »die
Todeskugel trifft«, wird der Panzer zum »ehernen Grab«.
Das Ganze zu einer eingängigen Melodie, so dass unsere
Tochter offenbar keine Mühe hatte, sich alles einzuprägen.
Es war meiner Frau furchtbar peinlich, als irgendwann die
Kindergärtnerin bei uns klingelte und erschrocken fragte,
in welchen Kreisen denn die Franziska verkehre? Sie hatte
im Kindergarten das Panzerlied gesungen. Ich fürchte, sie
kann es heute noch.

Rollstuhlgeschichten

Das alles klingt jetzt ein wenig heiterer und leichter, als es war. Ich saß im Rollstuhl, und dass es da Tag für Tag trotz positiver Gesamtbilanz beträchtliche Reibungsverluste, Beschwernisse und auch Verletzungen innerer und äußerer Art gibt, liegt auf der Hand. Gelähmten-Kitsch wie in dem Film »Ziemlich beste Freunde« kommt im wirklichen Leben eher selten vor. Der Film, der auf einer wahren Geschichte basiert, schildert die Freundschaft zwischen einem vollständig gelähmten steinreichen Franzosen und seinem armen Pflege-Neger, und zwar unter konsequentem Verzuckern aller Schwierigkeiten. Wahrscheinlich deshalb war er in Frankreich und Deutschland ein großer Kinoerfolg. Ich habe andere Erfahrungen gemacht. Wolfgang Schäuble vermutlich auch. Was er 2011 für Probleme mit seiner Rollstuhlexistenz hatte, war ja öffentlich mit erlebbar. Also: ein Leben im Rollstuhl ist kein Honiglecken, man sollte es seinem schlimmsten Feind nicht wünschen. Augenblicke und oft sogar Phasen der Verzweiflung, der Wut über dieses Schicksal und des Neides auf jeden Fußgänger gibt es immer wieder. Egal ob es um Freizeitgestaltung geht, um Dienstreisen, um Sex oder um einen ganz normalen Einkaufsbummel am Samstagvormittag in der Innenstadt – man ist immer zweiter Sieger. Nichts ist selbstverständlich, alles muss erkämpft, alles der Behinderung abgetrotzt werden. Und wenn ich gelegentlich auf Nachfragen antworte, danke, ich kann nicht klagen, ich war schon beim Hochseefischen und beim Tiefseetauchen und habe die Wüste Gobi durchquert und den Dalai Lama im Himalaja besucht, dann stimmt das zwar, aber es ist nicht die ganze Wahrheit.

Kleiner Einschub: Dass der Mensch nicht für den Rollstuhl gemacht ist, zeigen schon die vielen Sprichwörter, in denen die unteren Extremitäten eine entscheidende Rolle spielen. Man fällt oder kommt wieder auf die Füße. Man steht mit dem falschen Fuß auf oder für etwas gerade. Man tritt jemandem auf den Schlips, ans Schienbein oder in den Arsch. Und so weiter. Da muss unsereiner zwangsläufig umdisponieren.

Es gibt nicht wenige Rollstuhlfahrer, die an ihrem Schicksal verzweifeln. Von den acht Leuten, die damals in Heidelberg mit mir im Zimmer lagen, haben sich drei das Leben genommen. Aber es gibt auch welche, die an ihrem Schicksal wachsen. Und manchmal ist ein Rollstuhl ja auch nützlich. Als Alleinstellungsmerkmal zum Beispiel. Die meisten Leute merken sich den Rollstuhl leichter als mich. Willy Hochkeppel, mein Kollege beim Bayerischen Rundfunk, sagte mal zu mir: »Mensch, Reiter, sei froh, du bist wenigstens unverwechselbar.« Oft waren Leute nett zu mir, die eigentlich den Rollstuhl gemeint haben: Johannes Paul II. ging bei seinem ersten München-Besuch 1980 auf mich zu und legte mir segnend die Hand auf den Kopf, Bill Clinton und sogar Michael Jackson haben mir die Hand geschüttelt und alles Gute gewünscht, einfach so. Rudolf Scharping sah mich einmal vor dem Landesfunkhaus in Magdeburg, blieb stehen und fragte jovial: »Wie kommen Sie denn so zurecht im Rollstuhl?« – »Geht schon«, sagte ich, »ich bin der Intendant.« Das war ihm peinlich.

Das Verhalten Dritter ist ohnehin ein Kapitel für sich. Es variiert zwischen krampfhaftem Übersehen und bemühter Lockerheit (»Ach, das ist wohl die Bremse?«) Auch spontane Zuwendung kommt vor. In einem Münchner Lokal gewann ein Mann am Spielautomaten eine Handvoll Münzen. Auf dem Rückweg zu seinem Tisch blieb er neben mir stehen, sah mich nachdenklich an und sagte: »Da, das ist für dich, du bist ein armer Hund.« Ich fand das nett von ihm und habe das Geld genommen. In Amerika wird

116

mir manchmal sogar ein gewisses Heldentum unterstellt. Obwohl ich wirklich nie in Vietnam gekämpft habe, wurde mir diesbezüglich schon lobend auf die Schulter geklopft. Hier in Leipzig hat mich einmal ein alter Mann gefragt: »Das ist wohl vom Krieg?«

Überhaupt das Mitleid. Ich weiß, dass es viele Behinderte gibt, die sich Mitleid strikt verbitten. Sie fühlen sich dadurch offenbar herabgesetzt und auf ihren Defekt reduziert. Ich habe das nie so recht verstanden. Es ist doch etwas Positives, wenn jemand auf Leid oder Unglück seiner Nächsten nicht mit Desinteresse, sondern mit Mitgefühl reagiert. Man kann ihm dann ja erklären, dass es nicht nötig sei, aber an der Reaktion selbst kann ich nichts Schlechtes finden. Kürzlich gab es in einem Behindertenblog eine hitzige Debatte über die Formulierung, jemand sei »an den Rollstuhl gefesselt«. Fast alle Rollstuhl-Blogger verbaten sich dieses Bild entschieden und verlangten von den Zeitungsredakteuren, solche »diffamierenden« Äußerungen zu unterbinden. Warum eigentlich? Was ist denn so falsch daran? Ich fühle mich durchaus an den Rollstuhl gefesselt. Jedenfalls komm ich nicht nach Belieben aus ihm raus. Vielleicht sollten wir ein wenig souveräner mit unserer Lage umgehen und nicht hinter jeder ungeschickten Formulierung einen Verstoß gegen die Menschenwürde wittern. Die meisten Leute sind uns ja, das ist jedenfalls meine Erfahrung, durchaus wohlgesonnen und hilfsbereit. Und manchmal wirken wir eben etwas befremdlich und überfordern die Reaktionsmuster unserer Mitmenschen. Schon die Frage, ob man sich mit einem Rollstuhlfahrer von oben herab unterhalten darf oder ob man sich zum Herstellen der Augenhöhe niederkauern muss, ist für Außenstehende schwer zu entscheiden und birgt ideologische Fallstricke. Hier ist ein wenig Mitleid unsererseits mit dem armen Gegenüber nicht verkehrt, zumal es in diesem Fall keine einfache, für jede Situation gültige Antwort gibt. Oder die Frage, ob man über behindertenspezifische Sachverhalte als Nichtbehinderter lachen darf. Ich erzähle manchmal den Witz: »Was ist ein Rollstuhlfahrer unter Kannibalen?« Antwort: »Essen auf Rädern.« Die meisten schauen dann ängstlich und überlegen, was die politisch korrekte Reaktion ist. Ich plädiere hier nachdrücklich für mehr Lockerheit auf beiden Seiten. Ich erinnere mich an eine Szene in einem Hotel in Amerika. Ich musste sehr früh aus dem Haus, verließ das Zimmer gegen fünf Uhr morgens und fuhr mit Schwung rückwärts in den Aufzug. Dass der Aufzug einen Defekt hatte und fünfzehn Zentimeter unter dem Etagenniveau gehalten hatte, war mir in der Eile entgangen. Ich kippte rückwärts in den Aufzug hinein, fiel nach hinten, der Rollstuhl auf mich drauf. Das Hotel war um diese Tageszeit noch menschenleer. An die Knöpfe kam ich nicht heran, also blieb ich erst mal liegen und wartete. Irgendwann setzte sich der Aufzug in Bewegung, fuhr ein paar Stockwerke tiefer und hielt. Die Tür ging auf, eine ältere Lady stand da, riss die Augen weit auf – kreischte und rannte davon. Der Anblick hatte sie überfordert. Will man ihr wirklich einen Vorwurf daraus machen?

Der Kuss des Maestros

Nochmals zurück zum Bayerischen Rundfunk. Als Hörfunkdirektor war ich automatisch Chef der drei »Klangkörper« des BR geworden, also des Chors, des Rundfunkorchesters und vor allem des BR-Symphonieorchesters, eines Spitzenorchesters mit internationalem Renommee. 1949 von Eugen Jochum gegründet, war bis 1979 Rafael Kubelik Chefdirigent dieses Orchesters und ab 1983, also zu meiner Zeit, Sir Colin Davis. Ich hatte von der Materie keine

Ahnung und überlegte, wie ich dieser Herausforderung einigermaßen gerecht werden könnte. Zu dieser Zeit feierte gerade ein junger Musiker und Musikmanager Triumphe. Er hieß Justus Frantz und hatte in Schleswig-Holstein ein Musikfestival begründet, das Medien und Publikum gleichermaßen begeisterte. Das gefiel mir. Ich bat ihn um einen Termin und fuhr nach Hamburg. Unser Gespräch war der Beginn einer bis heute andauernden Freundschaft. Ich habe ihn gefragt, ob er nicht Lust hätte, beim BR »Hauptabteilungsleiter Klangkörper« zu werden. Er hat herzlich gelacht, und nach kurzer Bedenkzeit gegen den Rat all seiner Mitarbeiter angenommen. Weil ich ihm so sympathisch gewesen sei, sagte er mir später. Beim BR war man begeistert. Justus Frantz war damals auf der Höhe seiner Popularität. Wir richteten ihm ein großzügiges Büro ein, mit weißem Flügel, und Justus kam. Das heißt, er kam gelegentlich. Es war natürlich eine Schnapsidee. Ein Mann wie er setzt sich nicht täglich in ein Büro am Rundfunkplatz und ordnet sich in die Hierarchie und die Bürokratie einer öffentlich-rechtlichen Rundfunkanstalt ein. Er macht auch keine Diener vor dem Rundfunkrat, so dass dieser Rundfunkrat ihm ziemlich bald ziemlich ablehnend gegenüberstand. Eines seiner Mitglieder hieß damals August Everding. Er war Intendant der Bayerischen Staatsoper und ungekrönter Herrscher der Münchner Musiksociety. Natürlich wollte er keine fremden Götter neben sich haben und witterte in Justus Frantz zu Recht eine Gefahr.

Mir war bald klar, dass das nicht lange gut gehen würde. Aber bevor es schiefging, brachten wir einige glanzvolle Höhepunkte zustande. Durch seine vorzüglichen Kontakte in die internationale Musikszene brachte Justus Frantz hochkarätige Gastdirigenten zu uns, unter anderem seinen Freund Leonard Bernstein, der ohnehin vom BR-Symphonieorchester eine hohe Meinung hatte. Ein Konzert mit ihm ging in die Geschichte ein. Nach dem Mauerfall wollten wir, das war die Idee von Justus und mir, möglichst bald mit Beethovens Neunter Symphonie ein spektakuläres Einheitskonzert im Ostberliner Schauspielhaus geben. Justus gelang es, Bernstein dafür zu begeistern, und schon Weihnachten 1989 kam das Ereignis zustande. Wir zogen am Vorabend mit dem Maestro durch das wieder geöffnete Brandenburger Tor, und er ließ dann im Konzert statt »Freude, schöner Götterfunken« »Freiheit, schöner Götterfunken« singen. Danach haben wir mit Bernstein und seiner gesamten Entourage im Hotel Kempinski am Kurfürstendamm gefeiert. Es wurde gespeist und viel getrunken, der Maestro war bester Laune, und am späteren Abend hatte ich eine denkwürdige Begegnung mit ihm. Er kam zufällig an meinem Platz vorbei, sah mich an, beugte sich zu mir herunter – und küsste mich. Aber wie! Zunge! Ich erstarrte. Nicht aus moralischen Gründen, sondern vor Schreck. Die Schockstarre verhinderte, dass ich angemessen auf seine Zuneigung reagieren konnte. Der Maestro war offensichtlich enttäuscht und zog sich mit einem verächtlichen Blick zurück. Das tut mir heute noch leid. Einen Leonard Bernstein weist man nicht ab. Zum Glück war er nicht nachtragend. Beim nächsten Schleswig-Holstein-Musikfestival verschaffte er mir den größten Egoboost meiner jungen Karriere. Ich saß bei einem der berühmten Scheunenkonzerte in der ersten Reihe. Festliche Stimmung. Alles wartete auf den Maestro. Dann kam er. Schwarzer Smoking, rotes Einstecktuch, roter Seidenschal. Aufbrausender Beifall. Er winkt ab, sieht mich in der ersten Reihe sitzen und ruft laut: »Oh my friend Judo!« Obwohl ich ihn nicht zurückgeküsst hatte. Später habe ich erfahren, dass Bernstein für seine Kuss-Attacken berüchtigt war. Vor einer Papst-Audienz hat ihm daher ein Freund geschrieben: »Denk dran, Lennie, den Ring, nicht die Lippen!«

Als Justus Frantz dem Bayerischen Rundfunk wieder den Rücken gekehrt hatte, machte man sich beim BR über meine ambitionierte Personalpolitik lustig. »Der Reiter hat zwei neue Leute engagiert«, hieß es, »Alfons Schubeck für die Kantine und Niki Lauda für die Tiefgarage.«

Ein Problem für die Klangkörper war, dass der Intendant Reinhold Vöth die echte bayerische Volksmusik liebte, aber nie in ein Konzert seines Symphonieorchesters ging. Colin Davis war zunehmend beleidigt. Das Nicht-Verhältnis drohte zum Thema zu werden. Ich lud deshalb die beiden zu einem Abendessen ein. Möglicherweise, wenn sie sich persönlich näherkämen ... Es ging ganz gut. Beide tranken zum Glück gern und viel, so dass die Stimmung zunehmend entspannter wurde. Schon leicht lallend, sagte schließlich Colin Davis zu Vöth: »Wissen Sie eigentlich, dass ich der größte lebende Dirigent der Missa Solemnis bin?« Darauf Vöth: »Das kann schon sein, aber ich spiel besser als Sie die diatonische Ziehharmonika«. Die beiden kamen sich an diesem Abend menschlich näher. In die Konzerte ging Vöth trotzdem nicht.

Deutschland, einig Vaterland

Der Fall der Mauer und die anschließende Wiedervereinigung hat nicht überall Begeisterung ausgelöst. Als wir in der Direktorensitzung beim Bayerischen Rundfunk das erste Mal darüber sprachen, meinte Wolf Feller, der Fernsehdirektor, der viele Jahre Korrespondent in Rom gewesen war: »Ich bin auch für die Wiedervereinigung – aber mit Südtirol.« Bei mir war das anders. Ich hielt die Teilung Deutschlands immer für ein Unglück. Als ich in Berlin studierte und mit meinem alten VW-Käfer erstmals durch die DDR fuhr und die Wegweiser »Dresden«, »Leipzig«, »Magdeburg« sah, gab es mir einen Stich. Ich erinnere mich noch genau. »Das ist doch Deutschland«, dachte ich mir, »und das kennst du nicht.« Ich habe dann in den folgenden Jahren dreimal Urlaub in der DDR gemacht. Das war für jemanden, der dort keine Verwandten hatte, ungewöhnlich und auch nicht ganz einfach. Man musste lange vorher einen Antrag mit genauem Reiseziel stellen und sich dann strikt an die von den DDR-Behörden genehmigte und in den Pass eingestempelte Route halten. Aber es ging. Damals kam ich zum ersten Mal nach Weimar, auf die Wartburg, nach Dresden und nach Leipzig. Dass dies einmal mein Sendegebiet und sogar meine Heimat werden sollte, war außerhalb jeder Vorstellung. Meine Frau war von diesen Ost-Urlauben nur mäßig begeistert. Sie wollte lieber nach Italien und hat mir beim dritten Mal mit Scheidung gedroht. Ich habe nachgegeben und bin an den Lago Maggiore gefahren.

Dafür beschäftigte ich mich ausführlich mit DDR-Literatur und gehörte zu den wenigen im Westen, denen Erwin Strittmatter, Hermann Kant oder Brigitte Reimann ein Begriff waren. Dieses Ost-Interesse hat dazu geführt, dass ich immer die obligatorischen Kommentare zum 17. Juni, dem »Tag der deutschen Einheit«, schreiben musste. »Komm, Reiter, du glaubst doch daran«, hieß es in der Redaktionskonferenz. Den Kommentar von 1983 habe ich aufgehoben. Damals habe ich kritisiert, dass der Tag von den Westdeutschen zwar immer noch gern als zusätzlicher Feiertag mitgenommen würde, dass es aber »an einem angemessenen Vollzug des Gedenktags nur noch wenig Interesse gebe«. Man habe sich mit dem neuen Wohlleben im Westen arrangiert, und als in den siebziger Jahren die sogenannte Entspannungspolitik begann, seien nationale Sehnsüchte geradezu genierlich geworden. Nationale Empfindungen hatten keine Konjunktur, waren politisch und gesellschaftlich out. Dass ich mich als junger Journalist dazu bekannte, war ungewöhnlich. Im Gegensatz zu manch anderem kann man mir in diesem Fall auch nicht unterstellen, dass ich es kalkuliert aus Karriereüberlegungen getan hätte. So etwas war nicht einmal im Bayerischen Rundfunk gefragt. Im Gegenteil, gerade in Bayern achtete man ja schon immer sehr auf Eigenständigkeit und stand gesamtdeutschen Bestrebungen eher zurückhaltend gegenüber. Das hatte schon unter Herzog Tassilo begonnen, der sich im 8. Jahrhundert gegen Karl den Großen stellte. Zweihundert Jahre später versuchte es Heinrich der Zänker gegen Kaiser Otto II. ebenso erfolglos wie nochmals zweihundert Jahre später Heinrich der Löwe gegen Friedrich Barbarossa. Auch 1871 ließen sich die Bayern nur widerstrebend ins Bismarck-Reich integrieren, und 1949 stimmten sie als einziges Land, Pardon! Freistaat, gegen das neue föderale Grundgesetz. Insofern war es zumindest historisch konsequent, dass sich auch 1991 die bayerische Begeisterung über die Wiedervereinigung in Grenzen hielt. Ich habe mich davon aber nicht beirren lassen und tapfer im Bayerischen Rundfunk das Fähnchen der nationalen Einheit hochgehalten. Weil die Thematik in meiner Biographie eine wichtige Rolle spielt, darf ich die Fortsetzung des damaligen Kommentars etwas ausführlicher zitieren:

»Ich glaube, verehrte Hörer, dass auch hier der Missbrauch einer Sache kein Argument gegen die Sache selber ist. Und ich fürchte, dass die gängigen Formeln von der Überwindung nationaler Beschränktheiten, die wohlfeilen Bekenntnisse zu Europa und die gut gemeinten Engagements in pazifistischen Bewegungen die Probleme nur verdrängen oder verdecken … Schon ein flüchtiger Blick auf die Weltkarte zeigt, dass der Nationalstaat nach wie vor das dominierende politische Organisationsprinzip ist. Andere Kategorien sind im Ernst nirgends in Sicht, und sollten sie je auftauchen, müssten sie sich erst einmal an den Leistungen des Nationalstaats messen lassen: Er brachte zumindest innenpolitisch das Ende von Fehde und Faustrecht, vom Krieg aller gegen alle, er schuf die Voraussetzung für das Entstehen moderner demokratischer Gesellschaften und wurde summa summarum zu einem konkurrenzlosen und weltweit kopierten Modell für die Verwirklichung politischer Stabilität bei gleichzeitigem Spielraum für Recht, Freiheit und soziale Sicherheit ... Die Forderung nach nationaler Selbstbestimmung ist daher auch keine reaktionäre Parole, sondern ein Grundrecht, das auch von der Uno, den Vereinten »Nationen« (!), als unverzichtbar anerkannt wird. Und von den großen, historisch gewachsenen Nationen dieser Welt sind wir derzeit die einzige, der dieses Grundrecht total verwehrt ist, die mit den Mitteln blanker militärischer Macht und diktatorischen Terrors in zwei Staaten getrennt gehalten wird.

Soll dies, verehrte Hörer, für immer so bleiben? Sollen wir uns tatsächlich resigniert und träge mit der nationalen Katastrophe von 1945 abfinden? ... Wenn man weiß, wie lange und mühsam der Weg zu einem deutschen Nationalstaat schon einmal war, wenn man die generationenalten Klagen und Sehnsüchte einmal nachliest, von Luther bis herauf zur Paulskirche, wenn man die Schicksale anderer Völker betrachtet, der Polen z.B., die fast zweihundert Jahre lang geteilt und aufgeteilt waren – dann mutet einen unsere Verzagtheit und Gleichgültigkeit nach nicht einmal vierzig Jahren schon arg kleinmütig an. Wo steht denn geschrieben, wie viele Jahrzehnte das russische Imperium überdauern wird? Wer will denn so genau wissen, welche Zukunft die beiden großen Militärallianzen tatsächlich haben werden? Hier sind langfristig viele Fragen offen. Noch ist die nationale Einheit Deutschlands nicht verloren. An uns ist es, den Willen dazu wachzuhalten und die Hoffnung darauf weiterzugeben. Ein Gedenktag im Jahr scheint mir dafür keine unerträgliche Anstrengung.«

Ich finde, das war ein ziemlich weitsichtiger Kommentar, und zwar zu einer Zeit, als dies kaum jemand sagte und dachte. Als es entgegen jeder Wahrscheinlichkeit und entgegen der klugen Prognosen fast aller politischen Journalisten 1989 in einem unglaublichen Aufbruch tatsächlich zur deutschen Einheit kam, war ich sehr bewegt. Ich bin nach der Maueröffnung hinauf nach Hof an die »Zonengrenze« gefahren und habe zugesehen, wie auf einer provisorisch angelegten Straße die Trabis und Wartburgs in einer nicht enden wollenden Schlange aus dem Nebel auftauchten und zu ihrem ersten Besuch westwärts nach Bayern rollten. Die Menschen haben einander zugewinkt, viele weinten. Es war ein großes Glücksgefühl, und ich bedauere, dass wir uns diese historische Sternstunde so schnell durch Alltagswidrigkeiten haben verderben lassen.

Wir Münchner bekamen nachbarschaftlichen Kontakt zum neu gegründeten Sachsen-Radio in Leipzig. Dort hatten junge ostdeutsche Journalisten die Chance genutzt und seit Mitte 1990 auf einer UKW-Frequenz von Radio DDR handstreichartig ein neues Programm aufgebaut, in dem mit großer Begeisterung die politische Wende begleitet wurde. Sie besuchten den Bayerischen Rundfunk und baten um Unterstützung. Wir organisierten einen Programmaustausch und kamen erstmals zum Gegenbesuch nach Leipzig. Manfred Müller, der damalige Chef des Funkhauses in der Springerstraße, lud uns in die Gosenschenke ein, wo ich zum ersten Mal die Leipziger Gose, ein obergäriges Sauerbier, probiert habe. Dass ich es in den kommenden Jahren regelmäßig trinken würde, war in jenen Tagen noch nicht abzusehen. Die Existenz des neuen Sachsen-Radios stand auf wackligen Beinen und war ständig von der »Abschaltung« durch die nach Rudolf Mühlfenzl benannte Behörde in Berlin bedroht, die mit der Abwicklung des DDR-Rundfunks beauftragt war. Manfred Müller versuchte dem zu entgehen, indem er mit dem Saarländischen Rundfunk und Radio France einen Kooperationsvertrag schloss. Jeden Freitag lief in »grenzüberschreitender Gemeinschaftsarbeit« von 20.05 Uhr bis 23.00 in allen drei Ländern die Sendung »Konzertsaal Europa«. Das war ein geschickter Schachzug und hat dem Programm das Überleben bis zum Start des MDR gesichert, aber für Müller selbst hatte es üble Folgen. Rudolf Mühlfenzl ließ sich die Eigenmächtigkeit nicht gefallen und hat ihn entlassen.

Am 14. Oktober 1990 hatte die CDU die erste Landtagswahl in Sachsen mit 53,8 Prozent gewonnen. Spitzenkandidat war Kurt Biedenkopf, der daraufhin Ministerpräsident des Freistaats Sachsen wurde. Justus Frantz war mit Kurt und Ingrid Biedenkopf befreundet und fragte mich, ob ich nicht zu einem Besuch in das Biedenkopf'sche Haus am Chiemsee mitkommen wolle. Man wisse ja nie … Ich war elektrisiert. Von einem Mann in dieser Position, der schon 1990 eine Gastprofessur in Leipzig übernommen hatte, aus erster Hand etwas über die politischen Vorgänge in der DDR zu erfahren, das war eine ungewöhnliche Gelegenheit. Der Nachmittag am Chiemsee ist dann leider ziemlich missglückt. Wir kamen auf die Medien zu sprechen, und Kurt Biedenkopf äußerte sich kritisch zum öffentlich-rechtlichen Rundfunk, den er damals als Teil einer überbordenden kollektiven »Daseinsvorsorge« eher skeptisch sah und eingegrenzt wissen wollte. Er tat das, wie man es von ihm kennt, mit rhetorischer Brillanz, was mich anspornte, unser System besonders vehement zu verteidigen. Die Sache schaukelte sich hoch, und Justus Frantz meinte auf dem Heimweg nur: »Das war wohl nichts.«

Im Frühjahr 1991 bekam ich einen Anruf aus Dresden.

Ob ich nicht einmal im Landtag vorbeischauen könnte, man möchte gerne einige Rundfunkfragen mit mir besprechen. Ich habe mir nichts dabei gedacht, die Kontakte mit Sachsenradio waren schon fast Routine geworden, um dessen Zukunft würde es vermutlich gehen. Mit Ulrich Wagner-Grey, inzwischen Chef des Hörfunk-Direktorenbüros, fuhr ich nach Dresden. Was jetzt kam, gehört zu den unvergesslichen Ereignissen in meinem Leben. Ein Pförtner brachte mich in ein leeres Besprechungszimmer. Es war zwanzig vor fünf. Die Tür ging auf, ein kleiner Mann mit rotem Gesicht und Bürstenhaarschnitt kam eilig herein und stellte sich vor: »Herbert Goliasch, Vorsitzender der CDU-Landtagsfraktion.« Er sei leider sehr unter Zeitdruck, er müsse um 17 Uhr in den Ausschuss für Kultur und Medien und dort den Abgeordneten einen Intendanten für den neu gegründeten Mitteldeutschen Rundfunk vorschlagen. »Ob ich nicht Lust hätte, das zu machen?« Noch einmal: »Ob ich nicht Lust hätte, das zu machen?« Ich war platt. Mit allerlei hatte ich gerechnet, aber damit nicht. »Wie kommen Sie denn auf mich?«, fragte ich ihn völlig verdutzt. Kurt Biedenkopf habe ihm empfohlen, mich einmal anzuschauen, war die überraschende Antwort. Biedenkopf hatte inzwischen etwas geleistet, was für die mitteldeutsche Medienlandschaft gar nicht hoch genug einzuschätzen war. Er hatte seine Kollegen in Thüringen und Sachsen-Anhalt, Josef Duchač und Gerd Gies, davon überzeugt, dass es sinnvoll wäre, zusammen mit Sachsen eine gemeinsame öffentlich-rechtliche Dreiländeranstalt zu gründen und so eine medienpolitische Kleinstaaterei zu vermeiden. Der damalige Chef der Staatskanzlei in Sachsen-Anhalt Karl Gerhold unterstützte ihn dabei. Gerhold war früher Referent des NDR-Intendanten Friedrich Wilhelm Räuker und entwarf nach dem Vorbild des NDR-Vertrags einen Staatsvertrag für den Mitteldeutschen Rundfunk. Diesen Staatsvertrag haben die drei Ministerpräsidenten am 31. Mai 1991 in Erfurt unterschrieben.

Historisch gesehen war dies die dritte MDR-Gründung. Den ersten MDR hatten Leipziger Geschäftsleute 1924 aus der Taufe gehoben. Nach dem Berliner Rundfunk war er der zweite Sender in der deutschen Rundfunkgeschichte. Er nannte sich damals MIRAG (Mitteldeutsche Rundfunk AG), eine »Gesellschaft für Unterhaltung und Belehrung« und versorgte ungefähr das Gebiet, das heute MDR-Sendegebiet ist. Die Studios (in Erfurt, Weimar, Dresden etc.) hießen »Besprechungsstellen«. 1942 haben die Nationalsozialisten die MIRAG, die zuvor schon zum Reichssender Leipzig umbenannt worden war, aufgelöst und den Rundfunk ganz in Berlin zentralisiert. Die zweite Neugründung als Mitteldeutsche Rundfunkgesellschaft gab es nach dem Krieg 1945. Ein Jahr später war Sendestart. Wilhelm Pieck, der Vorsitzende der SED, hat damals eine Grußbotschaft geschickt:

»Der Rundfunk in den Händen des Volkes gehört zu den wichtigsten Institutionen zur Gewinnung aller ehrlichen, aufrechten Menschen für den friedlichen demokratischen Aufbau. Dem Mitteldeutschen Rundfunk fällt dabei die ehrenvolle Aufgabe zu, aus der Fülle des täglichen Geschehens in den volkseigenen Betrieben den Menschen zu zeigen, wie besser, wie qualifizierter, wie sorgfältiger im Interesse der Hebung des Lebensstandards unseres Volkes gearbeitet werden kann. Mit seiner Ausstrahlungsmöglichkeit nach Westen hat der MDR die Verpflichtung, ein aktiver Rufer im Kampf für die Einheit Deutschlands ... zu sein.«

Das sah man später bekanntlich anders. 1952 wurden in der DDR die Länder aufgelöst. Auch die Landesprogramme mussten ihre Sendungen einstellen und wurden zu Bezirksstudios herabgestuft, die dem neu gegründeten Staat-

128

1 Mit Vater und Mutter, 1949

2 Erste Klasse, Volksschule, 1. Reihe: 4. v. l.: der Autor, 3. Reihe: 3. v. l.: Marion Brockhaus

3 »Versunkene Küste«. Studienfahrt in die Türkei, 1961

4 Nikolausabend 1966, das Unfallauto

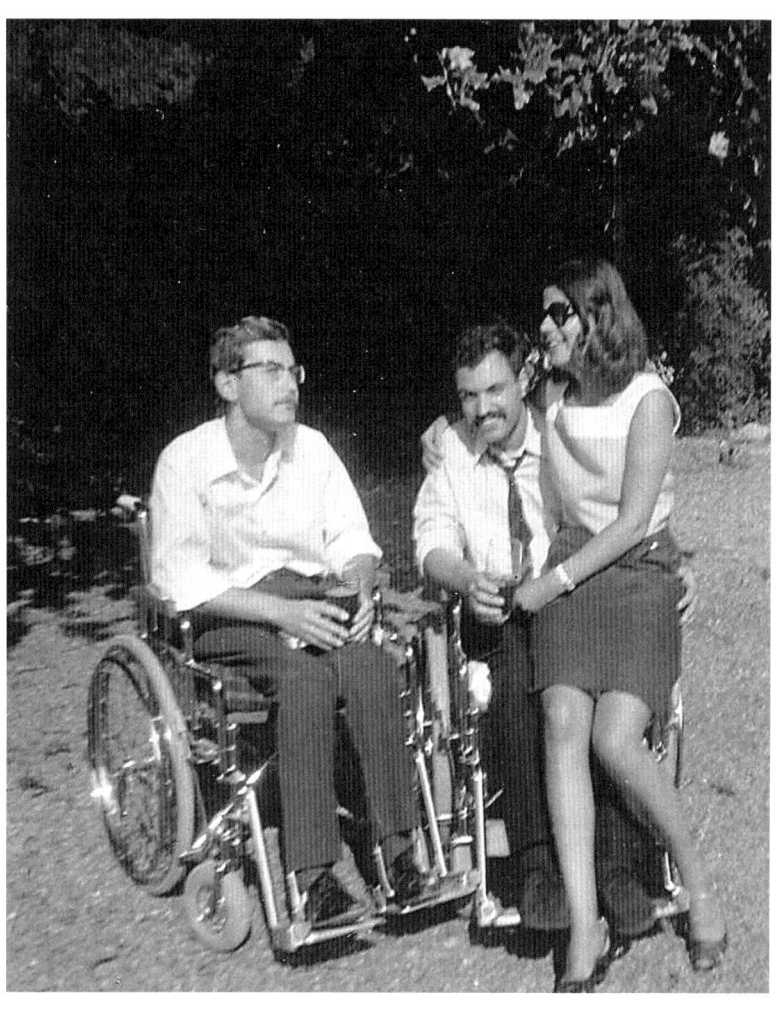

5 »The Krüppel-Brothers«, mit Eike Behrendt und meiner späteren Frau Ursula, Heidelberg 1967

6 Bleistiftkringel am Rand meiner Texte: Mit Gustava Mösler bei Konrad Lorenz, links Physik-Nobelpreisträger Manfred Eigen, Seewiesen 1972

7 Bei Golo Mann in Zürich, links Gustava Mösler, 1979

8 Erste große Reise im Rollstuhl nach Indien und Japan 1973, links mein Bruder Roland

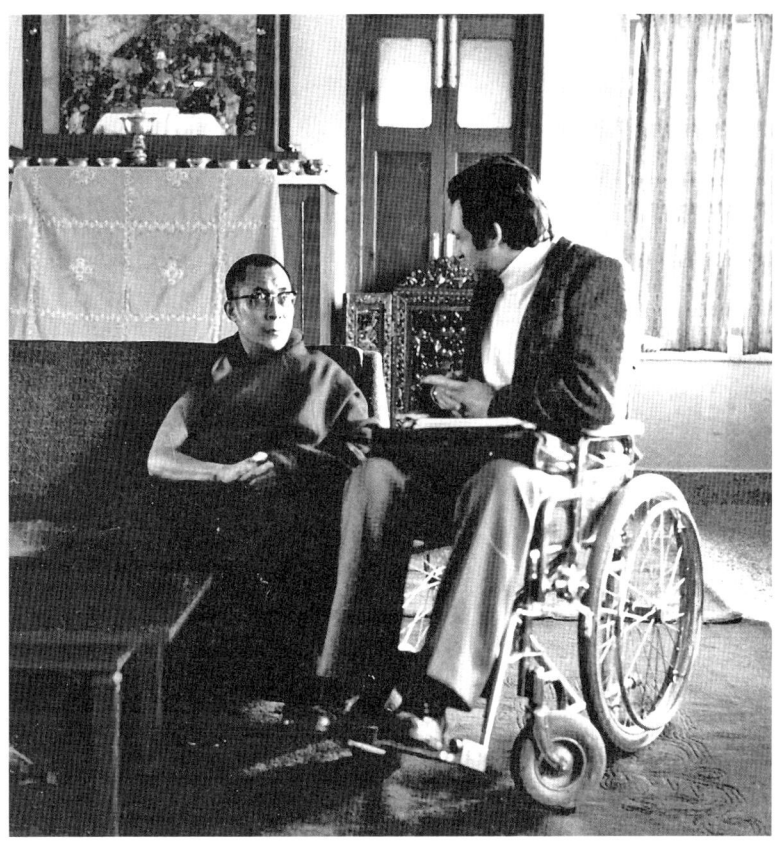
9 Die rechte Gesichtshälfte war unrasiert. Interview mit dem Dalai Lama in Dharamsala, 1973

10 Mit Tochter Franziska, 1984

11 Franz Josef Strauß zu Besuch in der Redaktionskonferenz des Bayerischen Rundfunks (rechts Intendant Reinhold Vöth), 1984

12 Vor dem Kuss: Leonard Bernstein beim Schleswig-Holstein Musik Festival, 1990

13 Mit Ingrid und Kurt Biedenkopf bei der Eröffnung des MDR-Musiksommers auf der Augustusburg

14 Mit Thea und Thomas Gottschalk

15 »Heute war er doch richtig nett!« Mit Helmut Schmidt, Gran Canaria 1987

16 Das erste MDR-Direktorenteam (v. l.): Rolf Markner, Karola Sommerey, Peter Kocks, Henning Röhl, Udo Reiter, Thomas Nissen, Ralf Reck, Ulrike Wolf, Kurt Morneweg, 1991

17 Leben auf Rädern. Wolfgang Schäuble zu Besuch beim MDR, 1994

18 »Bitte keine Vatikanisierung des MDR!« Bei Papst Johannes Paul II., in der Mitte der damalige Kardinal Joseph Ratzinger, Rom 2003

19 »Res severa verum gaudium«. Kurt Masur erhält die Goldene Henne

20 Diskussion mit Joachim Gauck, damals Bundesbeauftragter für die Stasi-Unterlagen, über die Stasi-Fälle beim MDR, 1998

21 Die ARD-Intendanten 1995 (v. l.): Fritz Raff, Klaus Berg, Jobst Plog, Fritz Pleitgen, Hansjürgen Rosenbauer, Udo Reiter, Albert Scharf, Hermann Fünfgeld, Joachim Lampe, Peter Voss, Günther von Lojewski, Karl-Heinz Ostermeier

22 Ausflug in die mongolische Wüste ...

23 ... und neuer Versuch: das mongolische Sandwich

24 Kuba, Hemingway Marina, 2004

25 Bambi 2002, Laudatorin war Angela Merkel

26 Party mit Sarrasani und Tiger, Gottscheina

lichen Rundfunkkomitee in Berlin unterstanden. So wurde der MDR zum zweiten Mal, diesmal von den Kommunisten, abgeschafft und einer Berliner Zentrale unterstellt.

Und jetzt also die dritte Neugründung. Kleine Fußnote: Den dritten MDR gibt es inzwischen schon länger als seine beiden Vorgänger zusammen. 1924 hieß der erste Intendant Dr. Erwin Jaeger. Jetzt, als man wieder einen suchte, war Kurt Biedenkopf mein heftiges Eintreten für den öffentlich-rechtlichen Rundfunk vor einigen Wochen am Chiemsee offenbar in Erinnerung geblieben.

Ich habe keine Bedenkzeit gebraucht. »Wenn man mich will, mach ich das«, sagte ich zu Herrn Goliasch, der mir daraufhin freudig die Hand drückte und in seinen Ausschuss eilte. Unten im Auto sagte ich zu Wagner-Grey: »Weißt du, was ich werde? Intendant des Mitteldeutschen Rundfunks.« Er sah mich besorgt an und wollte wissen, ob es mir sonst gut gehe? Wenn ich diese Geschichte heute erzähle, stelle ich immer zwei Dinge richtig. Zum einen, dass es zwar unglaublich klingt, aber tatsächlich genau so war. Zum andern, dass dies nicht die übliche Art ist, in der in Deutschland öffentlich-rechtliche Medienpolitik gemacht wird. Es waren extreme Zeiten damals, man kann sie nicht mit normalen Maßstäben messen. Das gilt auch für die Zeit, die nun vor mir lag.

Zunächst: Man wird natürlich nicht Intendant, weil ein Herr Goliasch einen vorschlägt. Die drei Länder hatten einen MDR-Gründungsbeirat ins Leben gerufen. Jedes Landesparlament entsandte drei Vertreter in diesen Beirat. Sie sollten einen Intendanten und die Direktoren wählen und die ersten Schritte des neuen Senders begleiten. Im November sollte diesen Beirat dann der richtige Rundfunkrat mit 43 Mitgliedern ablösen. Vor diesem Rundfunkbeirat musste ich mich am 9. Juli 1991 vorstellen. Ich sah die neun Herren zum ersten Mal. Es war ein gemischtes Gremium, keineswegs nur Gefolgsleute der CDU, wie von einigen Verfolgungstheoretikern in den Medien noch immer kolportiert wird. Ein Probst war darunter, ein Gewerkschafter, ein Schriftsteller. Man tagte im Hotel Merkur in Leipzig, dem heutigen Westin Hotel, im Salon Goethe. Die neun Herren hatten sich darauf geeinigt, nur einen Kandidaten einzuladen, nämlich mich. Wir sahen uns an diesem Tag zum ersten Mal. Eine gewisse Unsicherheit war auf beiden Seiten nicht zu verkennen. Da kam einer aus Bayern mit einem völlig anderen politischen und sozialen Hintergrund und wollte für die Sachsen, Sachsen-Anhalter und Thüringer den Rundfunk machen. Auch dass ich im Rollstuhl saß, hat in dieser Situation wohl eher befremdlich gewirkt. In der DDR war man, was die Integration Behinderter angeht, nicht besonders weit. Rollstuhlfahrer kamen in den Stadtbildern kaum vor. Man war nicht daran gewöhnt, dass sie eine öffentliche Rolle spielten.

Ich stellte mich vor, erläuterte auch meine Behinderung und die Möglichkeiten, die ein Rollstuhlfahrer heute hat, und erzählte dann, wie ich mir den Aufbau des neuen Senders und sein Programmangebot vorstellte. Ich machte klar, dass ich auf keinen Fall einen Besatzungssender installieren wolle, der den Menschen ein fremdes Programm überstülpt, sondern einen Heimatsender, der auf die Bedürfnisse und Erfahrungen der hiesigen Bevölkerung eingeht. Das war nicht nur dahingesagt, sondern meine feste Absicht, und so haben wir den MDR dann ja auch ausgerichtet. Man stellte Fragen und wunderte sich, dass ich doch einiges über die DDR wusste. Am Ende wurde gewählt. Ich bekam in geheimer Abstimmung alle neun Stimmen. Nun war ich ordentlich bestellter Gründungsintendant des Mitteldeutschen Rundfunks und gleichzeitig der erste und einzige Angestellte des neuen Senders.

Ein dreifaches Dilemma

Für meine Freunde und Kollegen an dieser Stelle eine Warnung: Überschlagt das kommende Kapitel lieber. Es sind die alten Geschichten, die ich schon so oft erzählt habe wie mein Großvater seine Erlebnisse aus dem Ersten Weltkrieg. Ihr kennt diese Geschichten auswendig, aber sie gehören nun einmal zu meinem Leben und dürfen hier nicht fehlen. Natürlich kann man fragen, und ich stelle mir diese Frage selbst gelegentlich, ob das alles wirklich genau so war, wie ich es heute erzähle, oder ob die Geschichten von Jahr zu Jahr dramatischer und schöner werden. Ich kann das nicht mit letzter Entschiedenheit ausschließen. Bei meinem Großvater hatte ich auch manchmal den Verdacht. Aber tendenziell, das schwöre ich, ist es genau so gewesen.

In den Tagen nach der erfolgreichen Wahl ging mir langsam auf, was da auf mich zukam. Es war Juli 1991, und im Staatsvertrag stand, dass der MDR am 1. Januar 1992 mit sechs Hörfunkprogrammen, einem Fernsehprogramm und 12 Prozent Anteil am ARD-Programm auf Sendung gehen sollte. Also in einem knappen halben Jahr. Das Dilemma hatte drei Seiten. Zum einen die Infrastruktur: Es gab keine. Zwar hatten sich in den drei Ländern seit 1989 kleine regionale Radiosender gebildet, neben dem Sachsen-Radio in Leipzig, Radio Sachsen-Anhalt in Halle und Radio Thüringen in Erfurt, aber das war es dann schon. Vor allem Studios und eine Senderegie für das Fernsehen gab es nicht. Auch keine Hörfunkzentrale. Zum zweiten die Finanzen: Der Sender hatte nicht einmal ein Konto, und ich hatte keine Vorstellung, woher Geld kommen sollte und in welcher Höhe. Und drittens das Personal: Ich war ein knappes halbes Jahr vor Sendebeginn der einzige Angestellte. Größere Einheiten, beispielsweise die Mitarbeiter der regionalen Hörfunksender oder Teile des alten DDR-Rundfunks, durfte ich nicht einstellen. Das wäre ein Betriebsübergang gewesen und hätte zur Folge gehabt, dass ich sämtliche siebentausend Mitarbeiter des Deutschen Fernsehfunkes hätte übernehmen müssen.

Als ich mit meinen Kollegen in München die Sache besprach, war ihr Urteil eindeutig: Der Sendebeginn muss verschoben werden, mindestens um ein halbes, am besten um ein ganzes Jahr. »Eine neue Fernsehsendestraße«, sagte mir Wolf Feller, der als TV-Direktor etwas von der Sache verstand, »braucht schon ein halbes Jahr Probebetrieb, bevor du damit auf Sendung gehen kannst, und du hast sie nicht einmal, du musst sie erst noch bauen.« Das leuchtete mir alles ein, aber sollte meine erste Amtshandlung eine Kapitulation sein? Ich wollte es allen fachmännischen Ratschlägen zum Trotz zumindest probieren. Damals habe ich mich in München gelegentlich mit Gunter Sachs getroffen, meist im »Käfer«, seiner Lieblingskneipe. Ich hatte ihn bei Thomas Gottschalk kennengelernt und war von seiner Bildung, seinem Kunstsachverstand und der unaufdringlichen Art, in der er mit seinem Reichtum und seiner Prominenz umging, beeindruckt. Als ich Sachs von meinen Schwierigkeiten erzählte, klopfte er mir auf die Schulter und meinte lachend: »Du machst das schon. Cowboy, roll east!« Er hat mich später in Leipzig besucht und das MDR-Gelände besichtigt. »Na also«, war sein Kommentar. 2008 hat er im Leipziger Bildermuseum unter dem Titel »Die Kunst ist weiblich …« eine große Ausstellung mit Bildern, Fotografien und Objekten aus seinem Leben veranstaltet.

Zurück zum MDR, den es noch nicht gab. Beim Personal versuchte ich es mit einer Doppelstrategie. Noch bevor ich selbst eastward rollte, schickte ich Frau Czech, meine Referentin beim BR, als Vorhut nach Leipzig mit dem Auftrag, mir schnellstmöglich eine rollstuhlgeeignete Wohnung zu suchen und die ersten Leute einzustellen, zwei Sekretärinnen, einen Fahrer, einen Assistenten. Sie hat dann Nägel mit Köpfen gemacht und ist mit mir zum MDR gegangen. Ich war MDR-Angestellter Nummer 001, sie 002. Die Anstellungszettel für die ersten Mitarbeiter habe ich mir beim BR »ausgeliehen«. Mit dem Kugelschreiber habe ich die bayerischen Initialen durchgestrichen und in fester Schrift MDR darübergeschrieben. Aber so konnte ich schlecht alle zweitausend Leute einstellen, die nach unseren ersten Berechnungen nötig waren. Ich brauchte dringend, das war der zweite Teil der Personalstrategie, Fachdirektoren für Fernsehen, Hörfunk, Verwaltung, Justiz, Technik und die Landesfunkhäuser, die mir für ihren jeweiligen Bereich die Arbeit abnahmen. Nach Lage der Dinge konnten das nur Leute aus dem Westen sein. Zum einen, weil ich nur dort geeignete Leute kannte, zum andern, weil man nur dort mit den öffentlich-rechtlichen Strukturen vertraut war, die es jetzt aufzubauen galt. Das führte zwangsläufig zu einer Westlastigkeit unserer ersten Führungsspitze, die man uns zu Recht immer wieder vorgeworfen hat. Ich habe sie in den kommenden Jahren systematisch abgebaut. Inzwischen steht mit Karola Wille eine Frau aus dem Osten als Intendantin an der Spitze des Senders.

Bei der Infrastruktur improvisierten wir. Wo immer ein Kabel aus der Wand kam, ließen wir uns nieder. Am Ende hatten wir in unseren drei Ländern sechsundvierzig verschiedene Standorte. Das Problem war, dass das marode Telefonnetz der DDR zusammengebrochen war. Vor fünf Uhr nachmittags gelang kaum eine Telefonverbindung. Handys gab es noch nicht. Ich hatte ein Feldtelefon in einem größeren Holzkasten, das half aber auch nicht viel. Dieses Kommunikationsdefizit war in unserer Situation, wo es fast stündlich etwas zu entscheiden gab, schon extrem unpraktisch.

Und dann das Geld. Die Leute, die ich eingestellt hatte, wollten verständlicherweise ein Gehalt. Ich wusste nicht, wie viel man ihnen bezahlen musste und vor allem nicht woher. Das »wie viel« löste ich durch ein Kopieren der Gehaltstabellen des Bayerischen Rundfunks. Das »woher« war schwieriger. Es gab keinen Etat, keine Finanzabteilung, nicht einmal ein Konto. Ich rief Rudolf Mühlfenzl an, den Rundfunkbeauftragten für die neuen Bundesländer und zuständig für die Abwicklung des DDR Rundfunks. Zum Glück kannte ich ihn aus gemeinsamen Tagen beim BR und konnte ihm meine Lage ungeschminkt schildern. »Pass auf«, sagte er, »jetzt gehst du in Leipzig zur Commerzbank und machst erst einmal ein Konto auf. Dann überweis ich dir eine Million aus der Anschubfinanzierung.« Das hat mich etwas beruhigt. »Und dann«, fuhr er fort, »brauchst du sofort einen Finanzdirektor. Ich hab da einen guten Mann, denn solltest du dir mal anschauen.« Das habe ich getan und auf diese Weise Rolf Markner kennengelernt, der kurz darauf zum ersten Verwaltungsdirektor des MDR bestellt wurde. Für diesen Tipp war ich Rudi Mühlfenzl besonders dankbar. Aber das Kapitel kommt noch.

So habe ich die Geschichte mit dem Geld bisher unwidersprochen erzählt, und so hatte ich sie auch in Erinnerung. Aber nun passierte folgendes: Zur Vorbereitung auf dieses Buch habe ich bei ebendiesem Rolf Markner, der bei Mühlfenzl für das Geld und die Auszahlungen zuständig war, nochmals nachgefragt, ob die ersten finanziellen Schritte des MDR tatsächlich genau so verlaufen sind. Von Herrn Markner bekam ich dann einen Brief, der mich staunen ließ. Er hatte sich die damaligen Kontokorrentauszüge der Leipziger Commerzbank-Filiale besorgt und Folgendes herausgefunden: »Zu meiner Überraschung ist den Bankauszügen zu entnehmen, dass es sich beim ersten Zahlungseingang nicht um eine Million DM, sondern um zehn Millionen DM handelte! Nun frage ich mich, warum ich mich nicht mehr daran erinnert habe … Offenbar ist mir mein Bemühen, die Finanzlage des MDR nur ja nicht zu rosig erscheinen zu lassen, im Lauf der Jahre so in Fleisch und Blut übergegangen, dass ich nun schon selbst daran geglaubt habe, wir seien anfangs knapp bei Kasse gewesen.«

Also zehn Millionen Startkapital statt einer. Kein Wunder, dass wir bald als reicher Sender galten.

Neben diesen dienstlichen Aufgaben hatte ich ein paar persönliche Probleme. Die Wohnungssuche war damals für alle neuen Mitarbeiter schwierig, für mich ganz besonders. Es gab keine offiziellen behindertengerechten Wohnungen in Leipzig. Was ich mir ansah, hatte entweder Stufen vor dem Eingang, oder die Zimmertüren waren zu eng oder die Toilette zu klein. Schließlich bot mir ein Musiker aus dem Symphonieorchester, der von meiner Notlage gehört hatte, seine Einraumwohnung im siebten Stock eines Hochhauses in der Straße des 18. Oktober an, und zwar voll möbliert. Wenn ich ihm 100 Mark Miete bezahlte, würde er zu seiner Freundin einen Stock tiefer ziehen. Ich war froh über diese Lösung und kam so zu meiner ersten Adresse in Leipzig. Dass mein Vermieter Pornobilder seiner Freundin im Nachtkästchen liegen ließ, fand ich sehr nett. Aber es war wohl nur eine Nachlässigkeit und kein Willkommensgruß für den neuen Chef. Der 18. Oktober erinnerte im Übrigen nicht, wie ich vermutet hatte, an die russische Oktoberrevolution oder sonst einen kommunistischen Ehrentag, sondern an die Leipziger Völkerschlacht. Die Anschrift war also auch ideologisch einwandfrei.

Der Nachteil war, dass in dem »Zwölfgeschosser«, einem Plattenbau aus den sechziger Jahren, hin und wieder der

Lift ausfiel. Ich erinnere mich, dass ich einmal abends kurz vor Mitternacht nach Hause kam und verzweifelt auf sämtliche Knöpfe drückte. Zum Glück war Herr Pinkert, mein neuer Fahrer, noch nicht weg und konnte mich in ein Hotel bringen. Überhaupt, Herr Pinkert! Es gehörte zu den besten Taten von Frau Czech, ihn gefunden zu haben. Er blieb zwanzig Jahre an meiner Seite, unauffällig, zuverlässig, fürsorglich. Einmal hat er mich in Leipzig zum Flughafen gebracht. Ich bin nach Köln geflogen, hatte aber meine Reisetasche im Auto vergessen. Das war weiter nicht schlimm, ich besorgte mir im Hotel die notwendigsten Utensilien. Als ich abends schon im Bett lag, klingelte das Telefon. Rezeption. Ein Herr wolle mich sprechen. Es war Herr Pinkert. Er hatte die Tasche im Auto entdeckt, und weil er nicht sicher war, ob sie nicht möglicherweise etwas Wichtiges enthielt, war er mir von Leipzig nach Köln nachgefahren. Inzwischen hat er mich ungefähr zweimal zum Mond und zurück chauffiert. Mit ihm habe ich in diesen zwei Jahrzehnten die meiste Zeit meines Lebens verbracht. Unser erstes Auto war allerdings ein Problem. Der BMW, den ich aus lokalpatriotischen Gründen in der neuen Niederlassung in Leipzig bei der schönen Frau Willisch bestellt hatte, ließ auf sich warten. Als ersten Dienstwagen bekam ich zwischenzeitlich einen Trabant Kombi. Der hatte immerhin Platz für den Rollstuhl. Als wir ein paar Monate später zum ersten Mal zu einer ARD-Sitzung nach Hamburg fuhren, wollte ich den Trabi nehmen, aber Herr Pinkert weigerte sich standhaft. Wir sind dann standesgemäß mit dem neuen dunkelblauen BMW gefahren, der inzwischen eingetroffen war, und haben auf diese Weise »West-Niveau« demonstriert.

Unser Auto hatte ein Handgerät, so dass ich gelegentlich auch selbst fahren konnte, allerdings nicht immer vorbildlich. Wegen Drängeln auf der Autobahn musste ich sogar einmal für einen Monat den Führerschein abgeben. Das wäre ja weiter nicht schlimm gewesen, aber in meinem Fall war es natürlich ein Thema. »Der wilde Reiter. MDR-Chef als Verkehrsrowdy verurteilt«, schrieb die Bild-Zeitung. Bundesweit, zum Vergnügen der ARD-Kollegen.

Meine guten Erfahrungen mit unseren neuen Landsleuten haben sich nicht auf Herrn Pinkert beschränkt. Sie waren rundum positiv. Das fing bei Äußerlichkeiten an. Man war hier freundlicher im Umgang miteinander, als ich das aus dem Westen gewohnt war. Wenn man sich beim Spazierengehen begegnete, grüßte man sich. Wenn sich auf der Straße einer einfädeln wollte, der nicht die Vorfahrt hatte, winkte man ihn herein. Wenn man am Morgen ins Büro kam, gab man sich die Hand. Gut, wenn schon, mag man sagen, Äußerlichkeiten. Aber das war es nicht allein. Hilfsbereitschaft war hier selbstverständlicher als bei uns. Unter Nachbarn, unter Kollegen, man half sich, wenn jemand Hilfe brauchte, und zwar ohne viel Aufhebens, einfach so. Auch die Frauen schienen mir »hilfsbereiter«. Natürlich waren auch in Bayern die Damen zu Ausflügen bereit, natürlich gab es auch dort überall Amouren, aber es hatte meist die Aura des Unerlaubten, Verklemmten, während mir hier der Umgang der Frauen mit den Männern freier, selbstverständlicher, souveräner vorkam. Bevor ich mich jetzt um Kopf und Kragen schreibe, will ich es bei diesen Andeutungen belassen. Mag ja sein, dass mein Eindruck ganz falsch und atypisch war.

Jedenfalls wurden die Wessis – damals – mit offenen Armen aufgenommen. Mit zu offenen, dachte ich mir bald. Es gingen ja nicht nur die Besten in den Osten. Im Gegenteil. Es wimmelte bald von windigen Figuren, die die Unerfahrenheit der Ostdeutschen mit den neuen Spielregeln schamlos ausnutzten, die ihnen alte Autos und überflüssige Versicherungen andrehten und ihnen Antiquitäten und Grundstücke zu Schandpreisen abluchsten. Dabei gaben sie großkotzig und laut die neuen Herren. Ich habe mich oft geschämt, wenn ich dieses Gesindel sah. Dazu kamen andere Auftritte, die zwar korrekt waren, aber eine verheerende Wirkung hinterließen. Ich hatte die Straße des 18. Oktober mit ihrem unzuverlässigen Lift hinter mir gelassen und mich, nach einer Zwischenstation in Sehlis, in Gottscheina, einem kleinen Dorf am Nordostrand von Leipzig, niedergelassen. Das Nachbarhaus war die ehemalige Dorfschänke. »Zum deutschen Kaiser« konnte man noch in verblassten Buchstaben an der Hauswand entziffern. Dort wohnte seit vielen Jahren ein älteres Ehepaar, das im Lauf der Zeit das Haus für seine Bedürfnisse umgebaut und außen herum einen schönen Garten angelegt hatte. Eines Tages stand ein Mercedes mit Bielefelder Kennzeichen vor dem Haus. Man ahnt, wie es weitergeht. Es waren die Kinder der ehemaligen Besitzer, und im Einigungsvertrag stand eindeutig: Rückgabe vor Entschädigung. Dieser Grundsatz mag juristisch vernünftig gewesen sein, psychologisch und moralisch war er verheerend. Meine Nachbarn zitterten vor Erregung, das ganze Dorf war wütend. So hatte man sich die Wiedervereinigung nicht vorgestellt. Ähnliches ereignete sich landauf, landab. Es war zu spüren, wie sich die Stimmung langsam gegen die westlichen »Besatzer« wendete. Damals kamen auch die ersten Anti-Wessi-Witze und Sprüche auf: »Der Fuchs ist schlau und stellt sich dumm, beim Wessi ist es andersrum.«

Man muss diesen Ärger vor dem Hintergrund der enormen Anpassungsleistung sehen, die den Ostdeutschen damals abverlangt wurde. Im Westen hat man sich davon nie eine richtige Vorstellung gemacht. Alle Regeln, die in der DDR ein Leben lang gegolten hatten, waren mit einem Schlag außer Kraft. Alle Erfahrungen galten von heute auf morgen nicht mehr. Lebensentwürfe lösten sich in nichts auf. Fremde Leute saßen an den Schaltstellen, bestimmten den Kurs und urteilten über Dinge, von denen sie meist nicht viel verstanden. Das alles haben die ehemaligen DDR-Bürger mit einer erstaunlichen Leidensfähigkeit bewältigt – natürlich in der Hoffnung auf ein neues besseres Leben, auf Freiheit und Wohlstand. Umso bitterer war es, wenn diese Hoffnungen enttäuscht wurden.

Ein besonderes Gespür für diese kippende Stimmung entwickelte Franz Josef Wagner, der damals im Auftrag des Burda Verlags mit finanzieller Beteiligung von Rupert Murdoch eine Boulevard-Zeitung für den Osten entwickelte. »Super!« startete am 2. Mai 1991 und erschien schon am zweiten Tag mit einer Schlagzeile, die berühmt wurde: »Angeber-Wessi mit Bierflasche erschlagen – Ganz Bernau ist glücklich, dass er tot ist.« Das war nichts für den Pulitzer-Preis, und maßlos übertrieben, aber es traf einen Nerv.

Für mich waren solche Beobachtungen ein weiterer Grund, strikt darauf zu achten, dass sich beim MDR auch nicht der Hauch einer Besatzermentalität breitmachen konnte. Ich habe meinen Leuten eingebläut, dass wir hier Gäste sind und nicht Sieger und dass wir zuhören und nicht alles besser wissen wollen. Ich denke, damit habe ich mich einigermaßen durchgesetzt, und es war mit ein Grund dafür, dass der MDR von den Zuschauern schon bald als »ihr« Sender empfunden und entsprechend genutzt wurde. Die einzige Kolonialherren-Attitüde, die ich durchgehen ließ, war die Anordnung des Verwaltungsdirektors, dass seine Bürodamen keine Dederon-Kittelschürzen mehr tragen durften. Das waren diese typischen Nylon-Ersatz-Produkte der DDR (DeDeRon). Ich glaube, über dieses Verbot waren unsere Mitarbeiterinnen nach einiger Zeit selber froh.

Noch im Juli hatte ich die ersten drei Direktoren gefunden, die bereit waren, das »Cowboy-go-east« zu riskieren. Damit wir sofort mit der Arbeit beginnen konnten, bat ich zu ihrer Bestätigung um eine zeitnahe Sitzung des Rundfunkbeirats. Das ging aber nicht. Juli sei Urlaubszeit, vor Mitte August sei an keinen Termin zu denken. Die nächste Sitzung wurde schließlich für den 19. August festgelegt. Diese Verzögerung war nicht nur wegen des extremen Zeitdrucks ungünstig, sie lud auch alle Interessenten dazu ein, die Zeit für die üblichen politischen Spielchen zu nutzen. Die Lobbyisten waren zwar im Osten noch weit weniger geübt als in der alten Bundesrepublik, aber ein paar Aktivisten waren auch hier schon am Werk. Um die Direktorenriege durchzubringen, musste ich meine Vorschläge durch ein Minimum an politischer Ausgewogenheit marschierfähig machen. Das hat nach einigen Manövern schlussendlich geklappt. Ich bin selbst nie in einer Partei gewesen und habe den Politikern immer zu vermitteln versucht, dass ihnen Parteisoldaten im Sender wenig bringen. Ein Journalist, der sauber und unparteiisch seine Arbeit macht, ist letztlich für alle Beteiligten die bessere Lösung. Das hat man mir aber nur zum Teil geglaubt. Wie auch immer, am 19. August hatte der MDR seine Direktoren. Gut vier Monate vor dem geplanten Sendebeginn konnte die Arbeit beginnen.

Wir versuchten verzweifelt, Leute zu gewinnen. Erst einige für die Leitungspositionen, dann viele für die Arbeitsebene. Allzu viel hatten wir nicht zu bieten. Die Arbeitsplätze waren Provisorien in Containern oder Notunterkünften, die Arbeitszeiten gingen fast rund um die Uhr, und der Freizeitwert der ostdeutschen Städte hielt sich damals in Grenzen. So lief die Anwerbung neuer Mitarbeiter häufig genug nach demselben Schema ab: Ich hatte einen

Kollegen mit dem Hinweis auf die einmalige Chance, einen Sender von Grund auf mit aufbauen und gleichzeitig eine weltpolitische Sternstunde an vorderster Front mitgestalten zu können, nach Leipzig gelockt. Nach einiger Zeit hatte er sich von unserem Pioniergeist anstecken lassen und erwartete zum Wochenende erstmals seine Frau zu Besuch. Sein Gesicht, wenn er am Montagmorgen zu mir ins Büro kam, sagte mir alles. Die Gattin wollte doch lieber in Düsseldorf bleiben.

Trotzdem ging es voran. Am 1. Oktober hatten wir immerhin schon vierzig Arbeitsverträge abgeschlossen. Reinhard Krug hatte die Leitung der Intendanz übernommen. Er hatte vorher beim DDR-Fernsehen Ähnliches gemacht und kannte Land und Leute. Auch ihn hatte mir Rudolf Mühlfenzl empfohlen. In den kommenden zwanzig Jahren wurde er mein engster Mitarbeiter, loyal, umsichtig, tüchtig, ein Mann, auf den in jeder Situation Verlass war. Mitte Dezember hatte ich ihn und einige andere meiner engsten Mitarbeiter zu einer kleinen Adventsfeier in mein Büro gebeten. Der Begriff engste Mitarbeiter bekam hier eine besondere Bedeutung. Das Büro hatte die Größe eines mittleren Badezimmers. Wenn drei Leute im Zimmer waren, war es gut gefüllt. Ich bat Frau Köhler, meine Sekretärin, einen ordentlichen Punsch zu machen, um ein wenig Stimmung in die Bude zu bringen. Wir hatten kaum zu trinken angefangen, da kam ein Anruf vom Pförtner. Bei ihm seien vier Herren aus Dresden, die dringend den Intendanten sprechen müssten. Es waren der Fernsehdirektor, der Chefredakteur und zwei ihrer Mitarbeiter. Steinerne Mienen. Auf meine besorgte Frage, was denn los sei, erklärten sie mir, dass es aussichtslos sei, am 1. Januar mit dem Senden beginnen zu wollen. Die Regie werde nicht fertig, und wichtige Leute seien wieder zurück in den Westen gegangen. Wir rückten noch enger zusammen, und ich bat Frau Köhler um einen weiteren Topf Punsch. Nach einiger Zeit tat er seine Wirkung. Die Mienen wurden lockerer, wir kamen in Weihnachtsstimmung und wurden alle langsam besoffen. Nach einer guten Stunde waren sie so weit. Sie fuhren zurück nach Dresden (mit Fahrer natürlich) und wollten es nochmals versuchen.

Am 31. Dezember um Mitternacht gingen alle Programme des MDR auf Sendung. Gleich zu Beginn gab es im Fernsehen zwar einen Schaltfehler. Statt unserer Ansagerin hörte man die Neujahrsansprache des Kollegen Rosenbauer vom ORB, aber dann meldeten sich Chefredakteur Wolfgang Kenntemich und Moderatorin Viktoria Herrmann wie geplant vom Platz vor der Leipziger Nikolaikirche, und die Sache nahm ihren Lauf.

Am Abend des 1. Januar fand im Leipziger Gewandhaus das große Eröffnungskonzert statt. »Tönet, ihr Pauken, erschallet, Trompeten ...« war das Motto. Unser erster öffentlicher Auftritt. Für Gäste aus den alten Bundesländern wurde zur Anmeldung eine Faxstation in Krefeld eingerichtet, für Gäste aus den neuen Ländern stand ein Faxempfänger in Ostberlin bereit.

Es war ein eindrucksvolles Konzert. Vom Ministerpräsidenten abwärts war jede Menge Prominenz angereist. Der Rundfunkchor, der Rundfunkkinderchor, das Rundfunksymphonieorchester, der Gewandhauschor, das Gewandhausorchester, die Hallenser Madrigalisten und das Thüringische Kammerorchester spielten und sangen Werke von Wagner, Händel, Bach und Mendelssohn Bartholdy. Dirigiert haben Gert Frischmuth, Max Pommer, Daniel Nazareth und Kurt Masur. Ich habe die Begrüßungsrede gehalten. Es war alles sehr feierlich. Zum anschließenden Empfang mussten wir allerdings durch die kalte Winternacht hinüber ins Rathaus, weil Kurt Masur, der Hausherr im Gewandhaus, prinzipiell nicht erlaubte, dass dort ge-

gessen und getrunken wurde. An der Stirnseite des Kon-
zertsaals steht dementsprechend etwas sauertöpfisch »Res
severa verum gaudium« (Nur eine ernste Sache ist ein
wahres Vergnügen). Inzwischen sieht man das etwas lockerer.

Meine Tochter Franziska, damals zehn, hat schlechte Erinnerungen an dieses Konzert. Sie war mit meiner Frau
und dem Dackel Bazi nach Leipzig gekommen. Dieser
Bazi, eigentlich ein netter und lustiger Hund, der in meinen Rottbacher Tagen immer gern mit mir Rollstuhl gefahren ist, war damals schon uralt und senil. Das drückte sich
unter anderem darin aus, dass er nur noch links herum im
Kreis gehen konnte. Nun wollte es der Zufall, dass bei meiner damaligen Bleibe, einem kleinen Häuschen in Sehlis,
links vor der Haustür ein Gartenteich war. Franziska ließ
den Hund vor die Tür, er ging eisern nach links. Es war
kalt, 1. Januar. Meine Frau, schon im Festgewand, zog ihn
mit Mühe aus dem Teich. Wir legten ihn in sein Körbchen
und deckten ihn warm zu. Aber er atmete schon ziemlich
schwer und als wir vom Konzert zurückkamen, war er tot.
Mein Hinweis auf sein biblisches Alter half natürlich
nichts. Meine Tochter hat heftig geweint und mich und
den MDR für den Trauerfall verantwortlich gemacht.

Vergleichende Angebote

Trotz des gelungenen Eröffnungskonzerts waren wir noch
lange kein normaler Sender. Den Sendebeginn hatten wir
aus dem Boden gestampft, aber es hakte an allen Ecken
und Enden. Ein Zeitungskollege besuchte unsere Fern-
sehniederlassung am »Wilden Mann«, einem ehemaligen
Gasthaus in Dresden. Er schrieb: »Bild- und Tonregisseure
kauern hinter verwittertem Fachwerk unter Dachschrägen

knapp über ihren Köpfen. Im Studio rollten anfangs auf dem schiefen Betonboden die Kameras davon. Jetzt stehen sie auf waagerecht verlegten Spanplatten mit einer Mischung aus feingemahlener Schlacke und Kunststoffflocken darunter. Damit der Straßenlärm nicht in die Mikrofone dringt, wurden die Wände mit Teppichböden behängt. Redakteure basteln an ihren Filmen in besenkammerähnlichen Verliesen, eines davon war früher ein Klo. Sommers schmoren sie in der Hitze, winters schlittern sie mit ihren Bändern über Glatteis von einem Behelfsbau zum andern. In einem früheren Schafstall lagern die teuren Kameras und die Messtechnik. ›Da kann man‹, sagt ein Redakteur, ›die Tür mit einem Messer aufbrechen.‹«

»Dennoch«, so konterte ich in einer ARD-Broschüre, »fehlt bei uns die geschmerzte Larmoyanz mancher westlichen Funkhäuser. Die Aufbausituation ermöglicht Erfahrungen und Erlebnisse, die es in den alten Ländern längst nicht mehr gibt und die möglicherweise mehr mit Lebensqualität zu tun haben als der Schick und die Perfektion der westlichen Lebensart.« Karola Sommerey, unsere neue Hörfunkdirektorin, die von Radio Bremen kam, hatte Ähnliches erlebt: »Ich bin zufrieden wie nie zuvor«, sagte sie in einem Interview, »trotz aller Mängel, aller Provisorien und aller Schwierigkeiten.« Der Hörfunk war damals in der Springerstraße untergebracht, in einem ehemaligen Versicherungsbau. Das Fernsehen war aufgeteilt: die Sendezentrale und die Aktualität auf dem erwähnten »Wilden Mann« in Dresden, wobei viele Mitarbeiter dort trotz aller Container keinen Platz fanden und eine halbe Autostunde entfernt in einem ehemaligen Ausländerwohnheim ihre Büros einrichteten; Unterhaltung und Fernsehspiel am anderen Ende von Dresden in Gebäuden, die dem MDR von der DEFA, dem ehemaligen Filmproduktionsunternehmen der DDR, mit täglicher Kündigungsfrist zur Verfügung ge-

144

stellt worden waren; die Kultur im ostthüringischen Gera, das Studio dort war der ehemalige Festsaal der Stasi; Wissenschaft und Bildung schließlich fanden in Halle ihren Platz.

Wir brauchten also dringend Bauplätze und Ausschreibungen für die Neubauten und für moderne Technik. Eine Verwaltung musste aufgebaut, die Programmkonzepte entworfen und diskutiert und vor allem die täglichen Sendungen in Hörfunk und Fernsehen einigermaßen abgesichert werden. Ich gab damals die Parole aus, dass die Programmausstrahlung absoluten Vorrang habe und ihr alles andere unterzuordnen sei. Nach außen hin sollte der Sender ab jetzt präsent sein. Das war allerdings leichter gesagt als getan. Viele Redakteure, die das Programm machen sollten, hatten nicht einmal Schreibtische und Stühle. In Leipzig waren Büromöbel ausverkauft. Meine Leute besorgten sich daraufhin ein paar Lastwagen und kauften die Möbel, zum Teil gebraucht, in den umliegenden Städten zusammen. Fünf Jahre später bemängelte der Rechnungshof, dass wir keine vergleichenden Kostenangebote eingeholt hätten.

Ein spezielles Problem waren die sogenannten Klangkörper, also Chöre und Orchester. Nicht weniger als sechs suchten beim MDR eine neue Heimat: das Symphonieorchester, das Rundfunkorchester, ein Rundfunkblasorchester, eine Bigband, der Rundfunkchor und der Rundfunkkinderchor. Ich bin nicht erst seit Justus Frantz ein großer Freund unserer Chöre und Orchester. Ihre Geschichte ist ja eng mit der Entwicklung des Rundfunks verbunden. In der Anfangszeit des Radios gab es noch keine »Tonträger«, also Schallplatten oder Tonbänder. Wenn unsere früheren Kollegen Musik senden wollten, mussten sie die Akteure vor das Mikrofon setzen und spielen lassen. Aus dieser Notlage heraus entstanden Rundfunkchöre und Rundfunkorchester. Das Leipziger Orchester wurde schon 1923, ein Jahr vor Sendebeginn, gegründet. Es ist das älteste in Deutschland. Aber abgesehen davon, dass man heute kein Live-Orchester mehr braucht, um Musik zu senden – sechs Klangkörper waren einfach zu viel. Der Leipziger Rundfunkchor war weltberühmt und unantastbar. Der Kinderchor kostete fast nichts. Rundfunksymphonieorchester und Rundfunkorchester konnten fusionieren. Die beiden anderen waren nicht zu retten. Das war für die Musiker schlimm. Sie nahmen es mir auch persönlich übel. Eine Zeit lang spielten sie jeden Morgen, wenn ich ins Büro kam, vor dem Eingang in der Springerstraße in schwarzen Anzügen und mit bösen Gesichtern einen Trauermarsch.

Gerettet haben wir dagegen das 1962 gegründete Fernsehballett des DDR-Fernsehens, nicht zuletzt weil es für die Zuschauer in der DDR eine vertraute und geliebte Einrichtung war. Die MDR-Tochter Drefa übernahm 1992 vierzig Prozent der Anteile. Weitere dreißig Prozent gingen lustigerweise über die Tellux Beteiligungsgesellschaft in den Besitz der katholischen deutschen Bistümer über. Ich habe den Münchner Kardinal Wetter einmal gefragt, ob er wisse, dass wir gemeinsam ein Ballett betreiben. Er hielt das für einen unangebrachten Scherz und war nur durch Vorlage einer Gesellschafterliste zu überzeugen. Mein Angebot, die Mädels einmal bei der Deutschen Bischofskonferenz auftreten zu lassen, wollte er gleichwohl nicht annehmen. Dieses Ballett erreichte in den folgenden Jahren an die 140 Millionen Zuschauer jährlich und wurde auch im Westen zunehmend bekannt und beliebt. Ich habe die Tänzer immer bewundert. Sie betrieben ihr Geschäft mit unglaublicher Leidenschaft. Schlecht bezahlt, ohne ordentliche Altersversorgung und mit der Gewähr, dass sie mit dreißig Jahren Schlottergelenke haben und aufhören müssen, arbeiteten sie hart wie kaum eine andere Berufsgruppe und schafften durch zahlreiche Gastauftritte am Ende des Jahres meist eine schwarze Null. Ich habe immer die Hand über sie gehalten, auch als sie im Oktober 2011 wegen eines Auftritts in Grosny, der Hauptstadt Tschetscheniens, in die Kritik gerieten. Sie waren neben einigen Showgrößen (Hilary Swank, Seal, Vanessa Mae, Kevin Costner und Jean-Claude Van Damme) für die Eröffnung eines Neubaukomplexes engagiert worden, in Wirklichkeit ging es aber um eine Geburtstagfeier für den tschetschenischen Machthabers Kadyrow. Ob dieser Auftritt eine Rolle gespielt hat, weiß ich nicht, jedenfalls hat der MDR die Truppe kurz nach meiner Pensionierung im November 2011 verkauft, zwei Monate vor dem fünfzigsten Ballett-Geburtstag.

Im MDR-Staatsvertrag war festgelegt, wie der Sender einmal aussehen sollte. Die Zentrale in Leipzig. In jeder Landeshauptstadt, also in Dresden, Magdeburg und Erfurt, ein Landesfunkhaus. Die noch zu gründende Werbetochtergesellschaft ebenfalls nach Erfurt und ein Zentralbereich, wegen der regionalen Ausgewogenheit, nach Halle. Wir haben dafür den Hörfunk ausgesucht, der seither aus Halle sendet. Ich ließ rechnen, was ein solches Bauprogramm kosten würde. Wie man es auch drehte, es kam eine Summe von rund 1,2 Milliarden DM heraus. Rundfunkneubauten, so lernte ich damals, sind neben Kliniken die teuersten Bauprojekte überhaupt. Aus der sogenannten Anschubfinanzierung, die durch einen Aufschlag von einer Mark pro Rundfunkteilnehmer in Deutschland zustande gekommen war, standen dem MDR rund 560 Millionen zu. Das war ziemlich genau die Hälfte dessen, was wir brauchten. Ich erinnere mich noch gut an die ratlosen Gesichter, als diese Zahlen in der Direktorensitzung auf den Tisch kamen. Was tun? Schulden machen, wie einige meinten? Das konnte es doch nicht sein, das wäre ein miserabler Neubeginn gewesen. Unser neuer Verwaltungsdirektor, der schon erwähnte Rolf Markner, meinte dann, dass derzeit die Börse gute Erträge abwerfe und man die Finanzmittel, die nicht gleich benötigt würden, dort gewinnbringend anlegen könne. Das hat mir eingeleuchtet. Ich gab Herrn Markner den Auftrag, so zu verfahren. Und das tat er, und wie! Innerhalb von acht Jahren, von 1992 bis 1999, hatte er die Anschubfinanzierung mehr als verdoppelt! Wir konnten den MDR schuldenfrei aufbauen und hatten noch einen Überschuss in der Kasse, den wir ins Programm stecken konnten. Bei jeder Bank hätte Markner einen fetten Bonus bekommen, bei uns hätte er zumindest irgendeinen Verdienstorden kriegen müssen. Aber wie sagte mein alter BR-Kollege Wolf Feller immer? Die Welt ist ungerecht.

Schuld war die berühmt-berüchtigte Ecuador-Anleihe. Sie brachte Herrn Markner um den Orden und uns völlig zu Unrecht erstmals in den Ruf eines Affärensenders. Was war geschehen? Die Dresdner Bank hatte uns eine ecuadorianische Staatsanleihe empfohlen, die von einem internationalen Konsortium renommierter Banken aufgelegt worden war, und zwar in DM, nicht in ecuadorianischen Sucre. Diese Anleihe ist im September 1999 nach der Staatspleite von Ecuador geplatzt und führte zu einem Totalverlust in Höhe von 2,55 Mio. DM. Im selben Jahr machten wir mit anderen Anlagen einen Gewinn von 78,99 Mio. DM! Die Ecuador-Verluste waren also wirklich Peanuts. Aber jetzt ging es los. Die Pressekollegen fielen über uns her, wie ich es noch nie erlebt hatte. Der wirkliche Sachverhalt spielte keine Rolle. Der eine schrieb, wir hätten »mit dem Geld der Gebührenzahler in Ecu spekuliert«, obwohl die Anleihe in DM war, der andere war geographisch nicht ganz auf der

Höhe und berichtete von einer »Äquator-Anleihe«, der dritte verfasste einen Artikel über mich mit dem zugegebenermaßen schönen Titel »Der Chef der Zockerbude«, und so gut wie keiner berichtete, dass den 2,5 Millionen Verlust 79 Millionen DM Gewinn gegenüberstanden, und wenn es erwähnt wurde, dann nur ganz klein im letzten Absatz. Dass wir später ein paar Gegendarstellungen durchsetzen konnten, hat uns auch nichts mehr geholfen. Markner machte damals den Fehler, dass er mit seiner exzellenten Gesamtbilanz nicht sofort offensiv an die Öffentlichkeit ging und den Verwaltungsrat über alle Zahlen informierte. So geriet die Journaille immer mehr in Jagdstimmung. Aber den entscheidenden Fehler, für den ich mich heute noch schäme, machte ich. Als die Sache immer weiter hochkochte und auch die Gremien zunehmend unruhig wurden, rief ich meine engsten Mitarbeiter zu einem Krisengipfel zusammen, um das weitere Vorgehen zu besprechen. Damals waren wir uns alle einig, dass wir den MDR nur durch ein Bauernopfer wieder aus den Schlagzeilen bringen konnten. Der Bauer konnte nach Lage der Dinge nur der Verwaltungsdirektor sein, und da Rolf Markner ohnehin Ende des Jahres in Pension gehen würde, kam uns das vertretbar vor. Und so haben wir es dann auch gemacht. Ich habe es Markner am Telefon mitgeteilt und schon damals kein gutes Gefühl dabei gehabt. Ich hätte das unter allen Umständen verhindern müssen. Das war eine opportunistische Fehlentscheidung. Ich weiß heute, wie sehr sich Markner in seiner Ehre gekränkt und von mir im Stich gelassen fühlte, und bin froh, dass wir die Angelegenheit inzwischen von Mann zu Mann geklärt haben. Das Etikett des »Affärensenders«, das man uns damals aufgeklebt hatte, haben wir trotz des Bauernopfers behalten. Dazu später noch ein paar Sätze.

Das mongolische Sandwich –
vom Reisen im Rollstuhl

Ein Intendantenleben ist mit Reisen verbunden, auch wenn der Intendant im Rollstuhl sitzt. Zu den ARD-Sitzungen innerhalb Deutschlands sowieso, aber mitunter auch ins Ausland. Ich hatte dem MDR nach seiner Gründung drei Ziele verordnet. Zum einen sollte er der Sender der Menschen in Mitteldeutschland sein, ihre Befindlichkeiten aufnehmen, ihre Probleme behandeln, ihr Leben widerspiegeln. Zum Zweiten sollte er den westlichen Bundesländern einen Eindruck von den Sorgen, den Chancen und den Schönheiten im Osten Deutschlands vermitteln. Und zum Dritten wollten wir die Beziehungen, die es aus DDR-Zeiten in die Sowjetunion und nach Osteuropa gab, aufrechterhalten und den demokratischen Aufbruch in diesen Ländern begleiten. Auch das hieß für mich Reisen, zumindest hin und wieder. Dabei habe ich meistens mehr erlebt als ein normaler Fußgänger.

Mein erster Flug nach Moskau zum Beispiel geschah noch zu Sowjetzeiten. Ich flog aus irgendeinem Grund von Frankfurt aus mit Aeroflot und wurde auf dem Frankfurter Flughafen wie üblich auf einen extra schmalen Spezialrollstuhl umgesetzt und von dem in Deutschland überall vorzüglich organisierten Hilfsdienst zu meinem Platz im Flugzeug gebracht. Das geht bei uns so routiniert, dass man sich nichts mehr dabei denkt. Etwas anders sah es dann in Moskau aus. Die übrigen Fluggäste waren ausgestiegen, und ich wartete darauf, dass man mich auch aus dem Flieger holen würde. Im Flughafen wollte mich dann unser Moskau-Korrespondent abholen. So lief es aber nicht. Stattdessen stellten sich zwei uniformierte Russen vor meinem Sitz auf und bedeuteten mir mit unmissverständlichen Handbewegungen, dass ich aufstehen und das Flugzeug verlassen sollte. Als ich den Kopf schüttelte, wurden sie energischer. Ich versuchte, ihnen die Lage zu erklären, erst auf Deutsch, dann auf Englisch. Keine Chance. Sie wurden immer unfreundlicher. Erst später wurde mir klar, dass sie hinter meiner Weigerung aufzustehen, einen politisch motivierten Sitzstreik vermuteten. Sie holten Verstärkung. Schließlich standen fünf oder sechs laut gestikulierende Kerle um mich herum. Der erste griff mich schon am Jackett, als Gott sei Dank ein Aeroflot-Angestellter dazukam, der ein paar Brocken Deutsch konnte. Er erklärte den anderen, dass ich nicht laufen könnte und mit meinem Sitzenbleiben keine antisowjetische Aktion verbunden wäre. Die ganze Spannung löste sich jetzt in großem Gelächter auf. Statt mich aus dem Sitz zu zerren, wurde mir freundschaftlich auf die Schulter geklopft.

Es gibt auch weniger martialische Erlebnisse. In Havanna hat mich einmal ein baumlanger Schwarzer wie ein Kleinkind auf den Arm genommen und übers Flugfeld zu meinem dort abgestellten Rollstuhl getragen. In der Wüste Gobi wollten mir unsere mongolischen Gastgeber unbedingt das Tal der Geier zeigen. Dieses sicher hochinteressante Tal hatte den Nachteil, dass es wegen der Enge und der schlechten Bodenverhältnisse auch für einen Jeep nicht befahrbar war. Kleine mongolische Pferde, so wurde mir bedeutet, seien dort das ideale Fortbewegungsmittel. Ich ließ mich unter der launigen Anteilnahme der deutschen und mongolischen Kollegen auf ein solches Tier heben und versuchte mich dort irgendwie festzuhalten. Herr Krug stützte mich von der Seite, aber nach zwanzig Metern ging es beim besten Willen nicht mehr. Da die Pferde keinen Sattel hatten (Mongolen reiten seit Dschingis Khan ohne), geriet ich in eine hoffnungslose Schieflage. Ich habe eindringlich erklärt, dass es mir nichts ausmache, das Tal der Geier nicht von innen zu sehen, und dass ich gern auf die Rückkehr der übrigen Reisegesellschaft warten würde. Da hatte ich aber den Ehrgeiz unserer Gastgeber unterschätzt. Sie holten tatsächlich ein Motorrad von dem begleitenden Lastwagen und beteuerten mir, dass ich zwischen dem Fahrer und einem zusätzlichen Beifahrer absolut sicher sei, ein mongolisches Sandwich sozusagen. Ich wollte kein Spielverderber sein und muss zugeben, dass zumindest die Fotos, die damals gemacht wurden, relativ zivil aussehen. Eingeklemmt zwischen zwei Mongolen, fuhr ich also ins Tal der Geier. Über Schotter, durch einen Flusslauf, zwischen Felsbrocken. Mein einziger Gedanke war, dass der motorradfahrende Dschingis Khan um Gottes Willen nicht stürzen möge. Den Unfall hätte ich nur schwer erklären können.

Mein Kollege beim mongolischen Fernsehen hieß Beligt. In seinem Sender nannte man ihn nicht sehr liebevoll »Beligt, den Schläger«. Auf unsere Frage, wie es denn zu diesem Namen gekommen sei, stellte sich heraus, dass Kollege Beligt tatsächlich mit einem Stock durch seine Redaktionen zu gehen pflegte und Mitarbeitern, mit deren Arbeit er nicht zufrieden war, auf den Rücken schlug. Ich wollte mit dieser Geschichte in Leipzig meinen Personalrat erheitern, aber ich erntete nur säuerliche Blicke. Inzwischen ist Kollege Beligt zum Chef des mongolischen Geheimdienstes befördert worden, eine Karriere, die man sich in unseren Breiten auch nur schwer vorstellen könnte.

Eine hübsche Geschichte habe ich 1987 in Gran Canaria erlebt. Altkanzler Helmut Schmidt, mit dem ich schon seit Jahren einmal ein längeres Radiogespräch führen wollte, an den ich aber wegen seiner bekannten Journalistenverachtung nie herangekommen war, verbrachte den Sommer auf der Finca von Justus Frantz, um an einem Buch zu schreiben. Justus versprach mir, dass er ihn zu einem Interview bewegen würde. Das war mir jede Mühe wert. Ich bin damals von München aus allein, mit Umsteigen in Barcelona, nach Las Palmas geflogen. Zum Glück kannte ich die spanischen Vorschriften für den Transport Behinderter nicht. Es war dort nämlich nicht erlaubt, Rollstuhlfahrer ohne Begleitperson in einem Flugzeug mitzunehmen. Nun stand ich aber schon auf dem Flughafen in Barcelona. Mitnehmen durfte man mich nicht, aber Stehenlassen war auf die Dauer ja auch keine Lösung. Nach längeren Diskussionen hat sich ein Steward bereit erklärt, sich als Begleitperson für mich in die Papiere eintragen zu lassen. Mein Flug war gerettet. Am nächsten Abend lud Justus zu einem Essen ein. Mehrere Gäste waren da, auch Helmut Schmidt. Ich war sehr gespannt, was er sagen würde. Er sagte – nichts. Stocherte in seinem Essen, knurrte gelegentlich etwas und erklärte nach dem Hauptgang, dass er nun weiterschreiben wolle, stand auf und ging. Etwas überrascht sagte ich zu Alexandra von Rehlingen, der damaligen Frau von Justus: »Der ist aber mürrisch.« »Ach, was«, sagte sie, »heute war er doch richtig nett!« Mich hat er am nächsten Tag sehr freundlich behandelt (wegen des Rollstuhls?) und geduldig alle Fragen beantwortet. Es wurde ein spannendes einstündiges Interview über die Weltlage, den Nato-Doppelbeschluss, die Rolle der Sowjetunion und die Zukunft Europas. Am Beginn unseres Gesprächs habe ich ihn gefragt, ob ihm der Abschied von der Macht, der nun fünf Jahre zurücklag, schwergefallen sei. Seine Antwort:

»Ich hab es meistens in meinem Leben als angenehm empfunden, Pflichten zu erfüllen … Es war eine Freude, die Pflichten eines Hamburger Senators oder eines Fraktionsvorsitzenden oder eines Bundesministers zu erfüllen. Das Erlebnis der Macht hat dabei kaum irgendeine Rolle gespielt. Ich mache mir den Vorwurf, dass ich zu spät ausgeschieden bin. Ich war gesundheitlich nicht mehr sehr gut dran. Diese öffentlichen Ämter sind gesundheitlich zerstörerisch. Da muss einer schon die Konstitution von Konrad Adenauer haben, um das unbeschädigt zu überstehen. Die hatte ich nicht, ich bin mehrfach ernsthaft krank gewesen. Nein, ich bin sehr gern ausgeschieden, habe ein völlig neues Leben angefangen und fühle mich darin sehr wohl.«

Ich hab dann nochmals nachgefragt, ob nach einer so glanzvollen politischen Karriere nicht alles, was man hinterher tut, zwangsläufig ein wenig belanglos und unbedeutend sei – und erhielt folgende Antwort:

»Nein, nein, nein, dem muss ich widersprechen. Schauen Sie, wir sitzen hier am Kamin meines Freundes Justus Frantz auf Gran Canaria. Ich bin hier fünf Wochen, um in Ruhe zu arbeiten – wann jemals hätte ein Bundeskanzler sich so etwas leisten können? Oder die Tatsache, dass ich in den letzten Jahren zusammen mit meiner Frau viele Konzerte besucht habe. Dafür war früher nie Zeit. Nein, das ist nicht der Abschied von einem besonders attraktiven Leben. Leider Gottes gibt's dann immer nochmal Rückbezüge auf die Politik. Da kommen Leute und stellen politische Fragen, so wie Sie, und ich versuche das dann immer abzuwehren.« Zum Glück hat er meine Fragen nicht abgewehrt, sondern, wie mir schien, sogar mit einer gewissen Lust beantwortet. Ein eindrucksvoller Mann, eine schöne Reise.

Weniger gut ging es mir einige Jahr später in Cannes. Als Filmintendant der ARD sollte ich dort bei den Filmfestspielen einige Termine wahrnehmen. Das Zimmer, das man mir reserviert hatte, war schön – aber die Klotür war für meinen Rollstuhl zu schmal. Kein Durchkommen. Ein anderes Zimmer war nicht zu kriegen, während der Festspiele ist Cannes komplett ausgebucht. Das sind Momente, in denen man lieber Fußgänger wäre. Ich hab mich von

Herrn Krug, der mich begleitet hat und gut kannte, aufs Klo tragen lassen.

Also: Reisen ist für Rollstuhlfahrer nie so problemlos wie für Fußgänger. Von den Fahrgelegenheiten über die Unterkünfte bis zu den Sanitäranlagen ist alles Mögliche zu bedenken. Aber im Gegensatz zu den Anfängen meiner Rollstuhlkarriere vor rund fünfundvierzig Jahren leben wir heute im Wheelchair-Schlaraffenland. Verkehrsmittel, Sehenswürdigkeiten, Unterkünfte – fast alles ist mittlerweile rollstuhlgerecht. Keine Autobahnraststätte ohne Behindertentoilette. Früher gab es nichts dergleichen. Jeder Ausflug war ein Abenteuerurlaub mit ungewissem Ausgang. In New York zum Beispiel haben heute alle Busse eingebaute Hebebühnen. Wenn der Busdriver einen Rollstuhlfahrer an der Haltestelle sieht, stoppt er in seiner Nähe, fährt die Bühne herunter, holt ihn hoch und bringt ihn zu einem eigens gekennzeichneten Platz im Bus, von dem aus man einen extrem guten und sicheren Blick auf die New Yorker Straßen hat. Das ist, kleiner Tipp, viel kostengünstiger und komfortabler als Taxifahren. Ich habe auf diese Weise schöne Stadtrundfahrten gemacht.

Unsere Gesellschaft ist, mit Verlaub, ziemlich behindertenfreundlich, und ich finde es nicht verkehrt, denen, die das zustande gebracht haben, in den Betrieben, in den Sozialeinrichtungen, in den Reiseunternehmen, in den Medien und vor allem in der Politik, dafür auch einmal zu danken. Die häufig zu beobachtende missgelaunte Forderungsmentalität vieler Behinderter und ihrer Verbände scheint mir nicht gerechtfertigt. Ein Rollstuhlfahrer ist heute gesellschaftlich akzeptiert. Er wird in Züge und Flugzeuge gehoben und kann ohne Widerstände Finanzminister oder Intendant werden. Ein Nichtbehinderter kann sich kaum erlauben, so etwas auszusprechen. Aber ich kann es und will es auch einmal getan haben.

155

Natürlich spielt die finanzielle Situation eines Gelähmten bei der Bewältigung seines Schicksals eine wichtige Rolle. Wenn schon gelähmt, dann bitte als Milliardär, könnte man aus dem Film »Ziemlich beste Freunde« nicht ganz zu Unrecht folgern. Ich kenne beide Seiten. Heute geht es mir gut, und ich kann mir Dinge leisten, die andere Rollstuhlfahrer nicht haben und die mir das Leben sehr viel angenehmer und leichter machen. (Bei Nichtbehinderten gibt es diese Unterschiede übrigens auch.) Am Anfang meiner Rollstuhlkarriere sah das anders aus. Als mittelloser Student war ich auf Unterstützung angewiesen, durch Dr. Schäfer, der mir das Auto schenkte, durch meine Eltern, durch meine Frau, durch das Wohnungs- und das Sozialamt, durch die Krankenkasse. Ich habe diese Unterstützung auch als Nobody ziemlich großzügig bekommen und kann in die üblichen Anklagen gegen restriktive Kassen und Behörden nicht einstimmen. In der Regel vergisst man uns nicht. Ich erinnere mich zum Beispiel an ein Konzert in der Berliner Waldbühne mit Placido Domingo, Anna Netrebko und Rolando Villazón. Für Rollstuhlfahrer gibt es in der Waldbühne eine eigene, gut zugängliche Loge, zwar etwas weit weg von der Bühne, aber dafür zum Nulltarif. Jeder kommt rein. Die Stimmung dort war unter all den Mühseligen und Beladenen und ihren Begleitern so locker und fröhlich, dass die blasierten High-Society-Gäste in ihrem gesponserten First-Class-Bereich mit dem Gratis-Champagner eigentlich nur neidisch sein konnten. Ich kann das beurteilen, weil ich später selbst oft genug in diesen Nobel-Lounges geparkt wurde.

Natürlich gibt es immer individuelle Härten, natürlich wäre mehr schöner, und manches könnte noch besser sein, aber alles in allem funktioniert die Solidarität in Deutschland. Jedenfalls weit besser als in vielen anderen Ländern. Ich kenne Behindertenschicksale in der Dritten Welt, die einem das Herz brechen lassen. Dort fehlt es den Hilflosen an allem, und selbst bescheidenste Hilfsmittel, die den Leuten ein halbwegs erträgliches Leben ermöglichen würden, sind utopisch.

Nochmals zurück zum Reisen. Prinzipiell sind für Rollstuhlfahrer heute auch extreme Unternehmungen möglich. Ich habe River-Rafting auf dem Colorado River probiert, das ist die Fahrt mit einem Floß durch die Stromschnellen. Ich bin Ballon gefahren. Ich habe ein Wohnmobil, das auf Handbetrieb umgebaut war, den Pacific Highway hinuntergesteuert und vor Kuba einen zwei Meter langen Schwertfisch aus dem Meer gezogen (kein Anglerlatein, siehe Foto). Dieser Angelausflug war aus mehreren Gründen bemerkenswert. Der Freund, der mich auf dieser Tour begleitet hat, neigte leider zur Seekrankheit. Die Stunden, die es dauerte, bis der Fisch angebissen hatte, reichten aus, meinen Begleiter grün im Gesicht werden zu lassen. Als ich den Schwertfisch schließlich nach langem Kampf über der Reling hatte, rächte er sich und riss mich mit einem Ruck aus dem Rollstuhl. Ich lag am Boden, daneben der blutende, um sich schlagende Fisch und an der Reling mein kotzender Freund. Eine Angelidylle, die man nicht vergisst. Aber, und darauf kommt es an, es ging. Genauso wie ein anderer Angelausflug nach Irland. Eine Woche lang habe ich dort auf dem Shannon in einem Motorboot gelebt und selbst den Kapitän gegeben. Man muss ein Boot mieten, das für Rollstuhlfahrer umgebaut ist; eine Fahrerlaubnis braucht man nicht. Andere Rollstuhlkollegen haben mir erzählt, dass mit einem speziellen Skibob auch das Skifahren wieder möglich sei, und sogar das Klettern mit einer Spezialeinrichtung ist nicht ausgeschlossen. Ich will damit nicht sagen, dass es ein Traum ist, im Rollstuhl zu verreisen. Aber man muss auch nicht von vornherein darauf verzichten, wie ich am Anfang vermutet hatte.

Der Kirchturm von Gottscheina

Seit 1994 lebe ich in Gottscheina, einem kleinen Dorf im Nordosten von Leipzig. Es gibt ein paar Dinge, die Gottscheina auszeichnen. Zum einen ist es eines der wenigen erhaltenen Ringdörfer in Sachsen und steht daher unter Denkmalschutz. Ein Graben und eine Lehmmauer ziehen sich um das ganze Dorf, eine einzige Stichstraße führt hinein. Nur drei Häuser liegen außerhalb des Rings, das Wirtshaus, das Armenhaus und die Schule. In dieser Schule, einem Ziegelbau aus dem Jahr 1868, wohne ich. Das klingt gewaltig, aber es war eine Zwergschule. Wo heute meine Küche ist, war das einzige Klassenzimmer. Zum anderen ist Gottscheina seit 1438 eines der drei Leipziger »Universitätsdörfer«, es gehörte der Universität, die sich unter anderem von den Erträgen dieser Dörfer finanzierte. Diese Erträge müssen ganz ordentlich gewesen sein. Gottscheina bedeutet nämlich »Gottes Scheune«, ein Hinweis auf die fruchtbaren Böden dieser Gegend. Die Universität hatte auch die niedere Gerichtsbarkeit über die Dörfer, und noch heute fährt der Rektor einmal im Jahr mit einer Kutsche hinaus, um sich von den Dorfbewohnern huldigen zu lassen. Freilich nur noch symbolisch. Und etwas Drittes: Der Turm der Dorfkirche von Gottscheina passt stilistisch nicht ganz zur übrigen Kirche. In einer alten Chronik kann man lesen, dass er 1892 nachträglich errichtet wurde, weil der alte baufällig gewesen sei. Gestiftet habe den neuen Turm der Leipziger Maschinenfabrikant Karl Krause. Dr. Pasch, der im MDR-Rundfunkrat den Sächsischen Heimatbund vertritt, hat mir erzählt, dass Fabrikant Krause eine Tochter des Dorfes geschwängert und sich mit der Kirchturmspende freigekauft habe. Im Dorf erzählt man die Geschichte etwas anders: Er habe das Mädchen geheiratet und den Turm zur Hochzeit gespendet. Wie auch im-

158

mer, ich lebe gern in Gottscheina. Mit einigen Mitbewohnern habe ich mittlerweile Freundschaft geschlossen, mit meinen Nachbarn zum Beispiel oder mit Richters, einem Arztehepaar, das mich schon öfters in misslichen Lagen gerettet hat, zum Beispiel am Karfreitag 2011, als sich im Garten ein Frettchen in meine Ferse verbissen hat und nicht mehr loslassen wollte ... aber ich schweife ab.

Auch früher in Lindau und dann in München habe ich auf Dörfern gelebt. Das mag logistische Nachteile haben, aber es hat auch unübersehbare Vorzüge. In meinem Garten, dem ehemaligen Schulgarten, wachsen zahllose Wildblumen, erst Winterlinge, Schneeglöckchen und Krokusse, dann der Gelbstern, der Bärlauch, die Golderdbeere und das Wiesenschaumkraut. Erst danach beginne ich mit dem Mähen auf meinem umgebauten Traktor. Auch Vögel gibt es jede Menge. Amsel, Drossel, Fink und Star, dazu Meisen, Kleiber, Krähen, Tauben, Eichelhäher, einen Fischreiher und den Roten Milan. Wenn ich im Sommer am Morgen die Haustüre öffne, denke ich immer an die amerikanische Biologin Rachel Carson. Sie hat 1962 in ihrem Bestseller »Silent Spring« beschrieben, wie die Welt in unseren Tagen aussehen bzw. sich anhören würde. Durch den rücksichtslosen Einsatz von Pestiziden in der Landwirtschaft würden die Vögel, so Carson, alle ausgestorben sein, ein »stummer Frühling« läge über dem Land. Die Vögel in Gottscheina singen heute so laut, dass sie fast die Flugzeuge übertönen, die zum Leipziger Flughafen hinüberfliegen. Von April bis Juni, wenn die Nachtigallen aktiv sind, gilt das auch in der Nacht. Prognosen sind eben schwierig, wusste schon Mark Twain, besonders, wenn sie die Zukunft betreffen.

Vom Provisorium zum ARD-Vorsitz

Der Aufbau des MDR ging voran. Die Architektenwettbewerbe für die Landesfunkhäuser und die Zentrale waren abgeschlossen. Es begann die schöne Zeit der ersten Spatenstiche. Nach einigen Anlaufschwierigkeiten, die vor allem das Fernsehen betrafen, begannen auch die Programme, Tritt zu fassen. Über die inhaltliche Ausrichtung gab es naturgemäß konträre Ansichten. Sollte man mit allem, was bisher in der DDR zu hören und zu sehen war, rigoros Schluss machen? Tabula rasa und ein Neuanfang, der sich ausschließlich an Formaten, Standards und Gewohnheiten des Westens orientierte? Dafür sprach ja einiges. Vor allem von den Opfern des alten Systems wurden wir bestürmt, keinen Rundfunk- und Fernsehstein auf dem anderen zu lassen und jeden, aber auch jeden Anklang an die alten DDR-Programme auszumerzen. Auch gegen die ehemaligen Programm-Macher aus der Nalepastraße und aus Adlershof wurde Stellung bezogen. Sie hätten in dem neuen Sender nichts mehr zu suchen, man habe schließlich nicht Revolution gemacht, damit anschließend die alten Genossen wieder an die Schalthebel kämen. Solche und ähnliche Positionen musste ich mir oft anhören. Bei unserem nördlichen Brudersender, dem Ostdeutschen Rundfunk Brandenburg, der später mit dem Sender Freies Berlin (SFB) zum Rundfunk Berlin–Brandenburg (RBB) verschmolz, wurde die »Programmreinigung« ziemlich rigoros durchgezogen. Allerdings mit dem Ergebnis, dass vielen Leuten dort das Hören und Sehen verging. Mir hat dieser puritanische Kurs von Anfang an nicht eingeleuchtet. Warum sollte man den Menschen im Osten, die damals wahrlich genug Änderungen zu verkraften hatten, auch noch ihre vertrauten Unterhaltungsformate und die dazugehörigen Moderatoren nehmen? Natürlich mussten die

Informationssendungen neu gemacht werden, einen Karl-Eduard von Schnitzler mit seinem Schwarzen Kanal wollte niemand mehr, aber den Kessel Buntes, ein paar altgediente Schlagersänger oder Klänge aus dem »Arzgebirch« (Erzgebirge), warum denn nicht? Man hat mir damals entgegengehalten, dass auch Unterhaltung politisch sei und dass man gerade wegen der versteckten Propagandawirkung solcher Sendungen besonders vorsichtig sein müsse. Das ist natürlich nicht ganz falsch, war mir aber in unserer Situation entschieden zu einseitig. Ich habe nach langen Debatten entschieden, dass in Politik, Wirtschaft, Kultur und Information das Programm neu aufzulegen sei, dass die gewohnten Unterhaltungssendungen aber überprüft und nach Möglichkeit fortgesetzt werden sollten. Das Publikum hat uns das gedankt, der Unterhaltungschef, ein gewisser Herr Foht, weniger. Darauf komme ich noch zurück.

Auch beim Personal schien mir die Forderung nach einem radikalen Neuanfang aberwitzig. Abgesehen davon, dass es mangels Masse gar nicht möglich gewesen wäre, hat mir auch nicht eingeleuchtet, warum man die Mitarbeiter des DDR-Fernsehfunks dafür bestrafen sollte, dass sie in den letzten vierzig Jahren nicht beim WDR oder beim Bayerischen Rundfunk gearbeitet hatten. Oder vielleicht dafür, dass sie nicht in der CSU oder in der SPD waren, sondern in der SED? Ich weiß, dass man mit solchen Vergleichen vorsichtig sein muss, aber als sich meine Ex-Kollegen in München wieder einmal besonders selbstgerecht über die Parteijournalisten der alten DDR mokierten, ist mir der Kragen geplatzt und ich habe gesagt: »Natürlich, und ihr seid alle nur in der CSU, weil euch die abendländischen Werte so sehr am Herzen liegen, an Karriere hat dabei keiner gedacht.« Das hat man mir übel genommen, weil doch die CSU eine demokratische Partei ist und die SED nicht. Was natürlich stimmt.

Möglicherweise war mein Verständnis für die anderen Lebensbedingungen und die andere Sozialisation der Menschen in meinem neuen Sendegebiet etwas zu undifferenziert. Man kam in meiner Lage angesichts des geballten Unverständnisses im Westen leicht in eine anwaltschaftliche Stimmung und hat den Osten auch da noch verteidigt, wo es nichts zu verteidigen gab. »Ossi-Versteher« hat mich eine Tageszeitung damals genannt. Ich habe das gleiche Phänomen auch bei Rudolf Mühlfenzl beobachtet, der als konservativer Hardliner mit dem Auftrag angetreten war, den DDR-Rundfunk abzuwickeln, dem dann aber nach einiger Zeit die Ungerechtigkeiten dieser Abwicklung auf Kosten der ehemaligen Mitarbeiter gegen den Strich gingen. Auch er hat sich immer stärker zu einem Anwalt der Ost-Belegschaft entwickelt. Holger Witzel, ein Ossi, der es zum »Stern«-Journalisten brachte, hat uns diese »Überidentifikation« kürzlich in einem Buch vorgeworfen. »Schnauze Wessi. Pöbeleien aus einem besetzten Land« heißen seine zusammengefassten Kolumnen.

Bei mir hat dieses emotionale Ost-Engagement möglicherweise dazu geführt, dass ich das Thema Stasi-Vergangenheit zu leicht genommen habe. Wie bei anderen Betrieben und Behörden hat sich auch bei uns die Frage gestellt, wie man mit Leuten umgehen soll, die vor der Wende mit der Staatssicherheit zusammengearbeitet hatten. Die sogenannten IMs, die inoffiziellen Mitarbeiter, waren die bekanntesten. Ich habe mich um diese Problematik am Anfang zu wenig gekümmert. Zum einen, weil ich damals um jeden froh war, der überhaupt bei uns angeheuert hat. Zum andern, weil es bei Mühlfenzl dazu schon eine Fragenbogen-Aktion gegeben hatte. Wir haben uns teilweise darauf verlassen und nicht mehr alle neuen Mitarbeiter nochmals überprüft. Und zum Dritten sicher auch, weil mir als Mann aus dem Westen die politische und moralische Relevanz dieser Frage nicht so naheging wie vielen Einheimischen. Marianne Birthler, die damalige Bundesbeauftragte für die Stasi-Unterlagen, mit der ich mich einmal über die Thematik unterhalten habe, sagte ganz freundlich zu mir: »Ihr Problem scheint mir zu sein, dass das Ganze für Sie keine Herzensangelegenheit ist.« Ich hatte damals in einem Interview mit Michael Hanfeld von der FAZ etwas salopp erklärt, ich sei nicht als Racheengel in den Osten gekommen. Das war zwar richtig, aber etwas unsensibel. Bekanntlich ist uns die Sache dann ja auch auf die Füße gefallen. Als es zu immer mehr Enthüllungen kam und auch die Presse in die Thematik einzusteigen begann, haben wir uns entschlossen, in die Offensive zu gehen und nochmals alle MDR-Mitarbeiter bei der Stasi-Unterlagen-Behörde einzureichen. Auch die freien Mitarbeiter, die wir beim ersten Mal außen vor gelassen hatten, wurden diesmal mit einbezogen, weil gerade aus dieser Gruppe einige auf dem Bildschirm präsent und daher in der Öffentlichkeit besonders bekannt waren. Der ganze Prozess wurde im Haus von heftigen Diskussionen begleitet und war überaus schmerzhaft. Es kam zu einigen Entlassungen, zu Rückstufungen und Umsetzungen. Ein paar Moderatoren bekamen Bildschirm- oder Mikrofonverbot. Danach war Ruhe.

Dass die Situation auch bei den Opfern und den sogenannten Opfern unübersichtlich war, machte die Sache nicht einfacher. Natürlich gab es eine Reihe von Personen, die in der DDR schikaniert worden waren, die ihren Beruf nicht ausüben und deren Kinder nicht studieren durften, von den politischen Häftlingen gar nicht zu reden. Aber diese Gruppe erhielt nun nach meinem Eindruck von Monat zu Monat Zulauf durch Personen, die ihren Opferstatus erst nach der Wende entdeckt hatten oder ihn jetzt zumindest kräftig ausschmückten. Diese Spätopfer waren für die Chefs unangenehm, weil sie durch ihre aufgesetzte Larmoyanz das Zusammenarbeiten schwierig machten, aber sie waren vor allem für die unangenehm, die wirklich unter dem System gelitten hatten, weil sie auf diese Weise in eine unappetitliche Nachbarschaft kamen. Manche von den wirklich Betroffenen haben dann, um sich abzusetzen, ihren Opferstatus ganz besonders betont, andere zogen es vor, gar nichts mehr zu sagen, so dass um diese gesamte Thematik allmählich eine unangenehme misstrauische Atmosphäre entstand. Ich erinnere mich an eine Podiumsveranstaltung in der Runden Ecke, der ehemaligen Leipziger Stasi-Zentrale, in der die Wellen hochschlugen. Der Saal war brechend voll, die Stimmung aggressiv. Ich war neben anderen angeklagt als jemand, der zu viel Verständnis für die Täter und zu wenig für die Opfer hätte. Als mich ein Opfer-Vertreter unter Verweis auf sein übles Schicksal besonders heftig attackierte, ließ ich mich zu der Bemerkung hinreißen: »Man ist eben kein Opfer.« Den Satz hätte ich gern zurückgeholt. Zum einen, weil er natürlich ungerecht und unangemessen war, zum anderen, weil er die Stimmung im Saal fast zum Überkochen gebracht hätte und meine Mitarbeiter Angst hatten, dass man mich gleich vom Podium herunterholen würde.

Ob diese ganze Aufarbeitung wirklich Ausfluss höchster irdischer Gerechtigkeit war, daran hatte ich schon damals meine Zweifel. Mein Eindruck war, dass man es sich mit der Unisono-Entrüstung über die IMs etwas einfach machte. Schon das einheitliche Etikett »Stasi-Mitarbeiter« war bei näherem Hinsehen ja nicht aufrechtzuerhalten. Ich habe Akten gelesen, die ein solches Ausmaß an Bösartigkeit und krimineller Energie widerspiegelten, dass man mit diesen Leuten um keinen Preis etwas zu tun haben möchte. In anderen Fällen – den meisten – waren die Berichte banal und nichtssagend. Der Informant hatte offensichtlich seine »Pflicht« erfüllt und damit weder der

Staatssicherheit viel geholfen noch irgendjemandem viel geschadet. Auch die Motive für eine Mitarbeit waren verschieden. Es gab Freiwillige, die sich aus weltanschaulicher Überzeugung nach vorn gedrängt hatten, es gab Unglückliche, die gnadenlos erpresst wurden, und es gab die Alltagsopportunisten, die es überall gibt. Sie wollten durchkommen und gehorchten. Und schließlich war die Dauer der Mitarbeit höchst unterschiedlich. Manche begannen früh und hörten erst 1989 auf, als ohnehin alles zu Ende war. Andere wurden als Schüler geworben und schieden zwei Jahre später wieder aus. Obwohl die Sache oft zwanzig Jahre und mehr zurücklag, wurden sie jetzt von journalistischen Aufklärern als IMs geoutet. Man scherte alles über einen Kamm und warf vieles durcheinander. Moralische Urteile und die Forderung nach arbeitsrechtlichen Konsequenzen zum Beispiel. Eine bloße Tätigkeit als IM wurde von keinem Arbeitsgericht als Entlassungsgrund anerkannt. Trotzdem warf man uns vor, solche Leute zu beschäftigen. Das wäre in der Konsequenz auf die Forderung hinausgelaufen, bei der Beschäftigung von Mitarbeitern nicht fachliche und rechtliche Kriterien anzuwenden, sondern moralische. Eine bemerkenswerte Innovation. In einem Artikel in der FAZ (»Stasi, Stasi – und kein Ende?«) habe ich am 6. Februar 2001 die Problematik dargestellt und vorgeschlagen, dann aber bitte schön alle deutschen Redaktionen auf die moralische Qualität ihrer Mitglieder zu untersuchen.

Günter Grass hat damals darauf hingewiesen, dass der hartnäckige Verweis auf lange zurückliegende sittliche Verfehlungen und die Forderung nach lebenslanger Konsequenz etwas absurd Archaisches habe. Strafrechtlich relevante Tatbestände würden in einem Rechtsstaat verfolgt, und selbst da gebe es das Prinzip der Verjährung. Alles andere fiele in den Bereich persönlicher Schuld, der man mit

Straf- oder Arbeitsrecht nicht beikommen könne. Dass Grass bei diesen verständnisvollen Sätzen möglicherweise auch an seine eigene Vergangenheit dachte, konnte man damals noch nicht wissen.

Die Einwände waren alle richtig, aber sie haben den MDR nicht aus der Schusslinie gebracht. Vor allem Uwe Müller von der »Welt« hat sich damals als Jakobiner verwirklicht. Auch hier halfen uns Gegendarstellungen gegen falsche Behauptungen letztlich nicht weiter. An den Zweitüberprüfungen und den rigorosen Konsequenzen, gerecht oder ungerecht, führte kein Weg vorbei. Ich habe die individuellen Härten bedauert, sie aber nach dem alten bayerischen Motto »Der Bauer ist nichts, der Hof ist alles« in Kauf genommen. Zum Glück gab es auch Leute, die differenziert urteilten und mit denen man die komplexe Thematik vernünftig erörtern konnte. Joachim Gauck, der Vorgänger von Marianne Birthler, gehörte dazu. Er war bestimmt kein Sympathisant des DDR-Regimes und vertrat keine Schlussstrich-Positionen, aber er verstand etwas von der Sache und war für uns ein fairer und hilfreicher Gesprächspartner.

Beim Publikum haben uns die Stasi-Diskussionen, die wir zum Teil sicher stellvertretend für die ganze Gesellschaft führten, nicht geschadet. Die Programme wurden immer erfolgreicher. 1997 war das MDR-Fernsehen erstmals das reichweitenstärkste dritte Programm in der ARD. Das ist es bis heute geblieben. Bei allen Umfragen bestätigten uns die Leute, dass sie den MDR als ihren Sender ansehen, und gaben dem Programm Bestnoten. Bei der Kritik, vor allem im Westen, sah das natürlich anders aus. Günstigstenfalls mitleidig, meistens hochnäsig und bösartig, das war der gängige Tenor, in dem über das Schmuddelkind im Osten geschrieben wurde. Den Vogel schoss im Mai 2000 Thomas Tuma im »Spiegel« ab. Sein Artikel

»Mach Dich Raus!« (»MDR«) ging in die Vollen. Eine unserer Sendungen, schrieb er, wirke auf ihn, »als hätte sich das Sozialamt Chemnitz im Vollrausch eine Single-Show ausgedacht«. Ein Moderator lächle »derart melancholisch, als hätte er zeit seines Lebens die Reklamationsstelle eines Plauener Baumarkts betreut«. Eine Festhalle sehe aus, »als warte sie auf die Rückkehr Erich Honeckers«. Und überhaupt: »Wo ein Auslandsmagazin ›Windrose‹ heißt und eine Bergsteigershow ›Biwak‹, könnte es bald das Seniorenmagazin ›Gürtelrose‹ geben.« Der Artikel führte in Leipzig fast zu einer Wiederholung des Volksaufstands. Es kam schließlich zu einer öffentlichen Diskussion mit dem Autor im Leipziger Rathaus. Wolfgang Tiefensee war dabei, der damalige Oberbürgermeister von Leipzig, Leander Haußmann, der Regisseur des gerade herausgekommenen Films »Sonnenallee«, Gunda Röstel, die ostdeutsche Sprecherin des Bundesvorstands von Bündnis 90/Die Grünen und noch einige andere. Es ging hoch her, wobei mir die witzig-freundliche Art, in der Tuma seinen Spott über die »MDR-Rentner in Kunstlederjacken« in der Höhle der Ossis verteidigte, sehr gefallen hat. Ich durfte es nicht zu deutlich zeigen, aber ich fand die Veranstaltung ziemlich lustig. Und zu Tumas Ehrenrettung muss ich sagen, dass er zehn Jahre später im »Spiegel« einen zwar immer noch staunenden, aber sehr fairen Artikel über uns geschrieben hat.

In der ARD wurden wir anfangs nicht viel besser behandelt. Man klopfte uns freundlich auf die Schulter und wünschte uns viel Glück beim Aufbau, aber wenn es ums Eingemachte ging, sprich: um Geld, Korrespondentenplätze, Sendeplätze, dann war man gleich sehr viel zurückhaltender. Vor allem die Programmgestaltung im Ersten lief weiter, als habe es eine Wiedervereinigung nie gegeben. Das war nicht Boshaftigkeit, sondern Unwissenheit und natürliche Trägheit. In den Redaktionen von Tagesschau und Tagesthemen war niemand aus dem Osten. Wie auch? Deswegen kam es vor, dass im Ersten ein Brennpunkt lief, weil im Ruhrgebiet irgendeine Firma pleitegegangen war, während bei uns gleichzeitig ganze Industrien wegbrachen. Unverständnis auch, als wir Sendezeit in der Unterhaltung haben wollten. Es gab zwar schon so ziemlich alle Formate, aber ein Boulevard-Magazin fehlte noch. Das haben wir angeboten: »Brisant«. Ungläubiges Staunen. Etwas Leichtes, Lockeres aus dem Osten? Gibt es in Leipzig denn Promis? Könnt ihr so was? Das waren die Fragen, und dann der gute Rat: Probiert es doch mal bei euch im Dritten, dann schauen wir uns das an. Wir haben uns das nicht gefallen lassen und erfolgreich Gleichbehandlung gefordert. Diese Übergangsphase dauerte nicht sehr lange. Als man merkte, dass unsere Angebote beim Publikum ankamen und vor allem dass wir Geld hatten, sie zu finanzieren, öffneten sich die Arme zunehmend. Dieser Aufnahmeprozess war auch optisch abgeschlossen, als ich zum 1. Januar 1997 einstimmig für zwei Jahre zum ARD-Vorsitzenden gewählt wurde.

Ich habe in diesen zwei Jahren versucht, etwas voranzubringen, was mich schon lange beschäftigte und worin ich durch meine MDR-Erfahrungen bestärkt worden war: eine ARD-Strukturreform. Aus historischen Gründen bestand die ARD aus Sendern mit höchst unterschiedlicher Größe und Leistungsfähigkeit. Da gab es den mächtigen WDR, den NDR und den BR. Daneben einige mittelgroße (SDR, SWF, HR und uns) und dann die kleinen und ganz kleinen: SFB, ORB, Saarländischer Rundfunk und Radio Bremen. Dieses Ungleichgewicht hatte, wie bei den Bundesländern, zur Folge, dass die kleinen von den großen in einem Finanzausgleich unterstützt werden mussten. Die Frage war, ob das so sein und bleiben musste. Wenn unsere drei Länder, so habe ich damals argumentiert, nicht gemeinsam den Mitteldeutschen Rundfunk gegründet hätten, sondern jedes Land für sich einen Sächsischen, Sächsisch-anhaltinischen und Thüringer Rundfunk, dann wären das drei »nehmende« Kleinsender geworden. Warum eigentlich schließen sich andere nicht auch zu finanziell stabilen Mehrländeranstalten zusammen? Warum müssen die Gebührenzahler unserer drei vernünftigen Länder den Egoismus von Stadtstaaten oder kleinen Länder, die unbedingt ihren eigenen Sender wollen, finanziell unterstützen? Darauf gibt es keine vernünftigen Antworten. Deswegen habe ich mich mit diesen Fragen in Bremen, Berlin und im Saarland ziemlich unbeliebt gemacht. Günther von Lojewski, damals Intendant des SFB, nannte mich einen »apokalyptischen Reiter«, und der inzwischen verstorbene Fritz Raff vom Saarländischen Rundfunk sprach mir das Recht ab, als ARD-Vorsitzender solche Gedanken zu äußern. Ich müsste auch für die Kleinen da sein. Das war nicht ganz falsch, aber einiges hat sich doch bewegt. SDR und SWF sind (das große Verdienst von Peter Voß) zum SWR vereinigt, ORB und SFB zum RBB, und Saarland und Bremen kooperieren eng und auf vielen Feldern mit ihren großen Nachbarn. Auch sonst sah die ARD am Ende meiner Amtszeit nicht schlecht aus. Günter Struve hatte sie als Programmdirektor rigoros in Richtung Marktführerschaft getrieben, und dpa hat damals geschrieben, dass wir nach schwierigen Jahren »heute finanziell, strukturell und programmlich bestens« dastünden. »In den vergangenen zwei Jahren ... ließ Reiter keine Gelegenheit aus, um die ARD mit Nachdruck auf einen Modernisierungskurs zu bringen. Sehr viele Freunde hat er damit nicht hinzugewonnen, das Ziel aber ist in Sichtweite, der Senderverbund ist schlagkräftiger geworden.«

Die Wunder von Rom

Der Bayerische Rundfunk war seit eh und je für die Berichterstattung aus Italien zuständig und damit auch für den Vatikan. Die Beziehung ging über ein rein journalistisches Auftragsverständnis weit hinaus. Irgendwie betrachteten wir in München Italien als zum BR gehörig und den Papst ebenso. Auch umgekehrt war man in Rom dem BR besonders gewogen. Kardinal Ratzinger hat ihn mir gegenüber einmal voller Sympathie »den katholischsten aller deutschen Rundfunksender« genannt. Der damalige Italien-Korrespondent Wolf Feller sollte denn auch eines Tages mit dem päpstlichen Gregorius-Orden ausgezeichnet werden, eine hohe Ehre, nicht zu vergleichen mit unseren inflationär verteilten Bundesverdienstkreuzen. Daraus entspann sich eine hübsche Geschichte. Wolf Feller, der die Schönheiten des Lebens in jeder Hinsicht zu schätzen wusste, wurde in den Vatikan einbestellt. Dort eröffnete ihm ein hochrangiger Monsignore, dass der Papst beabsichtige, ihn zum Ritter des heiligen Gregorius zu erheben. »Allein«, so fuhr er fort, »es ist uns zu Ohren gekommen, lieber Herr Feller, dass Sie im Konkubinat leben. Und Sie wissen ja …« Feller hat die Geschichte später oft erzählt. Im ersten Moment sei er sprachlos gewesen, dann habe er geantwortet: »Wissen Sie was, Monsignore, das ist überhaupt kein Problem. Sie behalten Ihren Orden und ich meine Konkubine.« Später hat er den Orden dann doch noch bekommen. Ich übrigens auch, was einen Kollegen zu der unangebrachten Bemerkung veranlasste, Menschenkenntnis sei im Vatikan wohl nicht besonders verbreitet.

Als Hörfunkdirektor in München kam mir die Idee, mit dem Symphonieorchester des BR einmal vor dem Papst im Vatikan ein großes Konzert zu geben. Ich nahm schon 1986, bald nach meiner Wahl, Kontakt zu Hans Schwemmer auf, auch ein Monsignore, der damals für die deutschen Angelegenheiten im Vatikan zuständig war. Ein eindrucksvoller, zwei Meter großer Oberpfälzer, der nach Feierabend gern den Kragen seines Priesterrocks aufmachte und mir den Brunello di Montalcino, einen der besten Rotweine Italiens, nahebrachte. Er versprach mir, sich beim Heiligen Vater für uns einzusetzen, machte mir aber keine großen Hoffnungen. Die Liste der Orchester, die vor dem Papst spielen möchten, sei lang, und nur zwei Dirigenten, Leonard Bernstein und Wolfgang Sawallisch, seien bisher in den Vatikan eingeladen worden. Es war dann auch tatsächlich nichts mehr aus Rom zu hören, und ich schrieb die Sache ab. 1993, als ich schon in Leipzig war, ging in der Hörfunkdirektion in München ein Anruf aus Rom ein. Gottes Mühlen malen eben langsam. Ein gewisser Herr Schwemmer ließ mitteilen, dass am 16. Oktober das Konzert stattfinden könne. Mein unseliger Nachfolger kannte natürlich die Vorgeschichte nicht und hatte keine Ahnung, um was für ein prestigeträchtiges Projekt es dabei ging. Er ließ den Termin prüfen und dann ausrichten, das ginge leider nicht, da spiele das Orchester bereits in Donaueschingen. Monsignore Schwemmer muss aus allen Wolken gefallen sein. Das konnte nicht wahr sein. Er tobte und wollte wissen, wo der Reiter sei. Als seine Leute mich in Leipzig ausfindig gemacht hatten, rief er mich an. »Dr. Reiter, stellen Sie sich vor, ich habe zwei Jahre daran gearbeitet, und jetzt haben wir einen Anlass gefunden: Fünfzehn Jahre Pontifikat von Johannes Paul II. und gleichzeitig 750. Todestag der Heiligen Hedwig von Polen! Und jetzt sagen die ab! Wie soll ich das meinem Chef erklären?« Ich beruhigte ihn und bat, in zehn Minuten zurückrufen zu dürfen. Diese zehn Minuten brauchte ich, um mit Karola Sommerey, meiner Hörfunkdirektorin, zu klären, dass unser MDR-Orchester bereitstand. Ich rief Schwemmer zurück und erklärte ihm, wie schön es doch wäre, wenn ein Orchester aus dem wiedervereinigten Osten Deutschlands vor dem Papst spielen würde, wo dieser doch ebenfalls aus dem Osten komme und sich immer vehement für die Freiheit der ehemals kommunistischen Länder eingesetzt habe. Neben unserem Symphonieorchester konnte ich ihm den MDR-Chor anbieten, so hieß inzwischen der berühmte und umworbene Leipziger Rundfunkchor. Schwemmer verstand sofort. Wir waren uns einig. Als man in München nach ein paar Tagen den Schaden begriff und zurückrudern wollte, war alles schon in trockenen Tüchern.

Meine Heiden fuhren also zum Papst. In der Sala Nervi, der riesigen 1971 eingeweihten Audienzhalle des Vatikans, sangen und spielten Chor und Symphonieorchester des MDR Beethoven, Bruckner und Penderecki vor sechseinhalbtausend Gästen, darunter fast das gesamte Kardinalskollegium. Das Konzert wurde in neun Länder übertragen und von rund acht Millionen Zuschauern gesehen. Wenn man bedenkt, dass es den übertragenden Sender zwei Jahre vorher noch gar nicht gegeben hatte, schon ein kleines Hedwig-Wunder. Johannes Paul II. ging nach dem Konzert auf die Bühne und drückte jedem der Musiker in den ersten Reihen einzeln die Hand. Es war höchst eindrucksvoll, und ich glaube, es wäre kein Problem gewesen, im Anschluss daran das ganze Orchester in der Fontana di Trevi taufen zu lassen.

Und dann ereignete sich noch etwas. Reinhard Krug, der Leiter meiner Intendanz, war zwei Tage vor unserer Rom-Reise zu mir gekommen und sagte, er müsse sich leider entschuldigen, er könne nicht mitkommen. Er habe ein Riesenproblem mit seiner Schulter. Trotz Spritzen und Tabletten könne er seinen rechten Arm nicht bewegen, die Schmerzen seien so stark, dass er nicht einmal sein Hemd selbst anziehen könne. Ich machte ihm klar, was er da versäumen würde, und riet ihm, sich das Hemd von jemand anders anziehen zu lassen. Er tat es und saß das ganze Konzert über mit verkniffenem Gesicht in unserer Reihe. Und jetzt kommt es: Der Papst ging an uns vorbei, gab jedem die Hand und sagte ein paar freundliche Worte. Als er zu Herrn Krug kam, reichte er auch ihm die rechte Hand – und legte seine Linke väterlich auf die rechte Krug'sche Schulter. Krug ist zu jedem Schwur bereit: im selben Moment waren die Schmerzen weg. Bei einem Gläubigen hätte man jetzt sagen können, gut, dein Glaube hat dir geholfen. Aber Krug war ja kein Gläubiger, sondern ein gottloser Ossi. Er blieb schmerzfrei. Wie gibt es denn das? An der Tatsache selbst ist nichts zu deuteln. Ich war Augenzeuge. Ein Wunder?

Das Konzert war ein großer Erfolg. Es hat dem Papst so gut gefallen, dass er uns noch zwei Mal (!) nach Rom eingeladen hat. Bei unserem letzten Besuch war er schon so krank, dass er im Rollstuhl hereingefahren werden musste. Es gibt ein Foto, auf dem wir zwei Rollstuhlfahrer uns die Hand drücken. Zwischen uns der damalige Kardinal Ratzinger und spätere Papst Benedikt XVI. Reiner Haseloff, inzwischen Ministerpräsident in Sachsen-Anhalt, der uns auf dieser Reise begleitete, hat hinterher erzählt, ich hätte zu Ratzinger gesagt: »Wenn Sie weiter für den MDR beten, bringen Sie es selbst noch bis ganz nach oben.« Ich kann mich, obwohl ich Ratzinger noch aus bayerischen Zeiten ganz gut kannte, an eine so vorlaute Bemerkung nicht erinnern.

Bei dem ersten Konzert 1993 fiel mir eine ungewöhnlich schöne junge Geigerin auf, die ich später näher kennengelernt habe. Plácido Domingo, der bekanntlich nicht nur die Musik geliebt hat, hatte ihr nach einem Konzert eine rote Rose in den Geigenkasten gelegt. Sie hatte ein trauriges Schicksal. Mit nur fünfunddreißig Jahren starb sie an einer seltenen Blutvergiftung. Der Kulturchef des MDR-Hörfunks hat damals einen Nachruf auf sie verfasst und sie eine »anmutige junge Geigerin« genannt, »die zur Ausstrahlung des MDR Symphonieorchesters und seinem künstlerischen Profil in unverwechselbarer Weise beigetragen hat«. Ihr hat das Konzert in Rom kein Glück gebracht, aber ihr Name soll in diesem Buch einen Platz finden. In memoriam Bettina Poser.

Auch Hans Schwemmers weiterer Lebensweg verlief nicht glücklich. Er wurde zwar nach neun Jahren als vatikanischer »Ressortleiter Deutschland« zum Titularerzbischof von Ravello befördert, einem malerischen Ort an der italienischen Amalfi-Küste. Ich war zusammen mit der schönen Geigerin bei der Weihe im Dom von Ravello und sagte hinterher zu ihm: »Hans, du bist mein Lieblingserzbischof.« Neben dem Titel bekam er auch eine neue Aufgabe. Er wurde päpstlicher Nuntius für, ja, für Papua-Neuguinea und die Salomon-Inseln. Dort saß er, weit weg vom Brunello, in Port Moresby, der Stadt mit der höchsten Kriminalitätsrate in der Welt. Er konnte sein Haus kaum verlassen, ohne einen Überfall zu riskieren. Bei einem Heimaturlaub habe ich ihn wiedergesehen. Er sah schlecht aus und war todunglücklich. Zurück in Port Moresby, bekam er im September 2001 einen Herzinfarkt. Man flog ihn in ein Krankenhaus nach Cairns in Australien. Bei der Ankunft war er tot. Mit nur sechsundfünfzig Jahren.

Ein paar Jahre später hatte ich ein Erlebnis in Rom, das mich persönlich sehr nachdenklich gemacht hat. Ich war mit Kardinal Ratzinger wegen der Absprachen für das zweite Konzert verabredet und am Abend vorher mit einigen Mitarbeitern in einem Lokal, von dem eine abschüssige Straße hinunter zur Piazza della Rotonda führte. Gut gelaunt wollte ich den andern zeigen, dass ein Rollstuhlfahrer bergab schneller ist als jeder Fußgänger. Das ging auch gut, bis sich mein linkes Vorderrad in voller Fahrt zwischen zwei römischen Pflastersteinen verkeilte. Ich flog kopfüber auf den Weg und musste mich von Herrn Krug und einer Kollegin wieder in den Stuhl heben lassen. Dabei fiel mir auf, dass mein rechter Oberschenkel in einer ungewöhnlichen Weise nach außen stand. Als ich ihn wieder zurechtbog, machte er ein merkwürdig knirschendes Geräusch, das ich nicht so bald vergessen werde. Er war offensichtlich gebrochen. Jeder Fußgänger hätte vor Schmerz gebrüllt und nach ärztlicher Hilfe gerufen. Aber ein Querschnitt spürt den Schmerz nicht direkt und kann sich relativ leicht über das Warnsignal hinwegsetzen. Das tat ich. Da ich den Termin mit Kardinal Ratzinger auf keinen Fall absagen wollte, ließ ich mich ins Hotel bringen und versuchte ohne allzu große Richtungsänderung meines Oberschenkels ins Bett zu kommen. Am nächsten Morgen war er so dick geschwollen, dass ich kaum mehr die Hose darüber ziehen konnte. Spätestens da war mir klar, dass man hier auf keine Spontanheilung mehr hoffen konnte.

Zunächst wollte ich aber noch in den Vatikan. Krug bestellte ein Taxi. Beim Einsteigen verlor ich die Kontrolle über den Oberschenkel. Ich war im Auto, das Bein stand im rechten Winkel zur Tür heraus. Als wir es zurechtrückten, gab es wieder dieses knirschende Geräusch. Das Gespräch mit Ratzinger war trotzdem erfolgreich. Sein Sekretär gab uns danach die Adresse eines nahe gelegenen Krankenhauses mit dem passenden Namen Santo Spirito. Die Ärzte dort waren fassungslos. Ob ich wahnsinnig sei, an dem Bruch führe eine Hauptschlagader vorbei, wenn die durch die Knochenränder aufgerissen werde, sei es vorbei. Ich sah das natürlich ein und fügte mich in alle Anordnungen. Sofortige Einweisung, Notoperation, Rückflug mit dem Roten Kreuz nach München und von dort zur weiteren Behandlung in das Querschnittzentrum nach Murnau. Der dortige Chef hat mir sehr nachdrücklich klargemacht, dass man in meiner Lage etwas behutsamer mit seiner Gesundheit umgehen sollte. Beispielsweise seien meine Knochen wie bei allen Rollstuhlfahrern durch die fehlende Belastung stark entkalkt und würden bei einem entsprechenden Druck – bei mir war das der Sturz in Rom – brechen wie Salzstangen. Und auch sonst gäbe es Anlass, die Verbesserungen, die Ludwig Guttmann für die Überlebenschancen der Querschnittgelähmten erreicht habe, nicht maßlos auszureizen. Ob ich regelmäßig Gymnastik mache? Meine Beine durchbewegen lasse? Mich vernünftig ernähre? Ruhezeiten einhalte? Ich konnte auf keine dieser Fragen guten Gewissens mit Ja antworten und kam damals etwas ins Grübeln, was meine Lebensführung anging. Lange gehalten hat die Besinnung allerdings nicht.

Zurück in Leipzig, hatten unsere römischen Aktivitäten noch ein theologisches Nachspiel. Ein paar protestantische Rundfunkräte und Kirchenbevollmächtigte haben mich besucht und mich vor einer »Vatikanisierung des MDR« gewarnt. Unser Sendegebiet sei schließlich »Luther-Land«. Diese Befürchtungen können sie mittlerweile ad acta legen. Heute spielt das Leipziger Gewandhausorchester und nicht mehr das MDR-Symphonieorchester beim Papst.

Auch in der ARD gab es ein Nachspiel. Beim Bayerischen Rundfunk hatte man die Vorliebe des Heiligen Vaters für Mitteldeutschland naturgemäß nicht sehr gern gesehen. Man hatte nach unserem dritten Konzert das berechtigte Empfinden, dass nun der BR an der Reihe sei, zumal er über das mit Abstand renommierteste Orchester in der ARD verfügte und der neue Papst ein Bayer war. Man ging also fest von einem bayerischen Gastspiel aus, als Peter Voß, dem Intendanten des SWR, ein Coup gelang. Er nutzte die landsmannschaftliche Nähe zu Monsignore Gänswein, dem neuen Privatsekretär des Papstes, und brachte es tatsächlich fertig, dass das SWR-Orchester das nächste Konzert in der Sala Nervi geben durfte. Mein Freund Thomas Gruber, der BR-Intendant, war darüber so wütend, dass er seinen Kirchenaustritt ankündigte. Erst ein handschriftlicher Brief von Benedikt XVI. mit der festen Zusage, jetzt sei definitiv das BR-Orchester dran, soll ihn davon abgebracht haben.

Und auch auf die Gefahr einer gewissen Papstlastigkeit noch eine kleine römische Geschichte: Im Sommer 2003 hatte Justus Frantz erreicht, dass er mit einigen Musikern seiner Philharmonie der Nationen und seinem Sohn am Klavier ein kleines Konzert in der päpstlichen Sommerresidenz in Castell Gandolfo geben durfte. Johannes Paul II. war damals schon schwer krank. Er wurde in einem Sessel hereingetragen und auf einem Podium, zu dem mehrere Stufen hochführten, abgestellt. Nach dem Konzert durften einige ausgesuchte Gäste an ihm vorbeidefilieren und ihm die Hand reichen. Justus hatte in alter Freundschaft dafür gesorgt, dass ich zu diesen Auserwählten gehörte. Ich reihte mich ein und bemerkte, als ich näher kam, die fünf oder sechs Stufen, die zum Papst hinaufführten und die für mich im Rollstuhl natürlich nicht zu bewältigen waren. Ich beschloss, einfach zu ihm hochzuwinken und mit diesem Gruß aus der Ferne zufrieden zu sein. Da hatte ich aber die Rechnung ohne die robusten päpstlichen Leibgardisten gemacht, die den Thron bewachten. Sie sahen mich, packten den Rollstuhl und hievten mich mit Schwung die Stufen hoch direkt vor den Heiligen Vater und die Fotografen, die um ihn herumstanden. Das machten sie mit so wenig pflegerischem Sachverstand, dass ich um ein Haar aus dem Rollstuhl geflogen wäre. In einem Reflex krallte ich mich an den Seitenteilen fest und verhinderte so, dass sie mich dem Papst auf den Schoß kippten. Erst anschließend wurde mir klar, was ich da verhindert hatte. Das Foto wäre wohl um die Welt gegangen.

Die Nacht von Magdeburg

Als wir unseren Sendebetrieb Anfang der neunziger Jahre aufnahmen, war Mitteldeutschland produktionstechnisch eine Wüste. Keine brauchbaren Studios, keine ausgebildeten Techniker, keine erfahrenen Produktionsfirmen. Dementsprechend gingen damals über 80 Prozent der MDR-Aufträge in die alte Bundesrepublik, vor allem nach München, Hamburg und Berlin. Es war eines unserer Ziele, das schnellstmöglich zu ändern. Wir wollten eine eigene Produktionslandschaft in unserem Sendegebiet. Die Aufträge sollten im Land bleiben, die damit verbundenen Arbeitsplätze hier entstehen. Mein damaliger Fernsehdirektor Henning Röhl riet mir, eine Tochterfirma zu gründen, die das in die Hand nehmen sollte. Dieser Plan war mir auch deswegen sympathisch, weil er sich mit einer Überlegung traf, die ich schon einige Zeit mit mir herumtrug.

Ich bin ein überzeugter Verfechter des öffentlich-rechtlichen Rundfunksystems. Er steht für die Idee einer freien Kommunikation in einer freien Gesellschaft. Die Inhalte, die für eine demokratische Meinungsbildung nötig sind, sollen weder von der Politik kontrolliert werden, wie bei einem Staatsrundfunk, noch von der Wirtschaft beeinflusst, wie bei einem ausschließlich werbefinanzierten Rundfunk, sondern sollen von einem öffentlich-rechtlichen Rundfunk weitgehend unabhängig für jedermann zur Verfügung gestellt werden. Dafür wird eine Rundfunkgebühr erhoben, die diese Unabhängigkeit ermöglicht. Vorbild für dieses System war die britische BBC. Nach ihrem Muster wurde der öffentlich-rechtliche Rundfunk in Deutschland nach dem Ende des Zweiten Weltkriegs aufgebaut. Er wurde zu einem Pfeiler der Demokratie in Deutschland, hat im Lauf der Jahrzehnte aber auch bürokratisches Fett angesetzt. So hat mir nie recht eingeleuchtet, warum der gesamte Produktionsbetrieb öffentlich-rechtlich organisiert sein muss oder das Gebäudemanagement oder die Kantine oder der Fuhrpark? Die Redaktionen selbstverständlich, aber der Rest? Als mir Henning Röhl die Gründung einer Produktionstochter vorschlug, kam mir sofort die Idee, dass man in diese Tochterfirma eine Reihe von Aufgaben auslagern könnte, die bisher vom MDR selbst wahrgenommen wurden. Dieses Outsourcing müsste, so war meine Überlegung, zu größerer Flexibilität in der Mutterfirma und zu Einsparungen durch die privatwirtschaftliche Organisation führen. Wir gründeten also die Drefa Media GmbH. Henning Röhl und Peter Kocks, der MDR-Betriebsdirektor, wurden Geschäftsführer, ich Vorsitzender des Aufsichtsrats. Die Rechnung ging auf. Nach wenigen Jahren hatte sich die Drefa zu einem Konzern mit neunzehn Tochterfirmen entwickelt. Ein Teil waren einhundertprozentige MDR-Töchter, bei anderen hatten wir Partner ins Boot geholt, bei wieder anderen hatten wir uns beteiligt. Studio Hamburg, Leo Kirch, die Bavaria, die Kinowelt, die Telepool, sie alle kamen auf diese Weise nach Mitteldeutschland. Der »Spiegel« nannte die Drefa einmal ein »privates Schattenreich«. Aber sie schrieb schwarze Zahlen, sorgte dafür, dass der MDR eine »schlanke Anstalt« wurde und dass am Ende 80 Prozent unserer Aufträge in unserem Sendegebiet blieben. Dieses Outsourcing-Modell hat am Anfang zu heftigen ideologischen Diskussionen geführt. Inzwischen wurde es in unterschiedlicher Intensität fast von allen Sendern übernommen.

Noch eine andere Idee hat mich in den ersten MDR-Jahren umgetrieben. Der öffentlich-rechtliche Rundfunk braucht, so war meine feste Überzeugung, einen eigenen Kinderkanal. Ich habe für diesen Gedanken geworben und unter den Intendanten schnell einige Gleichgesinnte gefunden. Als auch das ZDF zustimmte, war der Weg frei. Die Federführung sollte die ARD bekommen, fragte sich nur, welches Haus. Es lag nahe, dass einer der beiden neuen Ost-Sender zum Zug kommen sollte. Da gab es Nachholbedarf. Also wir oder der ORB. Ich habe Erfurt als Standort vorgeschlagen, weil Thüringen bisher bei der Verteilung von MDR-Ressourcen nicht allzu üppig weggekommen war. Kollege Rosenbauer hatte mit Potsdam/Babelsberg natürlich das attraktivere Angebot. Auf der ARD-Sitzung in Magdeburg sollte am 23. und 24. April 1996 die Entscheidung fallen. Albert Scharf vom Bayerischen Rundfunk war ARD-Vorsitzender. Er hatte damals auch die Neuordnung des ARD-Finanzausgleichs auf der Tagesordnung, ein extrem schwieriges Thema. Einige Häuser lehnten diesen Finanzausgleich, in dem die reicheren Sender ein paar ärmere unterstützen sollten, erstmals grundsätzlich ab, andere verlangten zumindest eine drastische Reduzierung ihrer Zahlungen, die Dritten waren nur bereit zu zahlen, wenn auch die Vierten weiterbezahlen würden – und die Fünften schließlich wollten deutlich mehr bekommen als bisher. Die Debatte zog sich hin, es fehlte ein zweistelliger Millionenbetrag. Dazu die ungelöste KIKA-Standortfrage. »Entweder der ORB bekommt den Kinderkanal, oder der MDR kauft ihn«, lästerte Hansjürgen Rosenbauer. Ein Scheitern der Verhandlungen lag in der Luft. Albert Scharf hat dann vor dem letzten Sitzungstag in der berühmten »Nacht von Magdeburg« die Fäden verknüpft und alle Fähigkeiten

180

eingesetzt, die ein ARD-Vorsitzender braucht: Sachkunde und Flexibilität, Diplomatie und Eloquenz, Geschick und Diskretion, Ausdauer und Trinkfestigkeit. Man saß zusammen in wechselnden kleineren und größeren Gruppen, diskutierte, argumentierte, suchte Verbündete, baute Druck auf. Scharf wanderte zwischen den Tischen hin und her, glich aus und vermittelte. Stundenlang. Am nächsten Morgen hatte die ARD (unter starker Beteiligung des MDR) ihren Finanzausgleich, wir hatten den Kinderkanal und die meisten Anwesenden einen Kater. Inzwischen habe ich öfter darüber nachgedacht, ob es nicht gescheiter gewesen wäre, den Kinderkanal in der Nacht von Magdeburg nicht nach Erfurt zu holen. Mein letztes Dienstjahr wäre zumindest heiterer verlaufen.

Vom Schlachthof zum Medienzentrum

Wenn ich heute zurückblicke, hatten meine ersten drei Amtszeiten eindeutige inhaltliche Schwerpunkte. In den ersten sechs Jahren von 1991 bis 1997 ging es um den Aufbau des Senders. In dieser Zeit haben wir die Mitarbeiter geworben, die Programme entwickelt, die Neubauten vorbereitet, den Kinderkanal nach Erfurt geholt und die Drefa geschaffen. Der MDR wurde ARD-Mitglied und Stimme der neuen Länder im Ersten Programm.

Auch die Kontakte zu den osteuropäischen Rundfunkanstalten entwickelten sich gut. Wir schlossen Kooperationsabkommen mit mehreren Ländern, mit den Polen produzierten wir einen gemeinsamen Tatort, dort wurde auch »In aller Freundschaft« regional aufbereitet. Der Programmaustausch kam ebenso ins Rollen wie regelmäßige Seminare für junge osteuropäische Journalisten in Leipzig. Auch ungewöhnliche Geschäfte gab es. So wollten die

Rumänen gern einen Tatort von uns, konnten ihn aber wegen der prekären Finanzlage ihres Senders nicht bezahlen. Sie boten uns als Honorar 10 000 Flaschen rumänischen Rotwein an. Nach einer Verkostung, es war ein »Zar Simeon Reserva«, der bekannteste Rotwein aus Rumänien, akzeptierten wir. Ein paar Wochen später fuhr ein rumänischer Lastwagen mit Anhänger auf den MDR-Hof in Leipzig und hatte tatsächlich die 10 000 Flaschen an Bord. Wir verkauften sie an unsere Mitarbeiter und verbuchten den Erlös ordnungsgemäß unter »besondere Einnahmen«. Der Pferdefuß bei dem Geschäft war allerdings, dass der gelieferte Rotwein bei weitem nicht derselbe war, den wir vorher verkostet hatten.

Ich will diese Pionierzeit nicht nachträglich verklären. Natürlich gab es auch Probleme und Krisen, aber alles in allem war der Aufbau des MDR eine Erfolgsstory in der deutschen Rundfunkgeschichte.

In der zweiten Periode, für die ich von 1997 bis 2003 mit 86,1 Prozent der Rundfunkratstimmen wiedergewählt wurde, ging es um die Konsolidierung und Stabilisierung all dessen, was wir in den Anfangsjahren aus dem Boden gestampft hatten. Wir haben die Programme weiterentwickelt, die hausinternen Strukturen und Prozesse verbessert und ein erstes Kostensenkungsprogramm aufgelegt, das uns trotz rückläufiger Einnahmen die Fortsetzung der Programmarbeit auch in den kommenden Jahren ermöglichen sollte.

In diese Zeit fiel die Fertigstellung unserer neuen Landesfunkhäuser in Dresden, Erfurt und Magdeburg und auch die Einweihung unserer neuen Zentrale in Leipzig. Auf dem Gelände des ehemaligen Vieh- und Schlachthofs, den Hugo Licht, ein bedeutender Leipziger Stadtbaudirektor, zwischen 1886 und 1888 erbaut hatte, war in einer Mischung aus alter, renovierter Bausubstanz und Neubauten ein modernes Medienzentrum entstanden. Bei unserem ersten Rundgang über das Gelände brauchte man Phantasie, um sich das vorstellen zu können. Es roch bestialisch nach Schweinehaltung, an den Haken hingen noch blutige Metzgerschürzen, und einige Experten warnten uns vor möglicherweise hochgradig kontaminiertem Untergrund. Wir riskierten es trotzdem, und die Intendanz bezog relativ bald ein wiederhergestelltes Bürogebäude auf dem Schlachthofgelände, die sogenannte Schlachthof-Börse. Als Frau Czech nach wenigen Wochen die Schweinegrippe bekam, wurde mir etwas unwohl, und als mir ein paar Tage später auch noch von einem Mitarbeiter mit »Kuhseuche« berichtet wurde, sah ich den MDR schon in einem Strudel von Tierkrankheiten untergehen. Zum Glück stellte sich die zweite Krankheit als »Q-Seuche« heraus, und es konnte weitergearbeitet werden.

Die Schlachthof-Baustelle war Ende der neunziger Jahre die größte in Leipzig und nach dem Potsdamer Platz in Berlin die zweitgrößte in Deutschland. In Spitzenzeiten waren bis zu 1000 Bauarbeiter gleichzeitig beschäftigt. 50 000 Kubikmeter Beton und 8000 Tonnen Stahl wurden verbaut, 25 000 Quadratmeter Glasfassade wurde angeschraubt und 342 Kilometer Glasfaserkabel verlegt. Dann stand das Ding. Ein Großprojekt ohne Verzögerung und ohne Kostensteigerung. Am 13. Juli 2000 war Einweihung. »Freudig begrüßen wir die edle Halle«, sang der MDR-Chor vor den zahlreichen Gästen, das Fernsehballett tanzte, die Geschwister Weisheit, bekannte ostdeutsche Artisten, fuhren in einem spektakulären Drahtseilakt mit dem Motorrad zum neuen Hochhaus hinauf, die Ministerpräsidenten sprachen Grußbotschaften, ich sprach auch und bekam einen riesengroßen symbolischen Hausschlüssel überreicht (den ich 2011 an meine Nachfolgerin weitergegeben habe), die Kirchenbevollmächtigten segneten den Bau, die Post brachte eine Sonderbriefmarke heraus, es wurde gegessen und getrunken, und abends gab es ein spektakuläres Feuerwerk. Dieser Tag war der Höhepunkt meiner beruflichen Laufbahn.»Udo Reiter, der König des MDR. Jetzt zieht er mit seinem Sender in diesen prachtvollen Glaspalast in Leipzig. Eine Erfolgsstory«, schrieb die BZ, und BILD ernannte mich sogar zum »TV-König des Ostens«. Ich saß fest im Sattel, nichts schien unseren Erfolg gefährden zu können. Dass auf ein Hosianna oft ein »Kreuzige ihn« folgt, kam mir damals nicht in den Sinn.

Um das Glück vollzumachen, bin ich auch noch Professor geworden, und zwar für Radiolehre an der Fachhochschule Mittweida. Diese Hochschule Mittweida wurde 1867 als privates Technikum gegründet und war schon einige Jahr später die größte private Ingenieurschule Deutschlands. Ihr Schwerpunkt war anfangs der Maschinenbau, später die Elektrotechnik. In der DDR war Mittweida eine der bekanntesten Ausbildungsstätten für angehende Ingenieure. Nach der Wende kam Medienausbildung als weiterer Schwerpunkt dazu. Ich habe versucht, den angehenden Kollegen Radiojournalismus beizubringen, und einige Semester lang Vorlesungen darüber gehalten. Heute bin ich Mitglied im Hochschulrat. Der Professorentitel ist etwas Schönes, trotzdem finde ich, dass man ihn nicht derart breit streuen dürfte, wie es heute in Deutschland üblich ist. Kaum ein Intendant, der ihn nicht hat. Ein böses Wort sagt, dass jeder Spender einer ausgedienten Schneide- oder Kopiermaschine dafür mit den begehrten vier Buchstaben belohnt wird. Wie bei jeder Inflation entwertet man damit den Kern einer Sache. Der ehrwürdige deutsche Professorentitel, der jahrhundertelang für das Ansehen und die Weltgeltung der deutschen Wissenschaft stand, ist jedenfalls durch Leute wie mich arg in Mitleidenschaft gezogen worden.

Digitale Revolution

Für meine dritte Amtszeit wurde ich 2002 mit einem noch besseren Ergebnis wiedergewählt: 89,7 Prozent. Angela Merkel sagte damals zu mir: »Det is ja wie in der DDR.« In diesen Jahren von 2003 bis 2009 ging es um etwas Neues, das sich seit einiger Zeit auf dem Medienmarkt andeutete: die Digitalisierung. Diese Digitalisierung hat einen tiefgreifenden Umbruch in der Medienlandschaft eingeläutet. Das Wort von der »digitalen Revolution« ist nicht übertrieben. Die Medienszene verändert sich derzeit stärker und schneller als in den fünfzig Jahren zuvor. Die Digitalisierung ist im Grunde nur eine Veränderung der Technik, in der Hörfunk- und Fernsehsignale übertragen werden. Diese Veränderung bringt aber mit sich, dass erheblich mehr Programme als bisher übertragen werden können. Dies wiederum führt dazu, dass tatsächlich sehr viel mehr Programme produziert und angeboten werden, und zwar nicht mehr nur von öffentlichen und privaten Sendeanstalten, sondern von ganz anderen Anbietern: von Technologiekonzernen, Plattformbetreibern, Verlagshäusern und sogar von Finanzfonds. Auch für den Nutzer bringt die digitale Technik neue Möglichkeiten. Nicht nur dass er eine größere Auswahl hat, er kann die Programme auch zunehmend individuell abrufen. Kurz gesagt: Der Zuschauer von morgen, teils auch schon der von heute, schaut, was immer er will, wann immer er will, wo immer er will – und das bei stark vermehrtem Angebot und deutlich gesteigerter technischer Qualität.

Für uns, die öffentlich-rechtlichen Programmmacher, war das eine enorme Herausforderung. Wir mussten uns dem Wettbewerb mit den neuen kapitalstarken Konkurrenten stellen, mussten es mit jungen hochflexiblen Anbietern aufnehmen, die plötzlich von allen Seiten mit innovativen Geschäftsideen auf die Märkte drängten – und wir mussten uns auf diesem rasant wachsenden Angebotsmarkt mit eigenen unverwechselbaren Programmmarken behaupten und deutlich machen, dass öffentlich-rechtliche Programmqualität gerade in diesen Zeiten unverzichtbar ist, dass wir in der Flut der Angebote imstande sind, journalistische und künstlerische Leuchttürme zu setzen. Das war eine Überlebensfrage. Mein Kollege Markus Schächter vom ZDF hat es einmal sehr schön formuliert: »Wer nicht ins Netz geht, geht ins Museum.« Deshalb ist der Streit mit den Verlegern um das, was wir im Netz dürfen und was nicht, alles andere als ein Streit um des Kaisers Bart. Es ist ein Streit um unsere Zukunft. Die Idee des öffentlich-rechtlichen Rundfunks hat sich immer auf Inhalte bezogen, nie auf Verteilungswege. Solange es nur das Radio gab, haben wir die Inhalte über Radiowellen transportiert, als das Fernsehen dazu kam, über den Bildschirm, erst schwarz-weiß, dann in Farbe. Und wenn heute ein immer größerer Teil des Publikums seine Inhalte online bezieht, dann müssen wir sie eben auf diesem Weg anbieten, sonst kann man die Idee des öffentlich-rechtlichen Rundfunks begraben.

Durch den 12. Rundfunkänderungsstaatsvertrag, der im Oktober 2008 geschlossen wurde, hat uns die Politik diesen Weg im Prinzip ermöglicht. Auf Drängen der Verleger, die sich das Netz verständlicherweise als möglichst konkurrenzfreies Geschäftsfeld erhalten wollten, wurden allerdings beträchtliche Auflagen in den Staatsvertrag geschrieben. Dieses nicht und jenes nicht und das Dritte nur eingeschränkt und alles nur nach endlosen bürokratischen Vorprüfungen. Das war zwar besser als nichts, aber ein solches Geflecht von Auflagen widerspricht natürlich dem Grundcharakter des Internets. Das Netz ist von seinem Wesen her, formal und inhaltlich, ein Medium größtmöglicher Freiheit. Diese Freiheit mit kleinteiliger deutscher Regulierungswut eingrenzen zu wollen hat etwas Kurioses. Aber sei's drum, wir werden das Beste daraus machen.

Wir haben in meiner dritten Amtszeit von Anfang an versucht, die Weichen in diese Richtung zu stellen und bei allen Entwicklungen mindestens so lange den Fuß in der Tür zu haben, bis klar war, welcher Variante die Zukunft gehört. Das bedeutete bei den Übertragungswegen einen Mix aus Kabel, Satellit und Terrestrik, aber auch Verbreitung über DSL und Angebote für den mobilen Empfang. Für die hausinternen Strukturen lag es nahe, die klassische Trennung in Hörfunk, Fernsehen und Internet zumindest aufzuweichen und auf eine sogenannte trimediale Arbeitsweise umzusteigen. Das heißt, die Inhalte werden von einer gemeinsamen Redaktion erstellt und dann auf die verschiedenen Ausspielwege verteilt. Der MDR war der erste Sender, der daraus die Konsequenzen gezogen und einen trimedialen Chefredakteur eingesetzt hat. Dieser Umbruch war für einen Rundfunkveteranen wie mich eine völlig neue Herausforderung.

Meine Begeisterung für die neue Zeit erhielt allerdings einen Dämpfer, wie ich ihn nie für möglich gehalten hätte. 2005 wurde ein Jahr des gesundheitlichen Grauens für mich. Bevor ich darüber berichte, habe ich noch eine kleine unanständige Geschichte: Die renovierten Schlachthofhallen sahen gut aus und ließen sich als »locations« für allerlei Auftritte nutzen. Vor allem während der Leipziger Buchmesse war die Nachfrage groß, und als mein Freund und Kollege Peter Voß, der einzige ARD-Intendant, der nicht nur heimlich dichtete, sondern seine Gedichte auch publizierte, eine Lesung in Leipzig vorhatte, war klar, dass sie bei uns auf dem MDR-Gelände stattfinden sollte. Wir wählten dafür eine der schönen Hallen, und zwar die, in der früher zu Schlachthofzeiten die sogenannten Überständer untergebracht waren, das waren die Tiere, die zu spät angeliefert wurden und ihren Schlachttermin verpasst hatten, die also »überständig« waren. Ich habe zu Beginn der Lesung die Gäste begrüßt, den dichtenden Intendanten Voß vorgestellt und auch ein paar Sätze zum Schlachthof und der Halle des Abends gesagt. Alles war harmonisch und auf hohem kulturellem Niveau, bis ich zur Erklärung der ehemaligen Hallenfunktion das Wort »Überständer« gebrauchte. Da ließ sich Peter Voß in der ersten Reihe mit einem Zwischenruf vernehmen, der ihm offensichtlich lauter geriet, als er sein sollte. »Ach ja«, rief er fröhlich, »davon träume ich schon lange.« Das schallende Gelächter seiner Zuhörer war ihm dann allerdings ein wenig peinlich.

Schwachstellen

In der rechten Schulter hatte es sich schon seit einiger Zeit angedeutet. Ein ziehender, später stechender Schmerz, erst nur gelegentlich, dann immer häufiger und schließlich dauernd. Es war schon noch auszuhalten, aber es war extrem hinderlich. Ich brauchte den Arm und damit die Schulter ja ständig – um den Rollstuhl zu bewegen, um mich ins Auto zu hieven oder ins Bett oder auf die Toilette. Mit Schonen, wie immer empfohlen wurde, war da nicht viel. Ich ließ mir Spritzen geben, das hielt dann eine knappe Woche, dann war die nächste fällig. Schließlich ging ich ins Krankenhaus. Ein junger Doktor nahm mich mit zum Röntgen und brach, als er die Bilder sah, in fröhliches Entsetzen aus: »Um Gottes willen, wie sieht denn Ihre Schulter aus! Die Sehnen sind ja völlig ausgefranst. So etwas habe ich überhaupt noch nicht gesehen!« Das war psychologisch vielleicht nicht besonders geschickt, aber ich zeigte Wirkung. Hier musste offenbar etwas geschehen. Ich wurde zu Dr. Hammer geschickt, der in Leipzig eine Notfallklinik leitete und der in den kommenden Jahren mein Freund und medizinischer Berater werden sollte. Er sah sich die Bilder an und riet mir, schleunigst nach Salzburg zu gehen, dort gebe es an der Universitätsklinik einen Prof. Resch, den man den europäischen Schulterpapst nenne. Der solle sich das zumindest einmal ansehen. Herr Pinkert fuhr mich nach Salzburg, und Prof. Resch behielt mich gleich da. Am 9. Februar 2005 wurde ich operiert. Resch machte die Schulter wieder funktionsfähig, indem er einen Teil des Brustmuskels nach oben zog und irgendwo hinten am Schulterblatt wieder antackerte. Oder so ähnlich. Schon eindrucksvoll, was die zeitgenössischen Mediziner alles zustande bringen.

Als ich am 24. Februar wieder entlassen wurde, war die Schulter repariert, aber ich durfte den Arm nicht bewegen. Alles war bandagiert und am Brustkorb festgezurrt. Das ist schon für einen Fußgänger lästig, aber bei mir war es eine mittlere Katastrophe. Ich war völlig außer Gefecht. Für jeden Handgriff brauchte ich Hilfe. Ich hatte damals zwar eine italienische Freundin, die sich in südländischer Fürsorglichkeit um mich kümmerte, und ich hatte Frau Czech, die täglich mit den wichtigsten Akten aus dem Büro kam und mir half, mein grünes »R« auf die Vorlagen zu malen. Aber das reichte alles nicht. Man setzte mich schließlich in einen Elektrorollstuhl, den man über einen Stick mit der linken Hand spielend leicht bewegen konnte. Das war ziemlich vergnüglich. Das Gerät hatte eine unheimliche Beschleunigung, in zehn Sekunden von null nicht gerade auf hundert, aber ganz schön flott. Die Spuren sind heute noch an meinen Türrahmen zu sehen. Dieser Schaden wäre zu verkraften gewesen. Etwas anderes war heimtückischer. Wenn man im Rollstuhl sitzt, bewegt man sich normalerweise automatisch immer ein wenig, durch Aufstützen der Arme zum Beispiel oder durch Vorbeugen. Man sitzt nie ganz still und entlastet auf diese Weise beiläufig sein Gesäß. Das war jetzt anders. Das Ergebnis war katastrophal. Ich spürte es nicht, der Pflegedienst erkannte es nicht – ich bekam, Schrecken aller Querschnitte, einen Dekubitus, eine offene Stelle am Gesäß. Wir haben versucht, die Sache mit Hausmittelchen wieder in den Griff zu bekommen, vom Melkfett bis zum Kamillentee, keine Chance. Dr. Hammer ließ mich schließlich zum MRT bringen. Als sich dort zeigte, dass das Sitzbein schon angegriffen war, blieb keine Wahl. Wieder Krankenhaus, diesmal die Universitätsklinik in Leipzig. Wieder Operation, diesmal die Rückseite. Dabei ist die OP selbst das geringste Problem, das haben die Leipziger Doktoren vorzüglich gemacht. Aber danach, das Verheilen. Man liegt natürlich nicht immer auf dem Bauch, man bewegt sich falsch, man steht zu früh auf – mit dem Ergebnis, dass die frische Wunde immer wieder aufreißt und sogar größer wird. Als ich einmal mit dem Rollstuhl ins Badezimmer fuhr, habe ich eine rote Blutspur hinter mir hergezogen. Ich war ziemlich erschrocken.

Die Sache zog sich hin. Am 18. März war ich eingeliefert worden, jetzt war Mitte Mai, und ich lag immer noch in der Klinik. Das wurde langsam problematisch. Mein Fernbleiben wurde im MDR allmählich zur Kenntnis genommen. Ich tat deshalb dasselbe, was Wolfgang Schäuble ein paar Jahre später auch getan hat – ich ließ mich auf eigene Verantwortung zu früh entlassen. Ich wollte (und ich musste) wieder ins Büro. Damals hatte ein neues Verfahren zur schnelleren Wundheilung gerade Konjunktur. Man versuchte in der Wunde einen Unterdruck herzustellen, indem man dort luftdicht einen kleinen Saugnapf einklebte, der über einen Schlauch mit einer Pumpe verbunden war. Diese Pumpe erzeugte mit einem batteriebetriebenen Elektromotor den angeblich heilsamen Unterdruck. Ich wollte nichts unversucht lassen und habe mir einen solchen Saugnapf einbauen lassen. Um das ganze Verfahren einigermaßen diskret handhaben zu können, habe ich den Motor in einem Pilotenkoffer untergebracht und so getan, als würde ich Akten darin transportieren. In den Koffer habe ich ein Loch gebohrt und den Schlauch durch das Loch in meine Hose geleitet. Weil das Ein- und Aussteigen ins Auto auf diese Weise ja nicht möglich war, hat Herr Pinkert einen Transporter besorgt und mich über eine bewegliche Rampe in meinem Rollstuhl auf die Ladefläche geschoben. So bin ich nicht nur ins Büro gefahren, sondern auch zu einer wichtigen Aufsichtsratssitzung der Bavaria nach München und zu einer ARD-Sitzung nach Bremen. Nach München waren wir mit dem langsamen Kleinlastwagen über fünf Stunden unterwegs, dann einige Stunden Sitzung, dann wieder fünf Stunden zurück. Die ärztliche Vorschrift war, nicht länger als vier Stunden sitzen am Stück. Das Ergebnis war entsprechend. Dazu kam, dass die Batterie der Pumpe nicht so lange hielt und mitten in der Sitzung durch lautes Piepen ihr bevorstehendes Ende ankündigte. Die anderen Aufsichtsräte schauten verblüfft auf meinen Aktenkoffer.

Das klingt lustig. In Wirklichkeit war es ein Elend. Ich fühlte mich miserabel und sah auch so aus. Ständig hatte ich leichtes Fieber, auch die Schulter war ja noch nicht völlig verheilt. Aber die Regeln sind eisern. Dabei sein oder aufhören. Ich habe damals ernsthaft ans Aufhören gedacht. Trotz Unterdrucks wollte und wollte sich die Wunde nicht schließen, was bei diesem Lebenswandel ja auch kein Wunder war. Zum Glück stand jetzt die Urlaubszeit bevor, also etwas Luft und vor allem keine Sitzungen mehr. Ich wollte alles auf eine Karte setzen und ging nochmals ins Krankenhaus. Diesmal nach Hamburg in das

Querschnittzentrum des dortigen Unfallkrankenhauses. Wenn das auch nichts half, wollte ich nach der Sommerpause dem Verwaltungsrat meinen Rücktritt erklären. Ich wurde in Hamburg am 11. Juli nochmals operiert, und zwar »zur Wiederherstellung belastbarer Weichteilverhältnisse am Gesäß«, wie es vielversprechend in den Krankenakten hieß. Nach der Operation legte man mich drei Wochen auf ein Luftkissenbett. Man schwebt gewissermaßen über der Matratze. Die kritische Stelle kommt in keinerlei direkten Kontakt zur Unterlage und kann ungestört heilen. Der Erfolg war eindrucksvoll. Am 3. August wurde ich entlassen, der Spuk war vorbei, nach der Sommerpause trat ich nicht zurück, sondern war wieder der Alte.

»Der ewige Intendant«

Es lief wieder gut. Vor allem die Programme. Das MDR-Fernsehen war nun schon das achte Jahr hintereinander das erfolgreichste Dritte in der ARD. Auch unsere Sendungen im Ersten liefen immer besser. Der Dienstag, an dem die MDR-Serien kamen (In aller Freundschaft, Tierärztin Dr. Merten, Um Himmels Willen), wurde zum quotenstärksten Tag der ARD. Im Hörfunk schaltete jeder Zweite im Sendegebiet mindestens einmal am Tag ein MDR-Radioprogramm ein, und die neuen Internet-Angebote verzeichneten von Monat zu Monat steigende Zugriffe. »Eine schlanke Anstalt macht sich breit«, titelte die »Welt«. Der MDR war der mächtigste Medienkonzern in Mitteldeutschland. Es gab wenig zu meckern, keine Wolke am Horizont. Was lag näher, als 2009, am Ende meiner dritten Amtszeit, nach achtzehn Jahren mit fünfundsechzig zufrieden und von allen Seiten gelobt in den Ruhestand zu gehen.

Aber man weiß es ja: Wenn es dem Esel zu wohl wird,

geht er aufs Eis. Für Intendanten gibt es keine Alters-
grenze. Dieter Stolte hatte beim ZDF zwanzig Jahre gemacht und ein gewisser Bausch beim Süddeutschen Rundfunk, allerdings vor langer Zeit, sogar einunddreißig. Er
verabschiedete sich dann mit dem liebenswürdigen Satz:
»Wenn ich sehe, wer heute alles Intendant wird, geh ich
gern in Pension.« Wie auch immer, ich ließ mich verfüh-
ren, als man mich bat zu bleiben. Es lief ja gut, man kam
aus mit mir, und Nachfolgefragen sind im öffentlich-rechtlichen Rundfunk nie ganz einfach. Natürlich hat es mir
auch geschmeichelt, dass ich offenbar so unverzichtbar
war, und so trat ich denn tatsächlich noch einmal an und
bewarb mich für eine vierte Amtszeit. Man sprach mir das
Vertrauen aus. Sehr überzeugend sogar, wieder mit nahezu
neunzig Prozent der Stimmen. »Der ewige Intendant«,
schrieb daraufhin die FAZ.

Es war ein Fehler. Man soll sein Schicksal nicht ohne
Not herausfordern. Für einen Mann, der mit dreiundzwanzig Jahren durch einen schweren Unfall querschnittgelähmt wird und auf den Rollstuhl angewiesen ist, hatte ich
ein ungewöhnlich glückliches und erfülltes Leben hinter
mir. Wenn ich mich auf Sitzungen mitunter langweilte,
schaute ich oft in die Runde und überlegte mir, mit wem
von den anwesenden Fußgängern ich tauschen würde. Es
war ganz selten einer dabei. Wahrscheinlich wäre es klü-
ger gewesen, das Spiel nicht bis zum Äußersten auszureizen und auf die Warnsignale des Jahres 2005 zu achten.
Aber nebbich. Ich war gewählt und ging erst einmal froh-
gemut in die neue Amtszeit.

Von meinen Studenten in Mittweida bin ich öfter gefragt
worden, was denn das Erfolgsgeheimnis meiner insgesamt
ja eher ungewöhnlichen Karriere gewesen sei. Ich werde
dann meistens verlegen. Nicht aus Bescheidenheit, sondern aus Ratlosigkeit. Was war es denn? Vermutlich meh-

rerlei. Natürlich hat Glück dazu gehört, und auch der Zufall hat eine Rolle gespielt. Ohne die Wiedervereinigung wäre ich nicht nach Leipzig gekommen. Und wenn der Börsenboom, dem wir die Verdoppelung unserer Anschubfinanzierung zu verdanken hatten, zwei Jahre früher zusammengebrochen wäre, hätten wir unser Geld verspielt, und man hätte mich wie einen räudigen Hund vom Hof gejagt. Aber Glück allein war es natürlich nicht. Ich denke, dass neben dem Handwerkszeug, das immer dazugehört, zwei Eigenschaften für jeden beruflichen Erfolg Voraussetzung sind. Die erste: Man muss Wichtiges von Unwichtigem unterscheiden können. Das klingt banal, ist es aber nicht. Im Gegenteil. Wenn ich Leute sehe, die voller Begeisterung an Fronten kämpfen, die ich auf den ersten Blick als Nebenkriegsschauplätze erkenne, dann weiß ich, dass nicht viel aus ihnen werden wird. Diese Eigenschaft macht einen nicht unbedingt sympathisch, vor allem wenn man seine Prioritäten danach ausrichtet. Oft wirkt es viel einnehmender, sich mit Liebe um Nutzloses zu kümmern. Die zweite Eigenschaft: Man sollte das haben, was man in Bayern »Schneid« nennt. Das Wort, das man schwer ins Hochdeutsche übersetzen kann, meint eine spezielle, etwas unbekümmerte Unerschrockenheit, die sich auch von allgemeiner Ablehnung und drohendem Liebesentzug nicht entmutigen lässt. Diese Bereitschaft, auch einmal etwas gegen den Trend zu riskieren, scheint mir für jede Karriere unerlässlich. Das waren jedenfalls die beiden Eigenschaften, die mir am meisten geholfen haben.

Dazu kam sicher noch mein glückliches Naturell, was die generelle Einstellung zum Leben betrifft. Ich neige dazu, den Lebenskampf spielerisch zu sehen. Also gern zu gewinnen und ungern zu verlieren und eine Niederlage, wenn sie denn einmal passiert, nicht gleich persönlich zu nehmen. Und ich neige dazu, die Dinge und die Welt phänomenologisch zu sehen. Also nicht an allem und jedem zunächst zu bemängeln, dass es so ist, wie es ist, und sich zu wünschen, dass es anders wäre, sondern es erst einmal so zu nehmen, wie es ist. Ein prinzipielles »Ja zum Vorfindlichen« hat Joachim Gauck das einmal genannt und beklagt, dass diese Eigenschaft bei den Deutschen unterentwickelt sei. Bei uns neige man eher dazu, das Vorfindliche zu diskreditieren, es erst einmal als unzulänglich und reformbedürftig einzustufen. Man hat diese Bemerkung von Gauck sofort als »Herzenskälte« kritisiert. Der Mann habe offenbar keinen Blick für das Elend dieser Welt und die Notwendigkeit, es zu bekämpfen.

Vermutlich ist auch der Hang zur phänomenologischen Weltsicht keine besonders sympathische Eigenschaft. Wer unentwegt eine bessere Welt fordert und ständig den Kühen mehr Milch und den Müttern mehr Gesundheit verspricht, kommt besser an und erhält viel Gesinnungsapplaus. Und möglicherweise, das räume ich aus heutiger Sicht ein, hätte ich mich ja wirklich an einigen Stellen mehr empören und gegen das Vorfindliche engagieren können. Dass ich es nicht oder zu wenig getan habe, hängt sicher auch damit zusammen, dass mir der deutsche Hang zur Weltverbesserung, der uns anfällig macht für romantische Politikentwürfe, für ein Primat der Vision vor der Analyse, immer ein wenig contre cœur ging. Das fing ja schon bei Luther an: »Hier stehe ich, ich kann nicht anders.« Ich vermute, man hätte die Ablassfrage auch anders lösen und sich die Kirchenspaltung ersparen können. Oder heute der landesweite Ökorausch mit dem emotionalen Ausstieg aus der Kernenergie oder das politisch korrekte Schönreden der Ausländerproblematik. Auch die idealistische deutsche Europapolitik, die sich hartnäckig weigert, ihr Scheitern zur Kenntnis zu nehmen, gehört für mich zu dieser politischen Romantik. Es mag ja richtig sein, dass sich die wirtschaftliche Integration Europas ohne politische Einigung nicht durchhalten lässt. Aber wie um Gottes willen soll denn diese politische Einigung aussehen? Wollen wir wirklich in einem Staat leben, in dem eine Mehrheit aus Griechen, Spaniern, Italienern, Rumänen und Portugiesen über die deutschen Steuereinnahmen entscheiden kann? In dem andere uns vorschreiben, wie wir unsere Verhältnisse in Deutschland zu ordnen haben? Nur weil die europäische Idee so schön ist? De Gaulle wusste schon, warum er ein Europa der Vaterländer wollte und mehr nicht. Die politische Einheit Europas mag ein Traum sein, ihre Verwirklichung wäre ein Alptraum. Aber ich schweife ab.

Mohammed Mustafa

Was die Digitalisierung betrifft, war der MDR gut aufgestellt. Ich hatte eine »Arbeitsgruppe DZ« (Digitale Zukunft) eingesetzt, die im Haus allgemein »Arbeitsgruppe Delitzsch« hieß, weil DZ das Autokennzeichen von Delitzsch war. Sie wurde von meiner späteren Nachfolgerin Karola Wille geleitet. Alle Bereiche des Hauses waren dort vertreten und arbeiteten trimedial an den entsprechenden Konzepten. Privat ging es zäher. Wie viele Vertreter meines Jahrgangs musste ich mich erst allmählich an Google, Online Banking und You Tube heranarbeiten. Einen Qualitätssprung machte meine persönliche Digitalkarriere durch eine ungeplante Begegnung mit Twitter. Das kam so: Anfang 2009 erschienen bei Twitter plötzlich Nachrichten über den MDR, und zwar ziemlich kenntnisreiche Nachrichten, die Offizielles mit Privatem oder Halbprivatem mischten und so für einige Unruhe bei unseren Mitarbeitern sorgten. Denn, und das war die Pointe, der Verfasser unterzeichnete sie mit »udo_reiter«. Das ging natürlich nicht. Unsere Rechtsabteilung machte sich daran, diese Meldungen zu stoppen. Das war ein mühsames Unterfangen, weil die zuständige Stelle in Kalifornien saß. Es dauerte denn auch mehrere Wochen, bis dem twitternden Pseudo-Reiter das Handwerk gelegt war. Nur: ein paar Tage später fing er als »reiterudo« wieder an. Wir ließen ihn ein zweite Mal sperren, und er fing ein drittes Mal neu an. Das wäre vermutlich ein endloses Spiel geworden, deshalb entschloss ich mich, die Sache selber in die Hand zu nehmen. Bei den Twitter-Leuten wurden Vertreter meiner Generation gern als »Email-Ausdrucker« oder »alte Männer mit Kugelschreiber« verspottet. Am 17. September setzte ich daher unter »mdrreiter« diese erste Twitter-Meldung ab: »auch alte männer mit kugelschreiber können twittern. bleiben sie dran«. Ich habe meinem Kopisten in den nächsten Wochen tatsächlich das Wasser abgegraben. Und es hat mir zunehmend Spaß gemacht. Das erste Mal bekam ich ein Gefühl dafür, dass hier neue Kommunikationswelten entstehen, die mit unseren klassischen Medien nicht mehr viel zu tun hatten: »nur 140 zeichen. wissen sie wie viele zeichen allein ›liebe mitarbeiterinnen und mitarbeiter‹ hat? 38! und man hat noch nichts gesagt.«

Es lief nicht schlecht. Am 10. März hatte ich 500 Follower, am 7. November 1000 und schließlich über 2000. Dazu hat vielleicht auch beigetragen, dass ich eine eigene Sparte erfunden habe. Aufbauend auf meiner Benn-Kenntnis, habe ich jeden Sonntag unter dem Stichwort »Benn am Sonntag« eine Zeile oder einen Satz von ihm oder gelegentlich auch über ihn getwittert – und darauf erstaunlich viel Resonanz erhalten. Von Followern, aber auch von der Gottfried-Benn-Gesellschaft, die mich einlud, Mitglied zu werden. Ein paar Beispiele meiner Benn-Tweets: »ausdruckskrisen und anfälle von erotik – das ist der mensch von heute« – »muss wohl alles so sein, aber bitte ohne mich« – »männer wollen doch von einer frau nicht am gehirn berührt werden, sondern ganz woanders« – »gute regie ist besser als treue« – »ich lasse mich zerfallen, ich bleibe dem ende nah, dann steht zwischen trümmern und ballen eine tiefe stunde da« – »wenn sie mich besuchen wollen, kommen sie pünktlich und bleiben sie nicht zu lange« – »›herr dr. benn, auf welcher seite stehen sie?‹ ›ich stehe immer auf meiner seite.‹« – »gottfried der große‹ (mop sternheim)« – »›benn war zu reaktionär, um nazi zu sein‹ (f. j. raddatz).«

So weit, so gut. Bis dahin war alles freundlich. Ich war trotz meines in dieser Szene ja eher verdächtigen Berufs ein relativ akzeptiertes Mitglied der Twitter-Gemeinde. Aber man soll diese Gemeinde nicht unterschätzen. Bei Facebook, dem anderen großen Social Network, findet man nette Leute, sie bedienen sich keiner Unflatsprache, behandeln einander respektvoll, freunden sich miteinander an, Sozialneid ist kaum spürbar, Erfolg kein Makel. Bei Facebook, hat Else Buschheuer einmal geschrieben, der ich diese Facebook-Twitter-Analyse verdanke, »wird man nicht verlacht, wenn man den Kleinen Prinzen als Lieblingsbuch hat. Facebook glaubt an das Gute im Menschen oder tut wenigstens so. Anders bei Twitter. Ein Twitterer hat keinen Respekt vor der Lebensleistung anderer, er strebt – jenseits von Twitterruhm – auch keine eigene an. Er bekennt sich nicht zu dem Staat, in dem er lebt. Er kultiviert seine Verhaltensstörungen. Meckern, verdächtigen, anheizen, diffamieren – kann man alles im Liegen tun. Und anonym. Ein Klick und zack! Wer nicht auf Linie ist, wird entfolgt und geblockt. Hier, friss, das ist unsere Ideologie. Denkst du, du bist was Besseres? Bist du etwa anderer Meinung? Benutzt du Worte, die auf unserer Sperrliste stehen? Hast du einen Humor, den wir ablehnen? Verkehrst du mit Personen, auf deren Verachtung wir uns verständigt haben? Dann verpiss dich!«

Mir ist dieses raue Klima beim Lesen vieler Tweets aufgefallen. Leibhaftig erfahren habe ich es, als ich einen Witz ins Netz stellte, der ideologisch in die falsche Richtung ging. Nachdem Ex-Bundespräsident Wulff in einer Rede zum Tag der Deutschen Einheit behauptet hatte, der Islam gehöre zu Deutschland, twitterte ich: »einheitstag 2030: bundespräsident mohammed mustafa ruft die muslime auf, die rechte der deutschen minderheit zu wahren.«

Trotz gründlichster Gewissenserforschung kann ich das Späßchen immer noch nicht besonders verwerflich oder rassistisch finden. Aber ich hatte Twitter-Ideologie verletzt. Sofort brach das los, was man in der Fachsprache einen Shitstorm nennt. Nur zwei Minuten nachdem ich am heimischen MacBook den Tweet gepostet hatte, klingelte das Telefon. Meine Sekretärin war dran: »Ob ich soeben bei Twitter …?« In kürzester Zeit prasselten Hunderte von Tweets auf mich ein, die meisten voll Empörung und Verachtung: »skandalös – und so einer ist intendant des mdr. fragt sich nur, wie lange noch … – sie sollten ihren hut nehmen und zurücktreten! – scheiss nazi! – der erste fernsehintendant, den ich jetzt hochoffiziös entfolge – schade, dass sie unter dem deckmantel des mdr eine spaltung der gesellschaft unterstützen – dieser tweet ist nicht witzig und eines ard intendanten unwürdig – g.e.z. subventionierter rassismus – herr reiter, mit verlaub, sie sind ein arschloch!«

Und so weiter und so fort. Ich war ziemlich überrascht. Nur ganz verhalten meldeten sich ein paar Gegenstimmen: »böser humor muss doch erlaubt sein – da rollt er wieder der twitter-empörungstsunami. bah, bin ich angewidert – grille gerade mit muslimen. die finden den tweet lustig –

lassen sie sich bloß nicht einschüchtern von den linken tugendterroristen!«

Ich wurde durch den Shitstorm als twitternder Intendant bundesweit bekannt. »Focus«, »Spiegel«, fast alle Tageszeitungen stiegen ein und berichteten über meinen schlechten Witz-Geschmack. Mich stört so etwas nicht, aber die Diskussion hat ein Problem deutlich gemacht. Ich hatte eigentlich als Privatperson getwittert, aber interessant wurden meine Tweets natürlich durch mein Amt als MDR-Intendant. Das galt in etwas abgeschwächter Form auch für alle anderen durch Hörfunk oder Fernsehen bekannten Mitarbeiter. Sie twitterten privat, aber irgendwie war der Sender gewollt oder ungewollt immer mit im Spiel. Wir haben daher nach einigen Diskussionen »Empfehlungen zur Nutzung von privaten Accounts in sozialen Netzwerken« erlassen. Ziel sollte eine möglichst transparente Trennung von privaten und beruflichen Aktivitäten sein. Das ist natürlich eine Gratwanderung. Ich wollte mit gutem Beispiel vorangehen und habe daher meinen Twitter-Account geschlossen.

Ich hatte eine neue Erfahrung gemacht, der Ausflug war spannend, lehrreich, unterhaltsam. Mein unseliger Hang, das Amüsante, wenn es gut erfunden ist, mitunter lieber zu mögen als das Richtige, wenn es langweilig ist, war hier bestens bedient worden. Aber nach einem Jahr hat es auch gereicht. Mir ist klar geworden, dass hier eine Kommunikation heranwächst, die in Struktur und Ethik nichts mehr mit dem zu tun hat, was unsere Journalistenschulen lehren und was wir nach wie vor als Qualitätsjournalismus verteidigen. Der schon einmal zitierte Satz von Martin Walser: »Die Medien dürfen alles und müssen nichts, keine Macht ist so illegitim wie die der Medien«, dieser Satz mag für alle Medien ein wenig gelten, im Netz trifft er uneingeschränkt zu.

Ein Paradebeispiel für diese durch nichts kontrollierte Netzmacht war der Umgang mit Joachim Gauck an den Tagen nach seiner Nominierung für das Amt des Bundespräsidenten. Vorher ließ man ihn relativ ungeschoren, er war zwei Jahre zuvor ja der Kandidat von SPD und Grünen gewesen, also irgendwie dem eigenen Lager nahestehend. Aber jetzt. In wenigen Stunden wurde das »notmypresident«, das eigentlich auf Wulff gemünzt war, gegen Gauck gedreht. Von einigen Leitwölfen angeführt, wurde er im Internet zum Antidemokraten, Sarrazin-Freund, Occupy-Gegner und Befürworter der Datenspeicherung ausgerufen. Dass die Äußerungen Gaucks, auf die man sich jetzt bezog, sehr viel differenzierter waren und diese pauschalen Verurteilungen keinesfalls rechtfertigten, spielte keine Rolle. Dass die große Mehrheit der Deutschen ihn als Präsidenten wollte, auch nicht. Hier wurde die »illegitime Macht« in Tsunamiform eingesetzt. Chancen zur Gegenwehr für den Betroffenen: so gut wie keine. »Sie benehmen sich wie die Taliban«, hat ein Gauck-Verteidiger leicht übertrieben formuliert. Dieser journalistischen Parallelwelt, in der Kompetenz, Fairness, Gründlichkeit und Sachkunde zurücktreten hinter Spontaneität, Schnelligkeit, Emotionalität und Frechheit, Widerstand zu leisten und diesen Wellen etwas entgegenzusetzen scheint mir in Zukunft eine wachsende Herausforderung für den öffentlich-rechtlichen Rundfunk zu werden.

»Dein Leib ist abgebrauchet«

Das Altern ist ein fortschreitender, nicht umkehrbarer biologischer Prozess, der mit dem Tod endet. So prosaisch klingt es bei Wikipedia. Der Barockdichter sagt es schöner: »Das Grausen schleicht herbei, dein Leib ist abgebrau-

201

chet.« Und Martin Walser meinte einmal im selben Sinn in einem Interview, die »beschissenste Erfahrung«, die er in seinem Leben gemacht habe, sei das Altwerden. Ich habe solche Sätze gelegentlich in Geburtstagsansprachen verwendet, um dann darauf hinzuweisen, wie jung und rüstig der Jubilar doch noch sei und wie viele gute Jahre er noch vor sich habe. Wirklich bedeutet hat mir die Thematik nie etwas. Gut, manchmal hat man damit kokettiert, dass man als älterer Herr dies und jenes nicht mehr tue oder könne, aber das war eitles unernstes Gerede, und der Protest, den man erwartete, kam auch prompt. Bis ich, sagen wir, fünfundsechzig wurde. Da spürt man plötzlich einen Schatten. Man merkt, dass man da und dort nicht mehr so richtig dazugehört, dass dies und jenes nicht mehr ganz so gut geht wie bisher, dass das Gedächtnis schwächer wird und die Auffassung langsamer und dass nach den kokettierenden Hinweisen auf das Alter der Einspruch manchmal ausbleibt. Am Anfang ist das noch kaum spürbar, deutet sich nur an und lässt sich leicht wegwischen. Dann kommt es öfters und verdichtet sich immer mehr zu handfesten Erlebnissen. Als ich die ersten Jahre in Mittweida Vorlesungen hielt, hatte ich immer das Gefühl, irgendwie dazuzugehören. Die Welt der Studenten, okay, es war nicht mehr meine Welt, aber ich verstand sie noch, ich beherrschte den Sound, ich konnte nach der Vorlesung beim Bier kumpelhaft tun und die Studentinnen anlachen. Bis ich vor zwei oder drei Jahren nach den Sommerferien ein Damaskus-Erlebnis hatte. Ich stand wieder im Lehrsaal, redete – und merkte plötzlich, mein Gott, das sind ja Kinder! Das ist nicht die nächste, sondern die übernächste Generation. Mit denen habe ich nichts, aber auch gar nichts mehr gemeinsam, die behandeln mich mit Respekt. Ehrfurcht vor dem Alter, so eine Scheiße, das hatte mir gerade noch gefehlt! Oder einmal nach einer Filmpremiere. Katharina

Wackernagel, die eine Hauptrolle gespielt hatte, trat zu unserer Runde. Ich gab den netten Herrn und sagte zu ihr: »Ach, Ihre Mutter hat beim Bayerischen Rundfunk öfters einmal Sendungen für mich gesprochen.« Sie lächelte und meinte: »Das war nicht meine Mutter, das war meine Großmutter.«

Kurzum: die Sache wird unabweisbar. Die Fingernägel werden brüchig, die Haare dünn wie Spinnweben, an den Ellbogen hängt die Haut herunter. Namen merken war schon lange ein Problem, aber jetzt wird es ein Desaster. Sogar der Name des Nachbarn im Dorf oder des Verwaltungsratmitglieds aus Sachsen entfällt einem hin und wieder. Und noch zwei Dinge beobachte ich. Zum einen: der Gestaltungswille wird schwächer. Früher wusste ich stets, was ich will, und habe das dann auch durchgesetzt. Um fast jeden Preis. Jetzt ertappe ich mich immer öfter dabei, dass mir Sachen gleichgültig werden. Wenn mir einer etwas zur Entscheidung vorträgt, entscheide ich nach wie vor – aber innerlich denke ich, mach es so oder anders, es ist ohnehin egal. Zum andern: das erotische Interesse, ein zuverlässiger Indikator der Vitalität, wird brüchiger. Ein bekannter ARD-Mann hat mir einmal erzählt, er habe gewusst, dass er alt wird, als es ihm zu viel war, für ein vielversprechendes Rendezvous zwanzig Minuten in die Stadt und hinterher wieder nach Hause zu fahren. Mir passierte es immer öfter, dass ich bei einer diesbezüglichen Absage, die mich früher gequält oder geärgert hätte, im tiefsten Innern erleichtert war und mich auf einen Abend mit Rotwein, Zigarre und Fernsehen gefreut habe. Auch die andere Seite gibt es natürlich. Das Gefühl, für Frauen nicht mehr anziehend zu sein und in der Trostlosigkeit der eigenen Altmännerwelt zu versinken. Der in diesen Dingen überaus erfahrene Gottfried Benn hat das in einem Brief an Oelze gewohnt treffsicher beschrieben. Er bemerkte, »dass es einen sehr berührt, wenn man als alter Mann überhaupt noch auf ein inneres Entgegenkommen bei reizvollen jungen Frauen stößt, auf eine Berührung der Sphären, ... die einen für eine Weile fortführt von Erstarrung, Müdigkeit, Fettwerden, Ranzigwerden«.

Natürlich ist das alles nach außen hin nicht so offenkundig. Man kämpft ja auch dagegen an. Die Haare sehen mit Conditioner noch ganz ordentlich aus, die Ellbogen braucht man nicht zu zeigen, und wenn einem der Name des Gegenübers nicht einfällt, sagt man »gnädige Frau« oder »Herr Präsident«. Auch das charmante Auftreten funktioniert noch einigermaßen. Obwohl, wenn ich bei anderen Herren meines Alters sehe, wie sie vor jungen Mädchen den Gockel geben und diese Mädchen verwundert schauen, weil sie nicht recht wissen, was der Opa denn will, dann nehme ich mir fest vor, die Lektion möglichst schnell zu lernen. Die junge Brigitte Reimann hat in ihren Tagebüchern einen Fünfzigjährigen (!) beschrieben, der ihr den Hof machte. Ihre Anmerkung werde ich nicht vergessen: »Was glaubt der eigentlich?«

Es gibt Redensarten und Beispiele, mit denen man versuchen kann, das Grauen des Altwerdens feuilletonistisch zu entschärfen. »Die alten Geigen klingen oft am schönsten«, kann man launig feststellen. Auch dass »der Herbst noch schöne Tage« hat oder »die späten Rosen oft am schönsten blühen«, wird gern genommen. Man kann auch »Best-Ager« sagen statt alter Sack oder, wenn man es eine Nummer gebildeter will, auf Knut Hamsun verweisen. Der hat zwar geschrieben, »wenn man fünfzig ist, beginnen die Siebziger, das ist das Alter, in dem der Geist verblüht«. Aber danach hat er Marie Andersen geheiratet, vier Kinder bekommen, dreizehn Bücher geschrieben und den Literaturnobelpreis erhalten. Das wird von älteren Menschen gern gehört.

Als diese Thematik mich zunehmend beschäftigte, habe ich Gunter Sachs, der genau zehn Jahre älter war als ich, einmal gefragt, wie er mit dem Altern fertig werde. Als ehemaligem Playboy müsse ihm das doch besonders zusetzen. »Ja«, sagte er, »genau das habe ich kürzlich meinen Freund Giovanni Agnelli gefragt, der ist nochmal zehn Jahre älter. Er sagte mir, Gunter, man muss das Positive daran sehen. Du stehst heute über den Dingen, musst dich nicht mehr über alles aufregen, bist gelassener und freier und kannst ernten, was du gesät hast. Und, Gunter, ich sage dir: Das ist alles Scheiße!« Dem habe ich, sagte Gunter Sachs zu mir, nichts hinzuzufügen. Mir fällt auch nichts anderes ein. Und wer meint, man könne doch etwas hinzufügen, es gebe bei einigem guten Willen doch auch positive Aspekte des Älterwerdens, dem kann ich nur einen klugen Satz von Siegfried Lenz entgegenhalten. »Die Wahrheit der zerrinnenden Zeit«, sagte der einmal, »widerlegt alle Entwürfe des Alters.«

Dass das Altwerden für Rollstuhlfahrer besondere Probleme birgt, liegt auf der Hand. Mir persönlich geht es zur Zeit ungewöhnlich gut. Ich genieße meine neue Freiheit. Aber um zu wissen, was mir bevorsteht, brauche ich kein Prophet zu sein. Wenn die Kräfte nachlassen, wenn es schwieriger wird, eigenhändig vom Rollstuhl ins Auto, ins Bett, aufs Klo zu kommen, dann zeichnet sich am Horizont die letzte Etappe ab: Man wird über kurz oder lang, wohl oder übel – ein Pflegefall. Jörg Hammer, mein ärztlicher Freund, sagte zu mir: »Das Wunder ist nicht, dass du einmal ein Pflegefall wirst, das Wunder ist, dass du so lange keiner warst.« Gunter Sachs kann ich heute nicht mehr fragen, was er davon hält. Er hat die Antwort schon gegeben.

Aber ganz so weit sind wir noch nicht. 2009 hatte ich gerade gut gelaunt meine vierte Amtszeit begonnen. Neben der Digitalisierung bewegten mich damals noch zwei andere Themen: Das erste war der zunehmende Sparzwang. Er war beim MDR stärker als bei anderen Sendern, weil unsere drei Länder Jahr für Jahr durch Abwanderung an die 70 000 Einwohner verloren, und das waren ja auch Gebührenzahler, und weil gleichzeitig die Befreiungsquote aus sozialen Gründen ständig anstieg. Diese Befreiungen haben allein 2010 bei uns zu einem Gebührenausfall von rund 80 Millionen Euro geführt. Wir hatten mit einer »Agenda 2008« schon alle Strukturen und Prozesse im Haus auf Einsparmöglichkeiten durchforstet. Das hatte rund 100 Millionen Euro gebracht. Für die Gebührenperiode von 2011 bis 2016 haben wir dann ein weiteres Sparpaket geschnürt, das kumuliert nochmals runde 115 Millionen bringen wird.

Mir war klar, dass ein derart kontinuierliches Sparen auf Dauer keine Lösung sein konnte. Man zieht auf diese Weise langsam, aber sicher, den ganzen Sender nach unten. Was wir jetzt brauchten, war ein strategisches Sparkonzept, bei dem die Unternehmensziele für die Zukunft definiert und die begrenzten Finanzmittel entsprechend eingesetzt werden. Solche Überlegungen sind ziemlich ungemütlich. Man muss dabei zwangsläufig Erbhöfe antasten, schlafende Hunde wecken und heilige Kühe schlachten. Und jeder, der einen erst freundlich ermuntert, dies doch endlich anzugehen, wird böse, wenn seine eigenen Bestände in Gefahr geraten, sei es die Zahl der Tatorte, sei es das Ballett, seien es die Klangkörper oder die Hörspiele. Aber das Sein bestimmt auch hier das Bewusstsein. Ich habe eine Arbeitsgruppe »Strategisches Sparen« eingesetzt, die genau solche Überlegungen anstellen und entsprechende Entscheidungen vorbereiten sollte. Meine Nachfolgerin führt, soweit ich das sehe, diesen Kurs konsequent fort.

Das andere Thema, mit dem ich meine neue Amtszeit begann, war attraktiver. Im Gefolge der Heinze-Affäre beim NDR (die dortige Fernsehspielchefin Doris Heinze hatte jahrelang eigene Drehbücher und Bücher ihres Mannes unter falschem Namen angekauft und produziert) ging gerade einmal wieder eine Fundamentalkritik über den öffentlich-rechtlichen Rundfunk nieder. Die befreundeten Kollegen in der Presse ließen nichts aus: von unseren korruptionsträchtigen Strukturen und den viel zu hohen Gebühren bis hin zur Verflachung und Kommerzialisierung unserer Angebote. Das war der übliche Kanon, das brauchte man nicht allzu ernst zu nehmen. Aber ein Vorwurf hat mich damals doch etwas nachdenklich gemacht. An prominenter Stelle, auf Seite drei, behauptete die »Süddeutsche Zeitung«, der öffentlich-rechtliche Rundfunk habe »seine Innovationskraft verloren«.

Das kann man natürlich mit vielen guten Beispielen bestreiten, und so pauschal stimmt es auch nicht, aber dass Innovationen unsere starke Seite sind, konnte man nach meinem Eindruck in den letzten Jahren auch nicht behaupten. Ich habe daraufhin das Gespräch mit unseren Programmmachern gesucht. Wir waren uns schnell einig: Was wir machen, ist in Ordnung. Die Dokumentationen sind gut recherchiert, die Unterhaltungssendungen gefallen den Leuten, die Serien laufen mit Erfolg, und die Magazine wechseln ordentlich zwischen Beitrag und Moderation. Daran soll sich um Gottes willen auch nichts ändern. Diese Zuverlässigkeit und Erwartungssicherheit ist für den Erfolg eines Programms unverzichtbar – die Frage ist nur, ob es nicht an ein paar Stellen auch noch etwas anderes, Zusätzliches geben könnte, eine etwas schärfere Kante, an der man sich auch einmal reißen kann.

Ich habe mich daraufhin einmal umgehört und festgestellt, dass man das Problem auch anderswo kennt. In jedem gut geölten, erfolgreichen System besteht oder entsteht offenbar die Tendenz, die Dinge so zu machen, wie man sie mit Erfolg schon immer gemacht hat – und neue, ungewöhnliche Ansätze von vornherein auszusondern. Um dies zu verhindern, gibt es Methoden, die man, so habe ich gelernt, unter dem Begriff des Innovationsmanagements zusammenfasst. Dieses Innovationsmanagement soll genau das verhindern und dafür sorgen, dass Verqueres, Unangepasstes, Überraschendes zumindest auf den Tisch kommt und angesehen wird. Dabei wird sich herausstellen, dass 90 Prozent oder sogar 98 Prozent der Vorschläge Unsinn sind. Aber eine Idee ist vielleicht darunter, die man einmal ausprobieren sollte. Ich habe das meinen Leuten vorgetragen und gleich eingeräumt, dass ich auch nicht wisse, wie das konkret funktionieren solle und ob es nicht vielleicht eine modische Schnapsidee sei. Am Ende waren wir uns aber einig, dass wir etwas in dieser Richtung versuchen wollten. Der Frage »Wie kommt das Neue in die Welt?« sollte ein wenig mehr Platz eingeräumt werden.

Ich habe dann Ende 2009 alle festen und freien Mitarbeiter des MDR zu einem Innovationswettbewerb aufgerufen. Ohne jede Rücksicht auf Konventionen, auf Sehgewohnheiten, Sendeplätze oder Geld sollte jeder das vorschlagen, was er sich schon immer für den MDR vorgestellt hatte. Das Interesse war beträchtlich. 227 Mitarbeiter haben rund 300 Anregungen für die Programme und etwa 150 Vorschläge für Verbesserungen bei Prozessen und Strukturen eingereicht. Zwei Jurys haben das bewertet, und im Mai 2010 elf Vorschläge ausgezeichnet. So zum Beispiel ein Programmformat, das junge unbekannte Bands im Sendegebiet begleitet, oder einen Vorschlag für eine Art elektronisches Wasserzeichen für weiterverwendbares Rohmaterial im Fernsehen. Natürlich gab es viele Ideen, die sich aus Kosten- oder Rechte- oder sonstigen Gründen nicht umsetzen ließen, natürlich entsteht dabei auch Frust, und natürlich gibt es die Fraktion der Abwinker, die von vornherein gewusst hat, dass das nichts werden kann. Aber alles in allem fand ich, dass allein die Aufbruchstimmung, die durch die Aktion entstanden ist, und das Empfinden der Mitarbeiter, dass ihr Engagement für die Firma gefragt ist und Ideen nicht einfach in einer Schublade verschwinden, die Sache wert war. In den kommenden Monaten gab es dann leider Ereignisse, die ein systematisches Ausbauen unseres Innovationsmanagements blockiert haben.

Ich habe es bis hierher hinausgeschoben, aber jetzt führt kein Weg mehr daran vorbei. Ich muss drei Themen ansprechen, die, obwohl völlig unterschiedlich, dem MDR sehr geschadet und einen Schatten auf mein Lebenswerk geworfen haben. Es geht um den Fall Mohren, den Betrugsfall im Kinderkanal und die eigenartige Geschichte um Herrn Foht.

»Ein Skandal folgt auf den nächsten«

Wilfried Mohren, ein deutschlandweit bekannter Sportreporter, war seit 1992 Leiter der Sportredaktion im MDR Fernsehen. Als gegen den ehemaligen Sportchef des Hessischen Rundfunks, Jürgen Emig, wegen Bestechlichkeit ermittelt wurde, geriet auch Mohren ins Visier der Staatsanwaltschaft. Wie sein Kollege Emig hatte er offenbar Sendezeit an interessierte Sportverbände und Unternehmen vergeben und dafür privat kassiert. Es ging dabei um rund 350 000 Euro. Wir haben ihn fristlos entlassen und uns vor

Prozessbeginn auf einen Vergleich geeinigt. Mohren bezahlte dem MDR rund 380 000 Euro (Schaden plus Unkosten), und wir verzichteten dafür auf eine Klage. In dem anschließenden Prozess wurde er wegen Bestechlichkeit zu zwei Jahren Haft auf Bewährung verurteilt. Der Fall war ärgerlich, aber irgendwie im Rahmen üblicher Betrugsfälle. Mitarbeiter mit einer gewissen kriminellen Energie sind imstande, ihr Unternehmen zu betrügen, zumindest für eine gewisse Zeit. Diese Erfahrung haben andere Sender auch gemacht. Besonders unangenehm war für uns, dass damit in der Öffentlichkeit eine bestimmte Blickweise auf den MDR vorbereitet war. Das Urteil »Skandalsender« lag sozusagen abrufbereit in der Luft. Das schlug beim nächsten Fall, dem Betrug beim Kinderkanal, voll durch, wobei dieser Fall wirklich schlimm war.

Zunächst einige Fakten: Ein Herstellungsleiter im Kinderkanal, das war nach dem Programmchef der zweitwichtigste Mann, hatte über Jahre hin dem Geschäftsführer einer Produktionsfirma Scheinrechnungen über irgendwelche Produktionsdienstleistungen ausgestellt, die nur teilweise oder gar nicht geliefert wurden. Das so ergaunerte Geld haben sich die beiden geteilt. Die Sache flog auf, als die Produktionsfirma Pleite ging und der Produzent Selbstanzeige erstattete. Später hat die Staatsanwaltschaft auch noch gegen einige andere Firmen wegen Bestechung und gegen einige Mitarbeiter wegen Beihilfe ermittelt, aber der Betrug mit den Scheinrechnungen war der Kern der Affäre. Die Schadenssumme belief sich alles in allem auf 8,9 Millionen Euro. Der Herstellungsleiter hat gestanden und wurde zu fünf Jahren und zwei Monaten Gefängnis verurteilt. In einem weiteren Prozess wurde er inzwischen nochmals der Untreue und Bestechlichkeit für schuldig befunden und das Strafmaß auf sechs Jahre und drei Monate erhöht.

Ich bin relativ hart im Nehmen, und mein Menschenbild ist nicht so abgehoben, dass es durch einen Betrüger aus dem Lot geraten könnte. Aber das hat mir doch zugesetzt. Zum einen kannte ich den Mann. Er hat auf mich wie auf alle, die mit ihm zu tun hatten, einen freundlichen, seriösen, tüchtigen Eindruck gemacht. »Der K. schmeißt den Laden, da braucht man sich um nichts zu kümmern«, war das allgemeine Urteil. Zum andern war es uns ein Rätsel, wie dieser Betrug über so lange Zeit unentdeckt bleiben und ein solches Ausmaß annehmen konnte. Dass es in Deutschland noch ganz andere Kriminalfälle gibt, die über Jahre unentdeckt blieben, ist kein wirklicher Trost. Und zum Dritten hatte ich den Kinderkanal unter hohem Einsatz zum MDR und nach Erfurt geholt und fühlte mich jetzt auch persönlich von diesem Skandal betroffen und beschädigt.

»Wie konnte es dazu kommen?«, das war die Frage, die nicht nur mich in diesen Monaten umtrieb. Wirklich zufriedenstellend kann ich sie auch heute nicht beantworten. Es ist ja nicht so, dass der KIKA eine prüfungsfreie Zone gewesen wäre. Es gab Prüfungen der Wirtschaftsprüfer. Keine Beanstandung. Es gab Prüfungen der Rechnungshöfe. Keine Beanstandung. Es gab eine Prüfung der Revisionen von HR und ZDF. Dort wurden zwar, wie bei solchen Prüfungen üblich, eine Reihe von Details moniert, aber der Betrugsfall selbst nicht bemerkt. Hinterher versuchten sich die Beteiligten verständlicherweise eine weiße Pfote zu machen, aber der entscheidende Satz der HR/ZDF-Prüfungsmitteilung lautete so: »Die beim Kinderkanal am Standort Erfurt zur Erledigung der dort anfallenden Aufgaben installierte Aufbau- und Ablauforganisation ist angemessen und an den schlanken Abläufen orientiert.«

Ich will den MDR nicht aus der Verantwortung reden, die liegt bei uns, da gibt es nichts zu deuten. Aber es scheint nicht ganz offenkundig gewesen zu sein, was dort in Erfurt passiert ist. Anscheinend kamen mehrere Dinge zusammen, die den Schaden in diese Größe anwachsen ließen. Im Nachhinein glaube ich, dass es vor allem drei Ursachen waren.

Es war zum einen die Sonderstellung, die der Herstellungsleiter im KIKA einnahm. Marco K. war die große Konstante in der Geschichte dieses Senders. Er war von Anfang an dabei und hatte mehr Einblick in die Vorgänge als seine wechselnden Chefs, also die jeweiligen Programmgeschäftsführer. Er war in vielen Fragen direkter Ansprechpartner für die Programm- und Verwaltungsleute in Leipzig und war, das ist die Ironie in dieser Sache, auch für die Prüfungen des KIKA durch Dritte zuständig. Er hat im Lauf der Jahre eine ganze Reihe von Abläufen auf sich persönlich zugeschnitten und so eine enorme Machtposition aufgebaut. Diese Konzentration auf eine Person war ein Fehler. Im Nachhinein ist das völlig klar. Aber damals gab es nie Probleme damit, die Sache lief gut, der KIKA war ein Erfolg, und alle waren zufrieden. Für seine schlanke Organisation sind wir oft gelobt worden.

Das Zweite, und das machte diesen Konstruktionsfehler so gefährlich, war die enorme kriminelle Energie, die K. in dieser Position entwickelte. Er hat gezielt und mit langer Hand ein System aufgezogen, das für Außenstehende schwer zu durchschauen und ohne spezifische Fachkenntnis kaum zu entlarven war. Er hat dieses System in zehn Jahren immer weiter perfektioniert und auf Grund seiner hervorgehobenen Stellung alle Entwicklungen, die ihm gefährlich werden konnten, rechtzeitig abgewendet. Mit seinen unbestreitbaren fachlichen und gesellschaftlichen Fähigkeiten hat er erreicht, dass diese unheilige Allianz von Betrug und Tüchtigkeit jahrelang unentdeckt blieb.

Ich habe mich gefragt, woher sich diese kriminelle Energie gespeist hat. Beweisen kann ich es nicht, aber ich habe den Verdacht, dass die spezielle politische Situation nach der Wende eine Rolle gespielt hat. K. kam aus dem Osten, die neuen Herren aus dem Westen. Sie gaben den Ton an, er machte die Arbeit. Chef wurde er nie, dreimal hat man ihm einen Wessi vor die Nase gesetzt. Seine Produzenten kamen auch aus dem Osten, hatten auch ihre Probleme, in der neuen Welt Fuß zu fassen. Ist es da wirklich so abwegig, dass Allianzen gegen die neuen Herren entstehen, erst nur gefühlsmäßig, dann geschäftlich? Kann man nicht sogar ein gutes Gefühl dabei haben? Ein Hauch von Resistance? Ich habe mir gelegentlich vorgestellt, der Bayerische Rundfunk zu meiner Zeit wäre von der DDR übernommen worden, und mangels anderer Leute hätte man uns weiterarbeiten lassen. Wären wir alten Bayern da nicht zusammengerückt und hätten ein wenig Widerstand versucht? Ich weiß, nicht alles, was hinkt, ist ein Vergleich. Und man kann es auch nicht wirklich vergleichen, aber den Hauch einer Ahnung mag man doch bekommen, wenn man sich diese Gedanken einmal kurz erlaubt.

Die dritte Ursache, und das ist entscheidend, da hilft auch keine Privatpsychologie, waren Mängel in den Kontrollmechanismen des MDR. Ich will das hier nicht im Detail darstellen, aber eine Verwaltung, die zehn Jahre lang solche Missstände nicht erkennt, hat ein Defizit. Dass der damalige Verwaltungsdirektor zwar eine persönliche Schuld zurückgewiesen, aber die politische Verantwortung für den Skandal übernommen hat und von seiner anstehenden Vertragsverlängerung zurückgetreten ist, war ein konsequenter Schritt.

Noch einmal: Wenn es einen Skandal in der Geschichte des MDR gegeben hat, dann war es dieser KIKA-Betrugsfall. Dafür gibt es keine Entschuldigung, und das lässt sich nicht relativieren. Ein MDR-Mitarbeiter hat seine Position missbraucht, um Gebührengeld, das für ein Kinderprogramm bestimmt war, gezielt für sich selbst zur Seite zu schaffen. Das war ein enormer Imageschaden für den öffentlich-rechtlichen Rundfunk, für den Medienstandort Mitteldeutschland und für den MDR als Federführer. Letztlich habe ich dafür geradezustehen, und es fällt zu Recht ein Schatten auf meine Amtszeit. Natürlich haben wir sofort alle möglichen Schritte in die Wege geleitet, damit so etwas nicht wieder vorkommen kann.

Verglichen damit ist der Fall Foht, der dritte »Skandal«, den man uns vorgeworfen hat, eine Lappalie. Etwa so wie das Satyrspiel nach der griechischen Tragödie, vor allem wenn man an die Rollen denkt, die einige Kollegen in der Presse dabei gespielt haben. Auch hier erst einmal der Sachverhalt:

Am 26. Juli 2011 ging bei der Juristischen Direktorin des MDR ein Hinweis auf merkwürdige Geldgeschäfte des Herrn Foht ein. Udo Foht war der Chef unserer Fernsehunterhaltung. Ein erfolgreicher Mann, den immer wieder andere Sender, darunter auch das ZDF, bei uns abzuwerben versucht hatten. Dieser Herr Foht hatte offenbar außerhalb der normalen Finanzierungswege bei verschiedenen Produzenten Zahlungen veranlasst, mit denen er nicht oder noch nicht genehmigte Produktionen vorbereitete und gelegentlich auch klammen Produzenten im Vorfeld einer Produktion unter die Arme griff. Diese »Vorfinanzierungen« verstießen natürlich gegen jede Dienstvorschrift. Das Geld wurde dann offenbar mehr oder weniger mühsam zurückgezahlt oder verrechnet oder auf andere Projekte übertragen, bis am Ende ein Geflecht von Vor-, Zwischen- oder Garnicht-Finanzierungen entstand, das durch den erwähnten Hinweis an die Juristische Direktion aufflog. Daraufhin suspendierte der MDR Herrn Foht mit sofortiger Wirkung, erstattete Strafanzeige und übergab die

Unterlagen der Staatsanwaltschaft. Foht wurde entlassen. Ein direkter finanzieller Schaden ist dem MDR offenbar nicht entstanden. Später einigten sich der Sender und Foht auf einen arbeitsrechtlichen Vergleich.

Der Zirkus, den einige Zeitungen auf dieser kargen Basis veranstalteten, hatte sich gewaschen. Natürlich passte es schön zum Skandal um den Kinderkanal. Da taumelte offenbar ein Sender am Rande des Abgrunds. Ein wenig aufpeppen ließ sich die Sache noch durch einen Brief, in dem ein Produzent sich schon im September 2009 an mich gewandt und sich beklagt hatte, dass ihm Herr Foht 10 000 Euro schulde. Ich habe den Vorgang damals an den Fernsehdirektor Wolfgang Vietze weitergegeben und erhielt von ihm kurze Zeit später die Mitteilung, dass die Sache erledigt sei. Daraufhin habe ich keine weiteren Nachforschungen angestellt. Das mag ein Fehler gewesen sein. Im Nachhinein ließ es sich jetzt so darstellen, als habe der Intendant seit Jahr und Tag von den krummen Finanzgeschäften seines Unterhaltungschefs gewusst. Wie auch immer, die Berichterstattung vor allem in der »Süddeutschen Zeitung« und in der »Welt« überschlug sich und nahm etwa das Ausmaß ein, das man in diesen Tagen der Eurokrise einräumte. In beiden Blättern schaffte der »Foht-Skandal« es auf Seite eins. Ich habe damals etwas getan, was ein Journalist mit meinen Dienstjahren nicht tun sollte. Ich habe an den Chefredakteur der »Welt« geschrieben. Am Tag darauf habe ich mich geärgert, dass ich mich dazu hinreißen ließ, heute finde ich es eher lustig:

Sehr geehrter Herr Peters,

ich möchte nicht versäumen, Ihnen zur Berichterstattung Ihrer Zeitung vom 30. August 2011 über den MDR zu gratulieren. Wie Sie aus einem relativ kargen Sachverhalt, der obendrein schon seit Wochen bekannt ist, einen Seite-

Eins-Aufmacher produzieren und noch eine weitere Seite im Blatt füllen, das ist zumindest quantitativ eine journalistische Meisterleistung. Zumal DIE WELT es verschmerzen muss, dass die »Super Illu« bereits am 11. August den vermeintlichen Scoop im Blatt hatte.

Die Fakten: Ein MDR-Mitarbeiter hat über einen längeren Zeitraum mit undurchsichtigen Finanztransaktionen gegen die Dienstanweisungen des Hauses verstoßen. Dies wurde von uns aufgedeckt. Der Mitarbeiter wird entlassen. Dem MDR ist nach bisherigem Kenntnisstand kein finanzieller Schaden entstanden …

Das reicht natürlich nicht für eine größere Geschichte, da muss nachgerüstet werden. Das geht nach Lage der Dinge nur mit 4x »vielleicht«, 1x »möglicherweise«, 4x »könnte«, 1x »dürfte«, 1x »wohl«, 4x »angeblich« – insgesamt 15 Mutmaßungen.

Da fehlt aber immer noch die Brisanz. Man braucht einen Schuldigen ganz oben. Der Intendant! Er hat alles gewusst! Als Beweis wird ein Brief aus dem Jahr 2009 zitiert, in dem ich von einem Musikmanager über »Fohts Geschäftsgebaren« unterrichtet worden sei.

Richtig ist – und das habe ich am 17. August in einem Brief an die Mitarbeiter und die Gremien des MDR sowie per Pressemitteilung öffentlich bekannt gemacht –, dass sich am 28. 09. 2009 ein Produzent an mich gewandt und darauf hingewiesen hat, dass er Herrn Foht 10000 Euro geliehen habe. Ich habe den Vorgang damals an den MDR-Fernsehdirektor weitergegeben und erhielt von ihm Mitte Oktober 2009 die Mitteilung, dass die Sache erledigt sei. Daraufhin habe ich keine weiteren Nachforschungen angestellt.

Ich bin sicher, Ihr Autor hätte das von seinem hohen moralischen Ross aus alles ganz anders gemacht. Wir warten mit großem Interesse auf seine nächsten »Enthüllungen«.

Da Sie unsere Verfehlungen bundesweit bekannt gemacht haben, erlaube ich mir, diese Antwort ebenfalls zu veröffentlichen.

Mit freundlichen Grüßen
Udo Reiter

Überflüssig, wie gesagt. Aber man neigt offenbar dazu, Nerven zu zeigen, wenn man Tag für Tag unter medialem Beschuss steht. Dass es mit mir einen aus der austeilenden Zunft getroffen hat, mag man unter ausgleichender Gerechtigkeit verbuchen. Besonders um diese Gerechtigkeit verdient gemacht hatte sich in diesen Wochen Christiane Kohl, die Mitteldeutschland-Korrespondentin der »Süddeutschen Zeitung«, eigentlich eine nette, etwas mütterlich wirkende Frau, zu der man schnell Vertrauen fasst. Sie überschlug sich fast vor Empörung: »Ein Skandal folgt auf den nächsten«, »Die Affäre wird immer verworrener«, »der trudelnde Sender«, »die jüngsten Skandale«, »der krisengeschüttelte Sender«, »geschäftliche Sauereien, übelste Geldgeschichten« – so ging das tagelang. Und damit die Schauer auch wollüstig genug ausfielen, toppte sie ihre Skandalorgie mit einer Meldung aus einer Rundfunkratsitzung: »Da forderten selbst CDU-Vertreter, die Reiter bislang stets gestützt hatten, seinen Rücktritt.« Das war nun eine glatte Ente, kein Mensch hatte je meinen Rücktritt gefordert. Beim Lesen dieser Artikel wurde mir Agatha Christie immer sympathischer: »Ich habe Journalisten nie gemocht. In meinen Büchern habe ich sie immer sterben lassen.«

Jenseits der Frage nach der Verhältnismäßigkeit der öffentlichen Darstellung habe ich mich natürlich gefragt, ob solche Dinge nur bei uns vorkommen und wenn ja, warum? Dabei bin ich auf eine Überlegung gestoßen, die nichts entschuldigen soll, aber vielleicht doch das eine oder andere erklären kann:

In den Aufbaujahren des MDR war unsere Arbeitsweise zwangsläufig von Improvisation und unkonventionellen Methoden und Entscheidungen geprägt. Anders wäre ein solcher Aufbau in so kurzer Zeit nie möglich gewesen. In dieser Phase hatte die Programmarbeit absolute Priorität. Wir haben fieberhaft nach Redakteuren und Programmmachern gesucht und waren froh um jeden, der kam und mitgemacht hat. Und wir mussten unter dem Druck der Verhältnisse damals auch ständig Entscheidungen treffen, die aus dem Blickwinkel einer geordneten Verwaltung sicher alles andere als mustergültig waren. Wir konnten damals nur Erfolg haben, weil wir unkonventionell waren und uns über viele bürokratischen Regelungen der alten Anstalten einfach hinweggesetzt haben. Wir haben Entscheidungen auf dem Korridor getroffen, für die man in der ARD heute drei Hauptversammlungen braucht.

Nun kann man zu Recht einwenden, damals mag das ja nötig und richtig gewesen sein, aber mittlerweile sind zwanzig Jahre vergangen. Das stimmt natürlich. Und wir haben inzwischen auch eine Revisionsabteilung und Finanzcontroller und funktionierende Gremien und alles, was dazu gehört. Aber richtig ist möglicherweise auch, dass dieser Pioniergeist und diese Aufbruchstimmung von damals, der »Rausch der Anfangsjahre«, wie die »Sächsische Zeitung« es einmal genannt hat, bei uns immer noch irgendwie da war, stärker jedenfalls als bei anderen Sendern, und das Handeln einiger weniger Leute noch immer mehr geprägt hat, als es für eine geordnete Bürokratie gut ist.

Ich habe wohl zu wenig darauf geachtet, dass die Zeit für diese Pionierstimmung vorbei war und dass inzwischen Regeln und Dienstanweisungen absolut verbindlich sind, im Zweifelsfall wichtiger als der Programmerfolg. Dass es bei Foht, einem Mann der allerersten Stunde, anders lief, dass er mit seinen Sendungen enormen Erfolg hatte, aber sich ganz offensichtlich über alle Anweisungen und Regelungen hinwegsetzte, war das Problem. Meine Nachfolgerin, die schon immer ein schärferes Controlling auch gegenüber den »Kreativen« angemahnt hatte, schlägt hier zu Recht einen anderen Kurs ein. Hier muss man gegensteuern und darf auch anfallende Kosten nicht scheuen. Bisher hatte der MDR unter allen ARD-Anstalten, was sicher kein Zufall war, die niedrigsten Verwaltungskosten. Das half uns aber nichts. Man wird auch hier mit den anderen gleichziehen und all die verwaltungstechnischen und bürokratischen Hemmschwellen einziehen müssen, ohne die es heute nicht geht.

»Reiter feuert Merkel«

Der »krisengeschüttelte Mitteldeutsche Rundfunk« hat neben den Krisen auch Programm produziert. Gar nicht so wenig: 168 Stunden pro Woche MDR-Fernsehen, rund 14 Prozent Anteil am Ersten, vier zentrale Hörfunkprogramme, drei Radio-Regionalprogramme und ein programmübergreifendes Online-Angebot. Alles gern und viel genutzt. Ein paar Angebote ragten 2010 besonders heraus: »Kulturbrücke Kaliningrad« – unter diesem Titel lief im Januar eine Programmwoche zur deutsch-russischen Versöhnung mit besonderem Blickpunkt auf Königsberg/Kaliningrad. Höhepunkt dieser Woche war ein Konzert des MDR-Symphonieorchesters im Königsberger Dom, der gerade mit deutschen und russischen Spendengeldern wiederaufgebaut worden war. Der Besuch in Kaliningrad war eine ebenso komplizierte wie eindrucksvolle Reise. Die Instrumente und die Übertragungstechnik wurden auf dem Landweg durch den eisigen russischen Winter über unsichere Straßen und Grenzen nach Königsberg gebracht. Das Orchester und die Ehrengäste, darunter Ministerpräsident Wolfgang Böhmer aus Sachsen-Anhalt, flogen mit einer Sondermaschine der Air Berlin. Der Hinflug war normal, aber dann stand die Maschine drei Tage im Königsberger Frost und musste für den Rückflug mühsam aufgetaut werden. Die Fluggäste auch, nachdem sie stundenlang bei minus zwanzig Grad auf dem ungeheizten Flughafen warten mussten. Aber das Konzert hat für alles entschädigt. Es war der erste Auftritt eines deutschen Orchesters nach dem Krieg in Königsberg, in dem Dom, in dem einst Immanuel Kant getauft wurde. Das Konzert mit dem russischen Organisten Artjom Chatschaturow wurde live im MDR-Hörfunk und einen Tag später im MDR-Fernsehen übertragen. Ministerpräsident Böhmer hielt eine kluge Rede mit russischen Einlagen, Victoria Herrmann moderierte, ebenfalls mit russischen Einsprengseln, und ich sprach ein Grußwort, mangels DDR-Ausbildung leider ohne russische Elemente. Wir wurden mit großer Herzlichkeit aufgenommen, die Leute drückten uns die Hände und umarmten uns, es war ein gelungenes Zeichen der Versöhnung an diesem Brennpunkt deutsch-russischer Geschichte.

Der damalige russische Botschafter in Deutschland, Wladimir Kotenew, der uns zu diesem Konzert begleitet hatte, lud am Tag darauf einige Leute aus unserer Truppe zu einem ganz besonderen Ausflug ein. Ein echter russischer Erdgas-Oligarch, mit dem Kotenew befreundet war, hatte in der Nähe von Königsberg ein altes ostpreußisches Rittergut gekauft und renoviert und »würde sich freuen, die deutsche Reisegesellschaft zu einem Essen und einem geselligen Nachmittag zu empfangen«. Das Ereignis war faktisch und emotional ungewöhnlich. Schon die stundenlange Fahrt durch die verschneite einsame ostpreußische Landschaft war eindrucksvoll. Dann das Rittergut. Es sah aus, wie man es sich aus Erzählungen oder Bildern vorstellte. Weite Felder, Waldstücke, zugefrorene Teiche, ein Fluss und das Gutshaus selbst am Ende einer Allee, in der Anmutung irgendwo zwischen Landhaus und Schloss, herrschaftlich, aber nicht protzig, innen und außen stilsicher renoviert. Wir zogen durch das Gelände (das »zogen« ist bei mir mit dem Rollstuhl auf den winterlichen Wegen ziemlich wörtlich zu nehmen), in einer Waldhütte waren Batterien von Wodkagläsern und Fischhappen vorbereitet, der Gastgeber war ein sympathischer, weltgewandter Mann, mit dem wir in Englisch einen einigermaßen kultivierten Smalltalk zustande brachten. Dann in einer großen Reithalle das Essen mit jeder Menge an russischen Spezialitäten und wieder viel Wodka. Jetzt ging die Unterhaltung über Smalltalk hinaus. Der Oligarch, der nun seine Familie um sich versammelt hatte, erzählte, wie er zu seinem Reichtum gekommen war, vom armen sibirischen Erdgastechniker zum Milliardär, wie er seinen Konzern aufgebaut hatte und führte, welche politischen Verpflichtungen der Reichtum mit sich brachte – eine spannende Lektion in russischer Gegenwartsgeschichte. Später im Gutshaus zeigt er uns das Gästebuch: Er hatte stolz und taktlos die ehemaligen deutschen Besitzer, die 1945 von der Roten Armee vertrieben wurden, eingeladen. Sie waren tatsächlich gekommen und hatten einen längeren Text in das Gästebuch geschrieben. Ein Text, der mich eigenartig berührt hat. Natürlich versöhnlich, Völkerfreundschaft, nie wieder Krieg und dergleichen, aber die Schwierigkeit, die neuen Besitzverhältnisse anzuerkennen, war zwischen den Zeilen deutlich zu spüren. Ich konnte das nachvollziehen. Es war schon gewöhnungsbedürftig, einen neureichen sibirischen Milliardär als Herrn auf einem alten ostpreußischen Rittergut zu erleben.

Ein weiterer Programmschwerpunkt waren 2010 die

zwanzig Jahre deutsche Einheit. Da der MDR selbst ein Kind der Wiedervereinigung war, haben wir dieses Ereignis natürlich besonders gefeiert. Es begann mit einem »Gipfeltreffen Ost«, das wir zusammen mit allen früheren Ministerpräsidenten der neuen Länder im Gebäude des Bundesrats in Berlin organisierten, um eine Bilanz der deutschen Einheit zu ziehen. Das war eines von fast siebzig Programmangeboten in Fernsehen, Hörfunk und online. Nur ein paar Beispiele: Es gab eine vierteilige Fernsehdokumentation »Damals nach der DDR«, die der MDR mit dem RBB für das Erste produziert hat. In dieser Reihe beleuchteten wir die Monate nach dem Mauerfall. Normalerweise endeten die Einheitsgeschichten ja mit dem Fall der Mauer. Das war das Happy End, danach wird ja nach Tucholsky meistens »abjegeblendt«. Dabei sind die Geschichten nach 1990 mindestens genauso spannend. Das wollten wir zeigen. Aus vielen Biographien, Hintergründen und Fakten entstand hier ein Stück eindrucksvoller aktueller Zeitgeschichte. Vervollständigt wurde das Projekt durch eine DVD, ein Begleitbuch, ein Radiofeature und ein Hörbuch. Das Goethe-Institut hat der Dokumentation ein weltweites Publikum verschafft. Fast 200 Vertretungen in allen Erdteilen haben die DVD vorgeführt. Auch mehrere Journalistengruppen aus dem Ausland waren in diesen Wochen bei uns zu Gast, um sich »vor Ort« über die Entwicklung seit 1990 zu informieren.

Schließlich gab es noch einen dritten Schwerpunkt im Programmjahr 2010: Erstmals war der MDR für die Übertragung der Olympischen Winterspiele verantwortlich. Wir hatten die Federführung für die gesamte ARD-Berichterstattung aus Vancouver in Radio, Fernsehen und Internet. Das hätte zwanzig Jahre zuvor auch noch keiner für möglich gehalten, dass der neu gegründete Sender im Osten anstelle des mächtigen Bayerischen Rundfunks die

Winterberichterstattung übernehmen würde. Tatsächlich war das die größte Herausforderung seit Gründung des MDR. Die Übertragungen waren erstmals trimedial organisiert, also aus einer Hand für Fernsehen, Hörfunk und Internet, und sie liefen im Fernsehen ebenfalls erstmals komplett im neuen HD-Standard mit gestochen scharfen Bildern (»Kati Witt – scharf wie nie«) und haben damit eine neue Fernsehepoche eingeläutet. Unter der Leitung des damaligen Sportchefs Wolf-Dieter Jacobi hat unsere junge Mannschaft diese Herausforderung mit Bravour bewältigt. Später habe ich Jacobi zum Fernsehdirektor gemacht.

Auch eine andere Programmgeschichte ist mir in Erinnerung geblieben. Vor den Landtagswahlen im August 2009 in Sachsen und Thüringen sollten Angela Merkel und Frank-Walter Steinmeier im MDR-Fernsehen interviewt werden. Allerdings Merkel eine Woche vor der Wahl und Steinmeier eine Woche danach. Bei aller Liebe, das ging nun wirklich nicht. Weil es aus Termingründen keine andere Lösung gab, entschied ich, die Bundeskanzlerin wieder auszuladen. Das ist mir sehr schwergefallen, so geht man mit der Kanzlerin der Bundesrepublik Deutschland nicht um. Aber aus Gründen der elementarsten journalistischen Fairness blieb mir keine Wahl. »Reiter feuert Merkel«, titelte daraufhin eine Thüringer Zeitung. Der »Spiegel« fand, es war »eine politisch einsame Entscheidung, journalistisch aber die richtige«. Ich habe mich in aller Form bei Angela Merkel für diese Panne entschuldigt.

»A man should know when to leave the party …«

Ich habe diesen Satz einmal in einer John-le-Carré-Verfilmung gehört. Aus irgendeinem Grund ist er mir in Erinnerung geblieben. Er passt zu einem anderen Satz, den mein alter Kollege Jobst Plog, der frühere Intendant des Norddeutschen Rundfunks, am Rande einer zähen und langen ARD-Hauptversammlung in einem Lift des Bremer Parkhotels einmal zu mir sagte: »Udo, wir machen das schon zu lang.« Auch dieser Satz ist mir in Erinnerung geblieben.

Dieses Gefühl, dass es reicht, hatte sich in den letzten Jahren erst ganz behutsam angemeldet und dann von Jahr zu Jahr verdichtet. Man bringt zum zwanzigsten Mal den Haushalt ein und versichert den Rundfunk- und Verwaltungsräten, dass der MDR im Kern solide finanziert sei, man reist zum hundertvierzehnten Mal auf ein ARD-Treffen, kümmert sich um mehr oder weniger bedeutende »Gemeinschaftsaufgaben« und sieht zu, dass man im Protokoll mit einer bemerkenswerten Wortmeldung verzeichnet ist, man eröffnet zum achtzehnten Mal mit einer launigen Rede den MDR-Musiksommer, und man fängt jeden Montag um elf die neue Woche mit einer Direktorensitzung an – alles prima, alles wichtig, alles nette Leute, aber irgendwie kennt man es dann schon. Lauter Déjà-vu-Erlebnisse, ewige Wiederkehr. »Udo, wir machen das schon zu lang.« Dazu kam bei mir, dass fünfundvierzig Jahre im Rollstuhl natürlich nicht ohne gesundheitliche Kratzer vorübergegangen sind. Über ein paar gravierende Probleme habe ich ja schon berichtet. Dazu kam ein sozusagen alltäglicher Verschleiß. Durch das ständige Sitzen wurde meine Wirbelsäule, die nach dem Unfall etwas schief zusammengewachsen war, immer noch krummer und schmerzte entsprechend, durch das Antreiben des Rollstuhls nutzten sich die Handgelenke ab und schmerzten auch, das Verhältnis von Kraft zu Masse verschob sich immer mehr zugunsten der Masse, und der Rest wurde auch nicht besser, davon kann jeder über sechzig, ob mit oder ohne Rollstuhl, ein Lied singen. Nur dass sich bei einem Rollstuhlfahrer jede Schwäche, jeder Kontrollverlust gleich existentiell niederschlägt. Wenn seine Fähigkeit, sich in ein nicht ganz passendes Hotelbett oder auf eine etwas schlecht platzierte Kloschüssel zu hieven, nachlässt, werden Dienstreisen zu Abenteuerausflügen, und am Ende bleibt er lieber zu Hause. Und wenn er ohne fremde Hilfe nicht mehr so recht ins Auto kommt, wird sogar der ganz gewöhnliche Weg ins Büro zur Last. Wie gesagt, das alles kommt nicht von heute auf morgen, aber es kommt und verdichtet sich zu dem oben genannten Gefühl, dass es genug sei.

Unterstützt wurde dieses Gefühl durch Klimaveränderungen in meiner Umgebung. Meine früheren Weggefährten im Kreis der Intendanten waren einer nach dem andern verschwunden. Jobst Plog, Fritz Pleitgen, Peter Voß, die alten ARD-Elefanten, dazu Günther Struve, der erfolgreiche Programmdirektor, wir hatten Schlachten geschlagen, nach außen und ab und zu auch gegeneinander, immer heftig, oft mit unübersehbarem Macho-Gehabe, aber auch mit Vergnügen und meist doch zum Wohl des öffentlich-rechtlichen Rundfunks. »Die ARD«, hatte ich einmal an Fritz Pleitgen geschrieben, der als Chef des stärksten Senders gern den Chef des Ganzen spielte, »die ARD ist keine Armee, und Sie sind nicht Napoleon!« Auch Jobst Plog lieferte sich unvergessene Briefgefechte mit ihm. Jetzt waren sie alle in Pension. Als dann auch noch Thomas Gruber und Heinz Glässgen gingen und Fritz Raff starb, war es nicht mehr meine ARD. Nicht, dass die neuen Kollegen ihre Sache nicht gut gemacht hätten, im Gegenteil. Manches, was wir früher eher schleifen ließen, wurde jetzt ordentlich beraten und wasserdicht beschlossen. Bei den immer häufiger angesetzten Schaltkonferenzen hatte jeder jede Vorlage gelesen, und einige fanden, dass man auf Seite drei im vorletzten Absatz den zweiten Satz streichen könnte. Das musste sicher so sein. Ebenso bei den Gremien.

Die Rundfunkräte wurden mächtiger und kompetenter. Thomas Gottschalks Definition als »Mischung aus Zentralkomitee und Elferrat« hätte jetzt nicht mehr ohne weiteres gepasst. Ich war, was die Umgänglichkeit der Gremien anging, besonders verwöhnt. Nach der Wende war mein Rundfunkrat ziemlich unpolitisch und ließ sich relativ leicht von mir begeistern. Jetzt kamen auch bei uns Persönlichkeiten zum Zug, die das Geschäft unter Machtgesichtspunkten betrieben und sich zur persönlichen Profilierung auch gerne einmal in den operativen Bereich einmischten, obwohl der ausschließlich der Geschäftsleitung des Senders zustand. Alles nicht schlimm, schon gar nicht beim MDR, aber angenehmer wurde das Tagesgeschäft dadurch nicht.

Ich kam schließlich zu dem Entschluss, dass das zwanzigjährige MDR-Jubiläum im Sommer 2011 ein angemessener Abschiedstermin wäre. Das wollte ich rechtzeitig im Jahr davor ankündigen, um den zuständigen Gremien genügend Zeit für die Nachfolgeregelung zu lassen. Dann kam der Skandal um den Kinderkanal dazwischen. In dieser Lage kann man keinen Rücktritt verkünden, da geht kein Chef von Bord. Ich ordnete die rigorose Aufklärung der Betrugsaffäre und die enge Zusammenarbeit mit der Staatsanwaltschaft an. Erst als die Angelegenheit in den Grundzügen geklärt war und die notwenigen Maßnahmen, die das in Zukunft verhindern sollten, auf den Weg gebracht waren, gab ich meine Absicht bekannt.

Am 26. Mai 2011 schrieb ich meinem Verwaltungsratsvorsitzenden, Herrn Dr. Schuchardt, dass ich Ende des Jahres aus dem MDR ausscheiden möchte. Ich informierte die Ministerpräsidenten, die Rundfunk- und Verwaltungsräte, die Mitarbeiter und schließlich die Presse.

Natürlich wurde spekuliert, dass ich wegen der KIKA-Affäre zurücktreten würde. Das war totaler Unsinn. Wegen solcher Schwierigkeiten streiche ich nicht die Segel. Und dem lieben Kollegen, der von »angeblich gesundheitlichen Problemen« schrieb, hätte ich gerne fünfundvierzig Jahre Rollstuhl gewünscht und ihn dann nochmals nach seiner Einschätzung gefragt.

Wie auch immer, jetzt ging der Kampf um die Nachfolge los, und zwar in voller Wucht. Schon nach meiner letzten Amtszeit waren Namen potentieller Nachfolgekandidaten gehandelt worden. Vor allem Bernd Hilder, der Chefredakteur der »Leipziger Volkszeitung«, ein renommierter Journalist, parteilos, aber eher dem konservativen Lager zugerechnet, früher einmal ARD-Korrespondent in Südamerika, also mit dem öffentlich-rechtlichen Rundfunk vertraut, war ein respektabler Kandidat, mit dem die drei damaligen Ministerpräsidenten leben konnten. Ich wurde gebeten, ihn zu fragen, ob er im Fall des Falles zur Verfügung stünde. Er stand. Das war 2008. Natürlich war sein Name jetzt sofort wieder im Spiel. In der Zwischenzeit hatte sich allerdings hausintern einiges getan. Karola Wille, die Juristische Direktorin des MDR und seit vielen Jahren meine Stellvertreterin, hatte sich nach langem Zögern durchgerungen, ihren Hut in den Ring zu werfen. Ich habe mit Wille eng und vertrauensvoll zusammengearbeitet und sie als extrem tüchtig, zuverlässig und loyal schätzen gelernt. Meine Rede zu ihrem fünfzigsten Geburtstag war hart am Rand einer Liebeserklärung, und als das Gerücht aufkam, der WDR wolle sie abwerben, habe ich der WDR-Intendantin Monika Piel erklärt, bevor ich sie mir nehmen lasse, würde ich sie eher heiraten. Trotzdem war sie nicht die automatische Nachfolgerin. Es gab Vorbehalte bei den Konservativen, weil sie aus einem linientreuen DDR-Elternhaus kam, einige Jahre mit einem DDR-Militärstaatsanwalt verheiratet war und nach einem Jura-Studium in Leipzig einige Artikel zum Lob der DDR veröffentlicht hatte. Auch

227

sie selbst war in der Nachfolgefrage lange Zeit sehr zurückhaltend. Nicht ohne Grund hatte sie die Sorge, dass die Enthüllungsjournalisten vom Schlag eines Uwe Müller diese Vergangenheit ausgraben und gegen sie ins Feld führen würden. So schien es auf Hilder zuzulaufen, und er wäre es wohl auch geworden, wenn nicht eine machtbewusste Staatskanzlei sich dermaßen robust für ihn eingesetzt hätte, dass es den Rundfunkräten zu viel wurde. Je mehr man, sagen wir, auf sie zuging, desto stärker wurde ihr Widerstand. Am Ende baute sich eine Stimmung auf, die fast an 1989 erinnerte: Wir sind das Volk, wir lassen uns nichts befehlen (und schon gar nicht von Wessis einen Wessi vorsetzen). In der entscheidenden Abstimmung im Rundfunkrat ließ man Hilder in einer Deutlichkeit abfahren, die mit seiner Person nichts mehr zu tun hatte. Das war ein politisches Signal, das war Widerstand. Damit war natürlich das Rennen für Karola Wille gelaufen. In seiner nächsten Sitzung wählte sie der Rundfunkrat mit großer Mehrheit an die Spitze des MDR. Ich konnte in Rente gehen.

»Wir alle fallen. Diese Hand da fällt«

Kurz bevor ich mich vom MDR zurückzog, starb meine Frau. Ich habe das erste Mal in meinem Leben sterben aus der Nähe erlebt. Sie hatte seit einigen Jahren Krebs. Erst der Darm, später kam die Leber dazu, dann die Milz und schließlich die Lunge. Sie hat die tödliche Diagnose und die qualvollen Behandlungen, Operationen, Chemotherapien, mit einer bewundernswerten Haltung ertragen. Offen, gefasst, ohne jede Weinerlichkeit, auch in ihrem letzten Jahr, als der Zugriff des Todes schon zu spüren war. Mit ihren ehemaligen Lehrerkollegen hat sie, so gut es ging, noch einige Reisen gemacht, die letzte in unseren Geburtsort, nach Lindau. Meine Tochter hat sich in den letzen Lebensmonaten rührend um ihre Mutter gekümmert. Obwohl sie am Abschluss ihres Studiums in der Prüfungsphase war, ist in das Haus nach Rottbach gezogen und hat sie umsorgt.

Ich war zeitlebens ein schlechter Ehemann und Familienvater, aber in den letzten Wochen habe ich versucht, sie zu sehen und bei ihr zu sein, sooft es ging, erst zu Hause in Rottbach, dann im Krankenhaus in Fürstenfeldbruck. Ich hatte mir das Sterben nicht so schrecklich vorgestellt. Dieser grausame Zerfall eines Menschen, seines Körpers und seiner Persönlichkeit. Diese Selbstauflösung und dieses Fremdwerden. Wie reagiert man darauf? Soll ich so tun, als sei nichts, und in gespielter Normalität über das Grauen hinwegplaudern? Soll ich es ansprechen und Mitgefühl zeigen? Soll ich mit ihr über ihren bevorstehenden Tod reden oder besser nicht? Ich habe nicht viel gesagt, aber ihre Hand gehalten. Am Ende wurde ihr Zustand von Tag zu Tag schlimmer. Ihr Atmen wurde pfeifend und röchelnd, der Blick kam aus schwarzen fremden Augen. Nahm sie mich noch wahr, oder war sie schon weit weg? Zwischendurch bäumte sie sich auf und machte fahrige Bewegungen, die ich nicht zu deuten wusste. Ich war hilflos. Hatte dieser fürchterliche Todeskampf irgendeinen Sinn? Neben dem Bett stand eine Maschine, mit der die Morphiumzuteilung geregelt wurde. Würde ich ihr nicht helfen, wenn ich den Regler einfach etwas nach oben schob? Ich war kurz davor, habe dann aber eine merkwürdige Scheu nicht überwinden können.

Am 7. Oktober 2011 um fünf Uhr morgens hat sie zu atmen aufgehört. Wir haben sie auf dem Dorffriedhof in Rottbach beerdigt. Viele ihrer ehemaligen Schüler und fast das ganze Lehrerkollegium waren dabei und haben ihr, ja, auch wenn es eine Floskel ist, die letzte Ehre erwiesen. Der Pfarrer hat neben der Bibel Rilke zitiert: »Wir alle fallen. Diese Hand da fällt. / Und sieh dir andre an: / es ist in allen, / Und doch ist Einer, welcher dieses Fallen / unendlich sanft in seinen Händen hält.« Hoffentlich hat er recht.

Mich hat dieses Todeserlebnis veranlasst, mich eingehender mit der Problematik des Sterbens zu befassen. Beim Bayerischen Rundfunk hatte ich einst eine große Sendung darüber gemacht. Aus meiner Kindheit war mir der Tod als etwas Unheimliches, Beängstigendes in Erinnerung. Die Aeschacher Oma war die erste Tote, die ich gesehen habe. Danach wollte ich tagelang nicht allein ins Bett und zog mir voller Angst die Bettdecke über den Kopf. Das Leichenhaus auf dem Reutiner Friedhof spielt in meiner Erinnerung ebenfalls eine Rolle. Dort waren damals die Leichen mitunter im offenen Sarg ausgestellt. Und wenn meine Mutter auf dem Friedhof das Familiengrab richtete und ich sie begleiten musste, habe ich mich in einer Mischung aus Faszination und Grauen dorthin geschlichen und geschaut, ob einer drinlag. Meine Mutter war weniger feinfühlig. Als der Reutiner Opa starb, ohne dass wir uns noch von ihm verabschieden konnten, ging sie mit mir in das besagte Leichenhaus. Es war ein warmer Sommertag. Der Opa lag in einem verschlossenen Sarg, und meine Mutter scheute sich nicht, den Sarg eigenhändig aufzuschrauben, um mir den Opa ein letztes Mal zu zeigen. Als sie den Sargdeckel auf der einen Seite leicht anhob, kam eine furchtbare Wolke heraus, die mir fast die Luft nahm. Zum Glück kam in diesem Augenblick die diensthabende Leichenfrau herein und sah, was meine Mutter vorhatte. Sie hat sie entsetzt angeschaut und ziemlich lautstark gefragt, ob sie wisse, was sie da tue, wie ein Toter nach einer Woche im Hochsommer aussehe und rieche. Ich bin der Frau heute noch dankbar, dass sie damals rechtzeitig erschienen ist.

Seitdem hat mich das Thema immer wieder bewegt. Zusammen mit Dagmar Reim vom RBB hatte ich im Jahr zuvor eine entsprechende Themenwoche für die ARD angeregt. »Wie wir sterben wollen«, hatte ich als Titel vorgeschlagen, »Leben mit dem Tod« ist schließlich daraus geworden. Der Widerstand bei Kollegen und Gremien war beträchtlich. Darüber spricht man nicht, damit vertreibt man die jungen Leute, das ist kein Thema fürs Fernsehen und so weiter. Das Bedürfnis nach Verdrängung war unüberhörbar. Dabei ist es ein Thema, das nicht nur jeden von uns eines Tages persönlich betreffen wird, es ist auch ein Thema, das durch die Fortschritte der Medizin und die zunehmende Überalterung unserer Bevölkerung immer relevanter wird.

Mir als interessiertem Laien stellt sich heute vor allem eine Frage: Woher nehmen Politiker, Kleriker und Medizinfunktionäre das Recht, über meinen Tod zu entscheiden? Das Recht auf Selbstbestimmung ist die Grundlage unserer Verfassung. Für alle Lebensbereiche wird es eingefordert. Nur das Recht auf den eigenen Tod will man uns nicht einräumen. Hier wird theologisch argumentiert und psychiatrisch, hier werden alle möglichen medizinischen und juristischen Gesichtspunkte bemüht, die mein Selbstbestimmungsrecht in diesem speziellen Fall angeblich außer Kraft setzen. Als Gunter Sachs seinem langen und schönen Leben im hohen Alter aus Angst vor drohender Senilität mit einem Schuss ein Ende setzte, erklärte irgendein aufgeblasener Psychiatrieprofessor im Fernsehen, dass Sachs wegen einer offensichtlichen depressiven Verstimmung nicht mehr im Stande gewesen sei, eine selbständige Entscheidung zu treffen, und man ihn vor sich selbst hätte in Schutz nehmen müssen. Das hat mich empört. Selbst wenn ich eine Depression habe, es ist meine, und sie geht den Professor gar nichts an. Es kann nicht sein, dass andere bestimmen dürfen, wann wir über uns entscheiden können und wann nicht. Das ist das Ende der Idee der Selbstbestimmung, der Anfang des totalitären Betreuungsstaats. Und wenn es eine »Fehlentscheidung« ist, die ich treffe, dann ist es meine Fehlentscheidung. Es ist die Konsequenz der Freiheit, auch Fehlentscheidungen treffen zu können. Und es gehört zu einer freien Gesellschaft, sein Lebensende selbst festsetzen zu können.

Ich habe trotz Rollstuhl ein schönes und selbstbestimmtes Leben geführt. Ich möchte nicht als Pflegefall enden, der von anderen gewaschen, frisiert und abgeputzt wird. Ich möchte mir nicht den Nahrungsersatz mit Kanülen oben einfüllen und die Exkremente mit Gummihandschuhen unten wieder herausholen lassen. Ich möchte nicht allmählich vertrotteln und als freundlicher oder bösartiger Idiot vor mich hin dämmern. Und ich möchte ganz allein entscheiden, wann es so weit ist und ich nicht mehr will. Ohne Bevormundung durch einen Kardinal, einen Ärztepräsidenten oder einen Bundestagsabgeordneten. Und wenn ich das entschieden habe, möchte ich mich ungern vor einen Zug rollen oder mir, wie das verschiedentlich empfohlen wird, eine Plastiktüte über den Kopf ziehen und mit einem Klebeband eng um den Hals befestigen, bis mir der Sauerstoff ausgeht und ich am Kohlenstoffdioxid ersticke. Ich möchte auch nicht in die Schweiz fahren und mich dort auf einem Parkplatz oder in einem Hotelzimmer von Mitarbeitern der Sterbehilfe Exit einschläfern lassen. Ich möchte bei mir zu Hause, wo ich gelebt habe und glücklich war, einen Cocktail einnehmen, der gut schmeckt und mich dann sanft einschlafen lässt. Dieses Recht auf einen selbstbestimmten Tod ist das Gegenstück zum Recht auf ein selbstbestimmtes Leben. Ich finde es unerträglich, dass eine Allianz aus Politik, Kirche und Ärzteschaft uns dieses Recht immer noch vorenthalten will. Wir sollten uns das nicht gefallen lassen. Wir sollten den Cocktail einfordern als letzte Leistung unserer Krankenkasse. Der Hinweis auf einen möglichen Missbrauch ist lächerlich. Alles im Leben kann man missbrauchen, auch ein Küchenmesser, und der mögliche Missbrauch einer Sache ist nie ein Argument gegen die Sache selbst. Ob es neben den ethischen Einwänden gegen die aktive Sterbehilfe auch ökonomische Interessenlagen gibt, die einer Cocktaillösung im Weg stehen, weiß ich nicht. Wenn man sieht, welche horrenden Rechnungen gerade in den letzen Monaten eines verlöschenden Lebens von Ärzten und Pharmaindustrie ausgestellt werden, könnte einem der Verdacht kommen.

Um es klar zu sagen: Ich freue mich meines Lebens und möchte, solange es irgend geht, dabei sein. Aber wenn es nicht mehr geht, möchte ich nicht in einer Weise abtreten, die ich quälend finde und die meiner bisherigen Lebensweise unwürdig ist.

Der König ist tot, es lebe der König

Aber so weit ist es ja noch nicht. Erst einmal kommt das Leben als Rentner. »Rente ist Scheiße«, hatte Jürgen Kellermeier, der ehemalige Hörfunk- und spätere Fernsehdirektor des Norddeutschen Rundfunks, zu mir gesagt, nachdem er die ersten Monate Ruhestand hinter sich gebracht hatte. Und weil Kellermeier ein kluger und mir überaus sympathischer Mann war, hat mich dieser Satz nachdenklich gemacht. Diese Nachdenklichkeit nahm noch zu, als sich Jürgen Kellermeier später aus dem Fenster seiner Wohnung stürzte. Sollte es wirklich so schlimm sein?

Ein halbes Jahr nach meinem eigenen Ruhestand kann ich die Kellermeier'sche Erfahrung nicht bestätigen. Im Gegenteil. Ich finde das Rentnerleben äußerst angenehm. Man ist alle Verpflichtungen, die ja nicht nur ein Vergnügen waren, auf einen Schlag los. Das schwarze Loch, in das man angeblich stürzen würde und vor dem mich viele gewarnt hatten, ist weit und breit nicht zu sehen. Ich kann ungestraft tun, wozu ich Lust habe. Wenn ich früher nicht einschlafen konnte, machte ich mir schon mal Sorgen, wie ich unausgeschlafen die wichtigen Termine des nächsten Tages bewältigen sollte. Ich habe dann versucht, den Schlaf irgendwie zu erzwingen. Zur Not auch mit einer halben oder ganzen Schlaftablette. Heute stehe ich gegebenenfalls nachts um zwei auf, mach mir einen Wodka Lemon und lese auf dem iPad die Zeitungen von morgen. Dafür schlafe ich dann bis zehn. Oder das: Früher hatte ich ein schlechtes Gewissen, wenn ich am Wochenende länger als zwei Stunden im Garten war. Am Montag war schließlich Rundfunkrat, der »Bericht des Intendanten« und die zwölf Sprechzettel, die mir meine Mitarbeiter ins Wochenende mitgegeben hatten, mussten durchgearbeitet werden, und der Vortrag für den kommenden Mittwoch vor den Vertretern der mitteldeutschen Wirtschaft war auch noch nicht fertig. Jetzt schaue ich, solange ich Lust hab, in meinen Weiher und füttere die Enten, und das nicht nur am Wochenende.

Gut, die Aufmerksamkeit und der Respekt, die man mir entgegengebracht hatte, waren dem Amt geschuldet, nicht der Person, das muss man wissen, damit ist es zu Recht vorbei. Ein Büro zu haben, das einen umsorgt, noch dazu ein so vorzügliches, wie ich es hatte, ist schön und angenehm. Nie einen Parkplatz suchen zu müssen und immer einen Tisch zu bekommen ist auch nicht schlecht. Aber existentiell ist das alles nicht, die Lebensqualität hängt davon nicht ab.

Alles in allem sieht es an dieser Front also gut aus. Aber es gibt eine andere, an die ich nicht gedacht hatte und über die zu sprechen mir fast ein wenig peinlich ist. Ich hätte mich für lockerer und souveräner gehalten. Es geht um die Art, wie meine Nachfolger mit meinem Lebenswerk umgehen. Mit unserem Lebenswerk, müsste ich richtiger sagen, denn ich weiß, dass es einigen ebenfalls pensionierten MDR-Gründerzeit-Kollegen genauso geht. Sie haben mich mehrfach darauf angesprochen.

Natürlich müssen sich Nachfolger profilieren. Natürlich müssen sie zeigen, dass sie jetzt das Heft in die Hand nehmen und eigene Akzente setzen. In unserem Fall war das doppelt naheliegend. Die Zeit der sogenannten Skandale musste endlich zu Ende gehen, der MDR wieder ein stubenreiner öffentlich-rechtlicher Sender werden. Alles richtig und nachvollziehbar. Aber wenn man dann in Interviews liest, wie verdorben das Unternehmen doch ist, wie von Grund auf alles anders werden muss, wie dringend man neue Strukturen und neue Inhalte und neue Personen braucht, dann spürt man, ob man will oder nicht, einen kleinen Knacks im Herzen. Eine narzisstische Kränkung, wenn man es gediegener ausdrücken will. In meinem Fall ging das immerhin so weit, dass ich ernsthaft entschlossen war, auf meine offizielle Verabschiedung zu verzichten. Ich hatte den Brief mit der Absage schon geschrieben, dann kam es mir aber doch zu kindisch vor, und ich schickte ihn nicht ab. Ich bin zu der Verabschiedung gegangen und habe mich loben lassen. Ministerpräsident Haseloff hat das getan, Frau Wille hat es getan und, was mich besonders gefreut hat, Monika Piel, die damalige ARD-Vorsitzende, zu der ich immer ein herzliches Verhältnis hatte.

Der Stachel saß trotzdem tiefer, als ich gedacht hatte. Nochmals: Die Neuen haben alles Recht der Welt, es anders zu machen als die Alten, und die Kälte und Entschlossenheit, mit der es geschieht, ist auch ein Stück Führungsqualität. Dass dabei manches Neue nicht ganz so neu ist, wie es tut, gehört dazu. Auch die Fernsehwelt kann man nicht jährlich neu erfinden, und auch aufgewärmte Parolen können richtig sein. »Mehr Regionalität!«, »Junge Zuschauer gewinnen und die alten nicht vertreiben«, »Quote und Qualität«. Da kann man nur applaudieren. Weniger applausträchtig fand ich die Geschichtsklitterung, mit der die organisatorischen Veränderungen beim Kinderkanal, die ich natürlich sofort nach dem Aufdecken des Betrugs eingeleitet hatte, jetzt als Beginn einer neuen, moralisch besseren Ära verkauft wurden. Oder ..., aber ich höre auf, ich lasse mich hinreißen.

Das alles klingt jetzt kritischer, als es gemeint ist. Mehr als die Sache selbst wundert mich eigentlich meine Empfindlichkeit. Meine Fähigkeit, die Dinge nicht emotional, sondern phänomenologisch zu sehen, ist hier offenbar an ihre Grenze gestoßen. Wenn ich an meine eigene Karriere zurückdenke, muss ich zudem einräumen, dass ich in der Rolle des Neuen auch nicht immer besonders taktvoll war. Als ich Frau Dr. Mösler, die ich geliebt und geschätzt habe, als Hörfunkdirektorin des Bayerischen Rundfunks ablöste, sollte das Büro frisch gestrichen werden. Ihr letzter Arbeitstag war ein Montag, die Maler wollten aber auch schon am Montag kommen. Ich hatte mir nichts dabei gedacht und sie kommen lassen. Aber genau das war der Fehler: Ich hatte mir nichts dabei gedacht. Die Möslerin war tief gekränkt. Sie fühlte sich hinausgeworfen. Nicht einmal ihren letzten Arbeitstag konnte ich abwarten. Oder später, als ich ARD-Vorsitzender wurde. Im Januar ging meine Amtszeit los. Im Dezember wollten die Zeitungen erste Interviews von mir. Wieder habe ich mir nichts gedacht und vollmundig erklärt, was jetzt alles dringend zu geschehen habe, wie man die alte ARD durch eine Reform zeitgemäß umgestalten müsse und überhaupt ... Dass das meinen

Vorgänger, der ja noch im Amt war, kränken musste, auf diese Idee bin ich nicht gekommen. Ich kann ihn nur nachträglich um Nachsicht bitten. Es war so wenig böse gemeint wie heute der Putzeifer meiner Nachfolger. Der König ist tot, es lebe der König. C'est la vie, und irgendwann trifft es dann ja auch den neuen König oder die Königin.

Wie wird es weitergehen? Was wird noch kommen? Ich weiß es nicht. Als ich 1966 den Unfall hatte, lag die durchschnittliche Lebenserwartung für Querschnittgelähmte bei sieben Jahren. Inzwischen ist sie durch den medizinischen Fortschritt auf neunzehn Jahre gestiegen. Ich habe schon fünfundvierzig hinter mich gebracht, also schwer überzogen. Was will man mehr. Die Dinge hängen bei einem Rollstuhlfahrer in meinem Alter an dünnen Fäden. Ein kaputtes Gelenk, eine gerissene Sehne, und schon ist die Selbständigkeit dahin. Mit solchen Überraschungen muss man rechnen. Eines ist allerdings sicher: Als ich vor drei Jahren mit Else Buschheuer, die ich inzwischen geheiratet habe, einmal in New York war, hat sie mich in ihren ehemaligen Hare Krishna Tempel mitgenommen und ihrem Guru Pramukh Swami vorgestellt. Der gab mir ein Stück Prasadam. Das ist ein heiliger Keks, der verhindert, dass man als Hund wiedergeboren wird. Das zumindest ist also ausgeschlossen.

.

Bildnachweis

Alle Abbildungen stammen aus dem Privatarchiv des Autors. Trotz intensiver Bemühungen ist es uns nicht in allen Fällen gelungen, die Rechteinhaber ausfindig zu machen. Berechtigte Ansprüche bitten wir an den Verlag zu richten.

Personenregister

Inhalt

247

UWE-KARSTEN HEYE
Die Benjamins
Eine deutsche Familie
361 Seiten. Gebunden mit Schutzumschlag
ISBN 978-3-351-03562-4
Auch als E-Book erhältlich

Eine deutsche Jahrhundertfamilie

Vom weltbekannten Philosophen Walter Benjamin bis zur ersten Justizministerin der DDR Hilde Benjamin: Uwe-Karsten Heye erzählt eine deutsche Familiengeschichte, die das gesamte 20. Jahrhundert umspannt.

Fünf Menschen, fünf dramatische Schicksale -- Walter Benjamin, der Philosoph und Autor. Hilde Benjamin, als „rote Hilde« verschrien, aber auch deren Mann Georg Benjamin, Kommunist und Arzt, ermordet im KZ Mauthausen. Schwester Dora, Sozialwissenschaftlerin, die als Jüdin ebenfalls ins Exil getrieben wurde. Und schließlich Hildes Sohn Michael, Rechtsprofessor in Moskau und Ost-Berlin, der zeit seines Lebens mit der Familiengeschichte rang. Auf der Grundlage von bislang unbekanntem Archivmaterial sowie Gesprächen mit Zeitzeugen entwickelt Heye das spannende Psychogramm einer deutschen Familie und rückt ganz nebenbei so manches Zerrbild aus den Zeiten des Kalten Krieges zurecht.

Mehr Informationen erhalten Sie unter www.aufbau-verlag.de oder in Ihrer Buchhandlung.

LUC JOCHIMSEN
Die Verteidigung der Träume
Autobiographie
400 Seiten. Gebunden mit Schutzumschlag
ISBN 978-3-351-03281-4
Auch als E-Book erhältlich

Die Unbestechliche

Luc Jochimsen, die unbequeme Journalistin, Panorama-Moderatorin, HR-Chefin und Kulturpolitikerin, zieht die Bilanz eines ganz und gar ungewöhnlichen Lebens.

Sie war überall die erste Frau: als Fernsehjournalistin, in der Panorama-Redaktion, in der Chefredaktion des Hessischen Rundfunks. In der Nachkriegsmännerwelt des Journalismus setzte sie sich mit ihrer unbequemen linken Haltung, die immer die Schwachen der Gesellschaft stützte, durch und wurde zu einer der bekanntesten Journalistinnen Deutschlands. Von 2005 bis 2013 saß sie für die Linkspartei/PDS im Deutschen Bundestag und machte auch dort mit streitbaren Aktionen von sich reden.

Ihre Autobiographie schildert den Weg einer unangepassten Frau, die ihren Traum von einem gerechten und guten Leben für alle stets verteidigte.

Mehr Informationen erhalten Sie unter www.aufbau-verlag.de oder in Ihrer Buchhandlung.

MANFRED FLÜGGE
Stéphane Hessel – ein glücklicher Rebell
271 Seiten. Gebunden
ISBN 978-3-351-02744-5

Das Phänomen Stéphane Hessel

Manfred Flügge zeichnet den geistigen und politischen Kosmos des Stéphane Hessel nach: Als Résistancekämpfer 1944 nach Buchenwald deportiert, überlebte er dank eines Identitätsaustauschs. Fortan stellte er sein Leben in den Dienst der Menschenrechte. Innerhalb der UNO setzte er sich für eine Welt ohne Totalitarismus, Konzentrationslager, Atombomben ein. Er wirkte am ersten Teil der Menschenrechtscharta mit, vermittelte in politischen Konflikten und unterstützte die Entkolonialisierung. Bis heute gibt der Globalisierungskritiker und Humanist Hessel unermüdlich in Büchern und weltweiten öffentlichen Auftritten seine Botschaft von Recht und Gerechtigkeit, Verantwortung und Zivilcourage weiter.

»Seine Leichtfüßigkeit hat etwas vom Götterboten, vom Hermes mit den Flügeln. Sein Leben ist ein Kunstwerk.« MANFRED FLÜGGE ÜBER STÉPHANE HESSEL

Mehr Informationen erhalten Sie unter www.aufbau-verlag.de oder in Ihrer Buchhandlung

STÉPHANE HESSEL
An die Empörten dieser Erde!
Vom Protest zum Handeln
127 Seiten. Mit Abbildungen. Broschur
ISBN 978-3-351-02758-2
Auch als E-Book erhältlich

Vom Protest zum Handeln

Da hinter Hessels Appellen ein ganzes Leben an Erfahrung, an Empathie und tiefem Nachdenken steht, entfalten seine Thesen ihren Reichtum am deutlichsten im Dialog mit den Adressaten. Eine Grundsatzrede und dieser Dialog mit seinem Publikum sind im vorliegenden Buch zusammengeführt und erschließen sehr konkret das Denkgebäude des Stéphane Hessel. Und vor allem: Wie kann und muss im Sinne einer Erziehung zu Mitgefühl und globaler Verantwortung gehandelt werden? In einer Zeit der Sinnsuche und des Werteverlustes findet Hessel millionenfach Gehör – ganz besonders bei der Jugend.

»*Seine Leichtfüßigkeit hat etwas vom Götterboten, vom Hermes mit den Flügeln. Sein Leben ist ein Kunstwerk.*«
MANFRED FLÜGGE ÜBER STÉPHANE HESSEL

Mehr Informationen erhalten Sie unter www.aufbau-verlag.de
oder in Ihrer Buchhandlung

FRIEDRICH SCHORLEMMER
Klar sehen und doch hoffen
Mein politisches Leben
523 Seiten. Gebunden
ISBN 978-3-351-02750-6

Ein Leben im Widerspruch zu den Herrschenden

Friedrich Schorlemmer vergewissert sich in dieser Autobiographie seiner Wurzeln und zeigt, wie man sich im Wandel treu bleiben kann. Hier spricht ein Pazifist, der zivile Alternativen bei der Lösung jeglicher Konflikte fordert. Ein Demokrat, dem die Freiheit des Individuums ebenso wichtig ist wie die Gleichheit aller Menschen. Er erzählt von Freiheit inmitten der Enge, von der Suche nach lebensstiftendem Sinn angesichts einer früh erkannten gesellschaftlichen Sinnkrise. Er schildert Begegnungen mit Künstlern und Persönlichkeiten der Politik und Geistesgeschichte. Sein Buch erhellt, wie Seele und Verstand trotz Dogmen, Mauern und Staatssicherheit stark bleiben, wie Gemeinschaft mit Gleichgesinnten ermutigt, wie Literatur und Musik bereichert. Dieser Pfarrer bekennt sich zur Sinnlichkeit menschlicher Existenz. Gott ist ihm ein Synonym für Lebensmut aus Glauben, Lieben, Hoffen.

»Ein Mann der Zuversicht – ungebeugt und solidarisch« RICHARD VON WEIZSÄCKER, LAUDATIO ZUM FRIEDENSPREIS DES DEUTSCHEN BUCHHANDELS

Mehr Informationen erhalten Sie unter www.aufbau-verlag.de oder in Ihrer Buchhandlung